ICH BIN GEKOMMEN,
DASS SIE ALLE DAS LEBEN IN FÜLLE HABEN

Denken und Handeln
für Gerechtigkeit

von
Martina Wasserloos-Strunk (Hrsg.)

In Zusammenarbeit mit
Martin Engels

Im Auftrag der
Weltgemeinschaft Reformierter Kirchen
in Europa

D1735918

© 2011
foedus-verlag, Hannover
Alle Rechte vorbehalten
Umschlaggestaltung und Lay-out-Entwurf: Gisela Blumentritt, Grafik-Design DTP
Konzept
Satz: Breklumer Print-Service, www.breklumer-print-service.com
Printed in Germany
ISBN 3-938180-24-2

Bibliografische Information der Deutschen Bibliothek

Die Deutsche Bibliothek verzeichnet diese Publikation in der Deutschen
Nationalbibliographie; detaillierte bibliografische Daten sind im Internet über
http://dnb.ddb.de abrufbar.

INHALT

INHALT

INHALT

Es gibt keine ungerechte Gemeinschaft in Christus

BISCHOF GUSZTÁV BÖLCSKEI, BUDAPEST, UNGARN

Der christliche Glaube schafft ein weites Feld für verantwortungsbewusstes Handeln, weil seine Perspektive das kommende Reich Gottes ist. Diese grundlegende Erkenntnis mussten christliche Gemeinschaften zu allen Zeiten und an allen Orten auf der Welt im Laufe ihrer Geschichte immer wieder lernen.

Es ist gerade die auf unserem Glauben basierende Verantwortung, die wir in der Vergangenheit so oft nicht übernahmen. Wenn die Hoffnung schwindet, verliert Gottes Volk die Orientierung. Das geschieht in Situationen, in denen wir die frohe Botschaft in menschliches Handeln umsetzen – jedoch auch in Zeiten, in denen wir nicht darauf hören, dass die Schöpfung noch immer seufzt, in Ketten liegt und auf ihre Befreiung wartet. (Röm 8,21f.)

Paulus ermahnt uns, „wir sind zwar gerettet, doch auf Hoffnung" (Röm 8,24). Auf dieser Hoffnung basiert die Freiheit der Christinnen und Christen, die aufgerufen sind, sich an der Mission Christi zu beteiligen, wie Könige, die „mit freiem Gewissen in diesem Leben gegen die Sünde und den Teufel streiten" (Heidelberger Katechismus 32).

Wir sind dazu aufgerufen, zu einer Gemeinschaft zu werden, die das „Vorletzte im Licht des Letzten" (Bonhoeffer) achtet und mitgestaltet. Wir sind dazu aufgerufen, unseren gemeinsamen Weg zwischen den scheinbaren Alternativen der radikalen Ablehnung der Welt und dem Annehmen weltlicher Kompromisse zu finden, die dem Letzten entgegenstehen.

Diese beiden Dinge sollten wir nicht verwechseln, doch dürfen wir sie auch nicht trennen. In christlichem Bewusstsein müssen wir unsere auf Hoffnung aufgebaute Verantwortung mit einem freien und guten Gewissen gemeinsam wahrnehmen, das auf unserer Erlösung in Christus gründet. In ihm haben wir eine Gemeinschaft, weshalb wir dazu aufgerufen sind, eine gerechte Gemeinschaft zu gründen. In Accra wurden wir erneut gewahr, dass *„wir von den Schreien der Menschen, die leiden und von der Verwundbarkeit der Schöpfung selbst* *herausgefordert werden.* "Im Zuge unseres Bundes für Gerechtigkeit in Wirtschaft und Ökologie machen wir gemeinsam einen Schritt nach vorne.

„Unser Glaube leitet uns auf unserem gemeinsamen Pilgerweg zum Gott des Lebens, wobei unsere nächste Etappe die im Juni 2010 stattfindende Vereinigende Generalversammlung unter dem Thema ‚Einigkeit im Geist durch das Band des Friedens' (Eph 4,3) sein soll. Damit richten wir unseren Blick auf das Reich Gottes, der uns zur Hoffnung für Gerechtigkeit, Frieden, Wohlergehen, Harmonie und Einheit (Tit 3,13-14) aufruft. Der Bund für wirtschaftliche und ökologische Gerechtigkeit ist ein Zeugnis für eine rechte Gemeinschaft mit Gott und Gottes Schöpfung." (Botschaft der Konsultation von Johannesburg)

Die Herrschaft Gottes ruft uns in unterschiedlichen Kontexten zur Hoffnung auf Gerechtigkeit auf. Doch in einer globalisierten Welt können diese unterschiedlichen Gegebenheiten, ich könnte auch sagen, diese unterschiedlichen Regimente, eine gemeinsame Absicht verfolgen: Sie wollen uns glauben machen, dass sie für sich allein stehen und geben vor, alternativlos zu sein. In Accra verwarfen wir diese Behauptung der *„gegenwärtigen Weltwirtschaftsordnung, wie sie uns vom globalen neoliberalen Kapitalismus aufgezwungen wird [...] – einschließlich der Modelle absoluter Planwirtschaft, – die Gottes Bund verachten, indem sie die Notleidenden, die Schwächeren und die Schöpfung in ihrer Ganzheit der Fülle des Lebens berauben."* Als Christinnen und Christen wissen wir, dass kein Modell, kein Regime und keine irdische Macht, den Anspruch erheben darf, eine Gewalt inne zu haben, die *„Gottes Herrschaft über das Leben umzustürzen versucht, und (deren) Handeln in Widerspruch zu Gottes gerechter Herrschaft steht."* (Accra 19) Von Gottes Herrschaft wissen wir, dass „das Wesen dieser Welt vergeht" (1.Kor 7,31) – inklusive der neoliberalen Herrschaft. Darum steht es uns frei, unsere Stimme zu erheben und klare Zeichen durch Handeln zu setzen.

Bei all dem müssen wir bedenken, dass unser Leben begrenzt ist und wir Notwendigkeiten unterworfen sind, die wir nicht umgehen können. Wir können das Vergehen der Welt nicht aufhalten. Doch diese Unumgänglichkeit ist keine Entschuldigung für Struktursünden, die der Mensch durch selbstgesetzte Grenzen verursacht hat. 2004 baten wir um Stellungnahmen zur theologischen Erklärung von Accra und veröffentlichten diese in einer speziellen Ausgabe unserer monatlichen Kirchenzeitschrift. Ich erinnere mich an einen Beitrag eines protestantischen Wirtschaftsprofessors. Er war Minister der ersten frei gewählten Regierung Ungarns nach dem politischen Umschwung gewesen. Er schrieb, dass die globale Marktwirtschaft und die moderne Technologie zusammen gefährlich seien, da sie die Folgen jener menschlichen Sünden, Schlechtigkeit und Fehler, die immer schon existierten, vervielfachen würden. ‚Wenn es ein Imperium gibt, ist es im Grunde genommen in den Herzen der Bürgerinnen und Bürger der entwickelten und reichen Länder zu finden. Tausende von Zöllner des Konsumdenkens können nur deshalb erfolgreich sein, weil es Millionen jener gibt, die vom Konsum abhängig sind.'

In diesem Sinne erkannten wir den neoliberalen Kapitalismus als solch eine Struktursünde und widmeten uns der Bekämpfung desselben. Doch wir bekannten auch unsere Sünde, Teil der Konsumkultur zu sein.

Lassen Sie uns die grundsätzlichen Aspekte des Wesens der Kirche ins Gedächtnis rufen: Koinonia, Martyria und Diakonia. Das bedeutet, dass das christliche Zeugnis die Gemeinschaft mit dem dreieinen Gott und der Menschen untereinander schafft und darauf basiert. Diese Gemeinschaft ist untrennbar mit der Verantwortung für die göttliche Schöpfung verbunden. Deshalb ist der Kampf für Gerechtigkeit innerhalb der Kirche und darüber hinaus ein natürlicher Bestandteil der Gemeinschaft, die von Christus geschaffen und geleitet wird (oder sollte es zumindest sein). Er gehört zu unserem täglichen Leben, besonders als Christinnen und Christen in reformierter Tradition.

Erinnern wir uns: *Es soll keine ungerechte Gemeinschaft in Christus geben!*

Wir schulden jenen Dank, die zu diesem Buch beigetragen und es herausgebracht haben, das – pars pro toto – durch beispielhafte Gedanken und Handlungen die Umsetzung des Bundes für wirtschaftliche und ökologische Gerechtigkeit seitens europäischer Mitgliedskirchen innerhalb der Weltgemeinschaft reformierter Kirchen beinhaltet. Gottlob ist dies lediglich eine Auswahl aus dem reichen täglichen Leben der Kirchen, das durch die Geschenke des Heiligen Geistes bereichert wird.

Das Buch fand seine ursprüngliche Bestimmung als ein hilfreiches Werkzeug für unseren Entscheidungsprozess in Grand Rapids, als Sammlung von Ideen und Bestrebungen der Mitgliedskirchen des Reformierten Weltbundes, welche „nach dem Juni 2010 Teil der Weltgemeinschaft Reformierter Kirchen sein wollen, die den Gehorsam gegenüber dem Ruf nach Gerechtigkeit als innerstes Wesen ihres Glaubens an Gott, den Vater, den Sohn und den Heiligen Geist ansieht." (Douwe Visser)

Ich schließe dieses Vorwort mit einem Gebet, das als das ‚Gelassenheitsgebet' bekannt ist, in der Hoffnung, dass uns dieser europäische Beitrag zum Prozess des gemeinsamen Bundes für Gerechtigkeit in Wirtschaft und Ökologie hilfreich für die weiteren Diskussionen und Entscheidungen ist. Dafür benötigen wir ganz gewiss die von Gott gewährte Weisheit, die uns dazu befähigt, gemeinsam auf unmissverständliche und verantwortungsbewusste Weise auf die Erlösung durch Gott zu antworten, indem wir als Gemeinschaft zusammen bekennen und handeln.

Gott, gib mir die Gelassenheit,
Dinge hinzunehmen, die ich nicht ändern kann,
den Mut, Dinge zu ändern, die ich ändern kann,
und die Weisheit, das eine vom anderen zu unterscheiden.

Gusztáv Bölcskei *(1952) ist Bischof der Reformierten Kirche im Kirchendistrikt jenseits der Theiß sowie Vorsitzender der Generalsynode der Ungarischen Reformierten Kirche. Er ist Pastor der reformierten „Großkirche" in Debrecen und Professor für Sozialethik an der Reformierten Theologischen Universität Debrecen. Bis zum Frühjahr 2011 war er der Präsident des europäischen Gebiets der Weltgemeinschaft Reformierter Kirchen.*

VORWORT

Einleitung

MARTINA WASSERLOOS-STRUNK

Das Thema Gerechtigkeit ist im Kontext der reformierten Kirchen in Europa nicht neu. Die Frage nach den Bedingungen einer Welt die ‚zusammenrückt' und von Strukturen, die den Ruf nach Gerechtigkeit und Teilhabe in der globalisierten Welt laut werden lassen, wurde jedoch nirgends so nachdrücklich gestellt und auf die Agenda der reformierten Kirchen gesetzt, wie bei der Generalversammlung des Reformierten Weltbundes 2004 in Accra unter dem Thema

„Auf das alle das Leben in Fülle haben!" (Joh 10,10)

Die tiefe Überzeugung und der feste Glaube daran, dass Gott uns eine Welt gegeben hat, in der ‚genug für alle da ist', hat die Diskussionen in Accra und in der Folgezeit bestimmt.

Ein „Leben in Fülle" was ist das? Ist es „genug zum Leben"? Ist es ein „reichlich" an materiellen Gütern? Ist es gar ein „noch mehr", ein „mehr als genug?" Ist ein Leben in Fülle eine frohe Jenseitshoffnung, oder ergibt sich aus dieser Verheißung bereits jetzt hier die Aufforderung die zahlreichen uns anvertrauten Güter gerecht zu verteilen, ungerechte Strukturen aufzudecken und zu benennen? Und: birgt die Verheißung vom „Leben in Fülle" nicht zugleich den Auftrag Voraussetzungen zu schaffen, die dem realen System wirtschaftlicher Ungerechtigkeit diametral entgegenstehen?

Fülle für alle? Was kann das heißen in der globalisierten Welt? Dass alle Kinder zur Schule gehen können in Lesotho? Dass es für alle Menschen mehr als eine Hand voll Reis am Tag gibt in Mumbai? Dass es das Recht auf ein zweites Kind gibt in China? Dass alle vollzeitbeschäftigen Menschen genug verdienen, um ihren Lebensunterhalt zu finanzieren in Deutschland? Dass Kinder nicht verwahrlosen in den reichen Ländern Europas? Ist Fülle für alle wirklich „nur" eine materielle Kategorie oder nicht vielmehr schon von allem Anfang an eine spirituelle Frage und ein Bekenntnis zum Gott der Armen?

Johannes Calvin hat uns deutlich vor Augen geführt, welche Parameter für die Gerechtigkeit, welche Vision von der Fülle für alle die Grundlage für unser Bekenntnis sein sollen:

„Wenn das Mitgefühl mit den Armen fehlt," schreibt er, *„die man foltert, ärgert, entblößt, wenn es kein Erbarmen gibt, so findet alles, was man sonst tut, nur Abscheu vor Gott; er weist alles zurück, wo mitmenschliches Mitleid fehlt mit denen, denen es an etwas fehlt, und wo man ihnen nicht hilft in ihrer Not."*[1]

Besitz und Eigentum selbst sind nicht *an sich* schlecht. Sie sind aber eine große Herausforderung, denn so *Johannes Calvin:* Eigentum heißt, dass etwas Gott gehört! Und so ist unser Besitz eben nur anvertraut und legt uns große Verantwortung auf.

„Einen rechten Gebrauch von allen diesen Gnadengaben", so der Reformator, *„macht also nur der, der sie frei und gütig mit anderen teilt."*[2]

Was brauchen wir also, was können, was müssen wir tun, wie können wir Zeugnis geben von der gnädigen Verheißung aus dem Johannesevangelium, die uns die Fülle für alle verspricht - in Theorie und Praxis?

Das vorliegende Buch ist eine Sammlung von theoretischen Reflexionen der verschiedenen Aspekte des „Covenanting for Justice" Prozesses und eine notwendigerweise ausschnitthafte Darstellung verschiedener Projekte der europäischen Geschwisterkirchen.
Die Autorinnen und Autoren reflektieren die Konflikte und Verwerfungen, die durch eine allein an der Kapitalvermehrung orientierten Globalisierung entstehen können und entwerfen Lösungsansätze, die eine Welt im Blick haben, in der „genug für alle da" ist. Sie spiegeln damit zugleich die aktuellen Diskurslinien in den verschiedenen europäischen Kirchen.
Die Vielzahl der Aktivitäten im globalen Kontext beeindruckt – und zeigt auch, dass die negativen Konsequenzen der Globalisierung für die Menschen in Europa nun auch in einem Maße spürbar werden, das noch vor wenigen Jahren so nicht vermutet wurde.
Obdachlose Kinder, arme Mütter und Väter, verschleppte und zur Prostitution gezwungene Frauen – auch dies sind Realitäten im reichen Europa.
Es wird deutlich, dass die reformierten Kirchen in Europa die Frage danach, wie die Strukturen der globalisierten Welt gerechter gestaltet und das Bekenntnis zu

---

1   Institutio III, 19,20.
2   Institutio III,7,5.

dem Gott, der uns die Fülle für alle verheißt, in konkreten Handlungsstrukturen sichtbar wird, auf ihren Tagesordnungen haben – auch wenn die Erklärung von Accra nicht für alle die gleiche Strahlkraft entwickelt hat.

„Auf das alle das Leben in Fülle haben…" – das Motto der 24. Generalversammlung des Reformierten Weltbundes in Accra ist die Verheißung, die uns bezogen auf unser Denken und Handeln in der globalisierten Welt auch heute vor große Herausforderungen stellt.

Teilhabeermöglichendes Handeln in den Kirchen, der verantwortungsvolle, dem Anderen dienende Umgang mit den uns anvertrauten Gütern, das Engagement im politischen Raum – das sind hohe Erwartungen an die europäischen Kirchen und - so zeigt dieses Buch – zugleich fester Bestandteil kirchlicher Identität in Europa.

PREDIGT

1

Gerechtigkeit predigen

Zur Frage einer homiletischen Umsetzung der Erklärung von Accra

PETER BUKOWSKI, WUPPERTAL, DEUTSCHLAND

Bekennen und predigen sind aufeinander bezogen: Das in einer bestimmten Situation als Wahrheit des Glaubens Erkannte und Bekannte drängt danach, anderen Menschen weitergegeben zu werden, umgekehrt hat sich das Zeugnis der Kirche an ihrem Bekenntnis zu orientieren. Man könnte sogar noch weitergehen und sagen: Bekenntnis und Predigt sind miteinander verschränkt, weil jedes Bekenntnis ein Element der Verkündigung enthält und jede Predigt einen Akt des Bekennens darstellt.

Gleichwohl gilt es festzuhalten: Bekenntnis und Predigt sind in aller Bezogenheit klar voneinander zu unterscheidende Sprechhandlungen. Dies macht schon der ganz äußerliche Sachverhalt deutlich, dass es in einer Kirche eine überschaubare Anzahl von Bekenntnissen aber eine schier unübersehbare Anzahl unterschiedlicher Predigten gibt. Das kann auch gar nicht anders sein, denn beim Bekenntnis handelt es sich – wenn es den Namen verdient – um das Ergebnis eines geistlichen Klärungsprozesses, um ein Konzentrat wesentlicher und verbindlicher Glaubenswahrheiten, die bei aller inhaltlichen Klarheit doch so allgemein und grundsätzlich formuliert sind, dass möglichst viele einstimmen können. Die Predigt ist Anrede an eine bestimmte Gemeinde zu einer bestimmten Zeit und an einem bestimmten Ort. Ihr geht es in der Regel nicht darum, einen geistlichen Prozess zu bilanzieren, sondern anzustoßen, sie will nicht möglichst alle Christenmenschen, sondern gerade diese Gemeinde ansprechen, deshalb ist sie nicht darum bemüht, möglichst vieles in allgemeinen Grundsätzen zu bündeln, sondern einen Aspekt des Evangeliums so ausführlich und konkret zum Leuchten zu bringen, dass er die Angesprochenen als sie betreffend zu erreichen vermag.

In ihrem Zeugendienst muss die Kirche diese Unterscheidung beachten, sonst droht die Gefahr, durch ein allzu orts- und zeitgebundenes, allzu konkretes, also:

„predigendes" Bekenntnis Menschen auszuschließen, bzw. sie durch eine allzu orts- und zeitübergreifende, allzu grundsätzliche, also: „confessorische" Predigt schlicht nicht zu erreichen. Diese Unterscheidung will gerade dann beachtet sein, wenn, wie in Accra geschehen, eine Gemeinschaft von Christenmenschen, die von Kirchen aus aller Welt entsandt waren, zu einem neuen Bekenntnis gefunden hat.

Gerade weil ein Bekenntnis möglichst viele erreichen und mitnehmen will, reicht es nicht aus, es nur möglichst breit bekannt zu machen, es überall laut und deutlich zu zitieren oder gar zu rezitieren, womöglich mit dem Hinweis, *wie* wichtig es sei. Ein Bekenntnis ist ja nicht das Ziel, sondern eine Etappe auf dem Zeugnisweg der christlichen Gemeinde bzw. Kirche. Zweifellos eine wichtige, weil hier im Hören auf die Heilige Schrift und im Wahrnehmen der Herausforderungen der Zeit die Orientierung festgelegt wird. Ihre Relevanz erweist eine Orientierung aber erst dadurch, dass ihr die Gemeinde nun auch *folgt*, also ihren Weg des Zeugnisses und Dienstes in der angegebenen Richtung *fortsetzt*.[1] Dies hat die Generalversammlung des Reformierten Weltbundes in Accra klar erkannt. Deshalb hat sie nicht nur den „Bund für wirtschaftliche und ökologische Gerechtigkeit" geschlossen, dessen Herzstück das „Bekenntnis des Glaubens angesichts von wirtschaftlicher Ungerechtigkeit und ökologischer Zerstörung" ist (im Folgenden nach dem englischen „Accra Confession" AC abgekürzt), sondern auch einen „Aktionsplan", der Empfehlungen ausspricht, was aufgrund des Bekenntnisses in Zukunft zu tun ist. An erster Stelle steht die Empfehlung an die Gemeinden, sich durch „Gebete, Predigt, Unterricht und konkrete Solidaritätspakte am Protest der Menschen… zu beteiligen." Dass der Aktionsplan mit der Verkündigung beginnt entspricht unserem Verständnis von Kirche als *creatura* verbi *divini*. Deshalb wird die Verkündigung schon in der Erklärung selbst ausdrücklich genannt: „Die Generalversammlung ruft die Mitgliedskirchen des RWB auf der Grundlage der Bundespartnerschaft auf, die nicht ganz einfache, prophetische Aufgabe zu übernehmen, ihren Ortsgemeinden den Sinn dieses Bekenntnisses zu vermitteln und zu interpretieren." (AC 39).[2] Ich verstehe das so, dass die Kirchen ihre Verkündigung vor Ort an dem neu gewonnenen Bekenntnis

---

1 Wir werden später sehen, dass es leider auch anders geht: Man kann mit der richtigen Wegbeschreibung in der Hand auf dem falschen Weg bleiben; s.u. S. 25.

2 Der Wortlaut ist unglücklich, hat er doch etwas von unfreiwilliger Komik: Es spricht nicht eben für die Klarheit eines Textes, wenn es zu seiner Interpretation der Prophetie bedarf. Ein heute verfasster Text muss für sich selbst sprechen oder er taugt nicht viel; er wäre dann gleich einem Witz, nach dessen Erzählung niemand lacht woraufhin der Erzähler zu erklären versucht, warum er selbst beim Hören lachen musste – das macht die Sache nicht besser. Ich hoffe mit meinem Verständnis des Absatzes 39 das im Text Gemeinte aufzugreifen.

ausrichten und insofern *prophetisch predigen* sollen. Das Ziel prophetischer Predigt besteht darin, zur Umkehr auf den Weg der Gerechtigkeit zu rufen (vgl. Mk 1,15), und zum Beschreiten dieses Weges anzuleiten. Worauf dabei zu achten ist, soll im Folgenden erörtert werden.

I

Gerechtigkeit predigen, das bedeutet indikativisch von Gott zu reden. Vor dem Anspruch, den Gottes Gebot an uns richtet, gilt es, seine „freie Gnade auszurichten an alles Volk" (Barmen VI). Denn Gerechtigkeit ist in der Bibel zuerst und vor allem eine zusammenfassende Umschreibung der *guten Taten Gottes*: In den Psalmen heißt es: *Was Gott tut, das ist herrlich und prächtig, und seine Gerechtigkeit bleibt ewiglich* (Ps 111,2f.). *Darum werden die Himmel seine Gerechtigkeit verkündigen* (Ps 97,6) *und Kinder und Kindeskinder sollen seine Gerechtigkeit rühmen* (Ps 145,7).

Gottes Gerechtigkeit - das ist seine tätige Sorge für seine Schöpfung, das ist die achtsame Begleitung seines Volkes, das sind seine rettenden Taten und seine guten Weisungen. Gerechtigkeit, das ist sein offenes Ohr für die Schreie der Notleidenden, sein starker Arm, der die Gefangenen freimacht und in all dem ist es Gottes leidenschaftliche Liebe zu den Seinen, die schrecklich zürnen kann über ihre Bosheit und Torheit und die doch nicht anders kann, als „barmherzig und gnädig" zu sein, „geduldig und von großer Güte" (Ps 103,8). Wo die überparteiliche, ein Rechtsprinzip verwaltende Justitia blind ist, ja geradezu blind sein muss, um sich vom Einzelfall nicht blenden zu lassen, da heißt es vom Gott Israels: Er sieht hin, er hört zu und er *er*hört - er betätigt die Freiheit seiner Liebe darin, jedem seiner Geschöpfe in seiner je besonderen Lage auf lebensförderliche Weise gerecht zu werden. Gerechtigkeit - das ist der Weg unseres Gottes durch die Zeit und den Raum seiner Schöpfung, auf dem er Israel und durch Israel der ganzen Welt Bund und Treue hält ewiglich und niemals loslässt das Werk seiner Hände. Und darum: *Auf dem Weg der Gerechtigkeit ist Leben* (Spr 12,28a).

In der AC ist dieses *prae* der Gerechtigkeit Gottes vor allem menschlichen Bemühen im Blick. Deshalb sind den Ablehnungen wirtschaftlicher Ungerechtigkeit und ökologischer Zerstörung Glaubenssätze vorangestellt, die das Bekenntnis zum biblisch bezeugten Bundesgott entfalten.

In diesem Zusammenhang ist es mir wichtig, den Bekenntnischarakter der Accraerklärung ausdrücklich zu würdigen. Denn er entspricht in besonderer Weise der Tatsache, dass für uns Christinnen und Christen das Eintreten für Gerechtigkeit keine politische Meinungssache ist, sondern Antwort auf Gottes eigenes Wort und Werk, aus dem wir leben und zu dem wir uns im Glauben bekennen.

Um dies deutlich zu machen, wird die Predigt das Lob der Gerechtigkeit Gottes allerdings *viel klarer und ausführlicher* zum Klingen bringen müssen, als dies im Bekenntnis von Accra geschehen ist bzw. geschehen konnte. Ich erinnere an das eingangs zum Unterschied von Bekenntnis und Predigt Gesagte. Wo im Accra-bekenntnis in recht dürren theologischen Sätzen an Gottes Handeln erinnert wird, wird die Predigt, angeleitet durch die Geschichten der Bibel, so vom Heils-handeln Gottes erzählen, dass deutlich wird: Das damals Geschehene ist auch heute wahr, die Geschichte Gottes mit seinem Volk schließt meine Welt und meine Geschichte mit ein. Gott vermag meine Welt und mein eigenes Leben zu verwandeln und er wird es tun!

Deshalb sollte die Predigt sich hüten, „gesetzlich" vom Evangelium zu reden (*Manfred Josuttis*). Dies geschieht immer dann, wenn der Eindruck entsteht, menschliches Tun könnte oder sollte Gottes Handeln ersetzen nach dem Mot-to: „Ostern geschieht, wenn wir gegen den Tod aufstehen…" Solche Predigt ist trostlos, denn sie lässt die Hörerinnen und Hörer gerade an der Stelle mit sich allein, wo sie dringend auf Gottes heilvolles Handeln angewiesen wären. Wenn ich in dieser Hinsicht noch einmal auf die Generalversammlung zurückblicke, bleibt ein doppelter Eindruck: Das spirituelle Leben mit den vielen Gottesdiens-ten, Bibelgruppen und Gebeten legte ein glaubwürdiges Zeugnis vom Vorrang des Handelns Gottes ab. In manchen der theologischen Vorträge und Doku-mente war das anders, da blieben die indikativischen theologischen Aussagen bisweilen so etwas wie „Pflichtübungen", um schnell zum eigentlich Wichtigen, sprich: zur Ethik übergehen zu können. Deshalb finde ich es übrigens auch scha-de, dass bei genauem Hinsehen nur etwas mehr als die Hälfte der in AC mit „ich glaube" beginnenden Bekenntnissätze im engeren Sinne vom Heilshandeln Gottes reden (AC 17.18.20.24.30), wohingegen die anderen schon wieder bei unserem Tun sind, indem sie festhalten, wozu wir „aufgerufen" sind (so AC 22.26.28.32). Man ist geneigt zu warnen: *Pelagius ante portas!* Denn wenn schon Ethik in einem Bekenntnis, dann müsste zumindest deutlicher als in der AC gezeigt werden, wie der Gott, der uns aufruft, uns auch *befähigt*, seinem Ruf zu folgen (dazu mehr S. 24).

Dabei geht es hier beileibe nicht nur um dogmatische ,*correctness*' (so sehr un-seren Texten theologische Genauigkeit gut tut!), sondern um eine zutiefst seel-sorgerliche Frage: Was lässt Menschen auf ihrem falschen Weg verharren, und was hilft, sie zur Umkehr zu bewegen? Die Antwort finden wir in Jesu eigener Verkündigung.

Jesus warnt immer wieder vor der Leben zerstörenden Macht des Mammon (vgl. Mt 6,24). Aber zugleich weiß er, dass Mahnungen ein schwaches Instrument sind, um Menschen zur Umkehr zu bewegen. Darum geht er in der Bergpredigt therapeutisch vor. Er diagnostiziert die Sorge als den Nährboden, in dem der Mammonismus allererst gedeiht. Der Grund für unsere Habsucht besteht näm-lich darin, dass wir unbewusst alle in die Falle eines Mangelmodells laufen. Wir sind getrieben von der verrückten aber gleichwohl realen Angst, es gäbe nicht für alle genug. „Was werden wir essen, was werden wir trinken?" - diese sorgenvollen Fragen versteht Jesus als Symptom der uns ständig begleitenden Angst, nicht genug zu kriegen. Solange ich mich im Mangelmodell definiere, werde ich den Hals natürlich nie vollkriegen, ganz gleich, wie es um meine reale Einkommenslage bestellt ist, denn wer weiß, was noch kommt? Also muss ich über das Maß hinaus klammern und horten - wie schon die Kinder Israels in der Wüste, die es mit dem täglichen Manna nicht genug sein lassen konnten.

Heilung kann nur aus dem Zuspruch erwachsen: „Euer himmlischer Vater weiß, was ihr braucht." (vgl. Vers 32). Deshalb weg vom Mangelmodell, weg auch von ethischen Appellen hin zu neuem Gottvertrauen: Entdeckt, wie reich ihr beschenkt seid! Um dieses Vertrauen wirbt Jesus mit seinen Hinweisen auf die Wunder der Schöpfung: Seht die Vögel unter dem Himmel, wie fürsorglich Gott sie nährt; bewundert die Lilien auf dem Felde, wie herrlich sie bekleidet sind - um wie viel mehr wird sich der Vater im Himmel euer annehmen. Und je mehr ihr dessen gewahr werdet, wie reich ihr gesegnet seid, desto mehr werdet ihr entdecken, dass ihr nicht aus dem Mangel sondern aus der Fülle heraus lebt.

Mit seiner Verkündigung nimmt Jesus die Seelsorge der Psalmen auf, die ja auch zum Gottvertrauen ermutigen durch das Erinnern der Güte Gottes: „Lobe den Herrn, meine Seele, und vergiss nicht, was er dir gutes getan hat." (Ps 103). Ein besonders ansprechendes Beispiel solcher heilenden Seelsorge findet sich in der jüdischen Passahliturgie. Eines der Lieder, die im Verlauf der Feier gesungen werden, zählt all das Gute auf, das Gott seinem Volk hat zukommen lassen, und nach jeder einzelnen Tat lautet der Refrain: „Es wäre genug gewesen." Also: Hätte Gott uns nur aus Ägypten herausgeführt - es wäre genug gewesen. Und so geht es dann weiter: Hätte er nur die Ägypter besiegt, es wäre genug gewesen. Und hätte er nur das Meer geteilt, es wäre genug gewesen. Uns durchs Meer geführt, genug. Uns in der Wüste versorgt, genug - und so weiter. Jede einzelne Tat der Heilsgeschichte wird als Geschenk Gottes eigens gewürdigt, wobei das „es wäre genug gewesen", im Hebräischen „dajjenu", stets mehrfach wiederholt wird: Es wäre genug gewesen, es wäre genug gewesen, es wäre genug, genug, genug, gewesen.

Nach Accra besteht unsere grundlegende Predigtaufgabe und zugleich unser unverwechselbarer christlicher Beitrag darin, in immer neuen Anläufen von Gottes Gerechtigkeit zu erzählen, und sie unseren Hörerinnen und Hörern so als freie Gnade zuzusprechen, dass sie trotz aller Angst und Not ihres Reichtums, trotz aller Schwäche ihrer gottgegebenen Stärke gewahr werden (vgl. 2.Kor 6,3ff.; 12,9) und so fähig und bereit werden, der Ungerechtigkeit zu widerstehen.

II

Im Lichte der Gerechtigkeit Gottes werden die „Werke der Finsternis" (Eph 5,11ff.) offenbar. Deshalb bedeutet Gerechtigkeit predigen auch, die Ungerechtigkeit aufzudecken und beim Namen zu nennen. In der Perspektive der AC geht es dabei vor allem um die wirtschaftliche und ökologische Ungerechtigkeit, die in den Abschnitten 5 bis 14 als Folge der neoliberalen wirtschaftlichen Globalisierung beschrieben wird, und der im Bekenntnisteil im Lichte der Glaubenssätze eine entschiedene Absage erteilt wird.

Die Predigt wird die Kritik und die klare Ablehnung der menschen- und naturfeindlichen Wirtschaftsweise aufzunehmen haben. Aber auch hier gilt: sie muss im je eigenen Kontext konkretisiert und weitergeführt werden. Vor allem muss sie so elementarisiert werden, dass sie verstanden und angenommen werden kann. Denn schließlich besteht das Ziel dieses Predigtteils darin, die Gemeinde von einem Irrweg abzuhalten bzw. sie ihrer Sünde (d.h. ihres Wandelns auf dem Irrweg) zu überführen. Dazu nun einige Hinweise:

1. Martin Luther übersetzt Klagelieder 3,39: „*Was murren denn die Leute im Leben? Ein jeder murre wider seine Sünde!*" Man mag darüber streiten, ob diese Übersetzung exegetisch haltbar ist,[3] zweifellos ist sie gesamtbiblisch stimmig und sie trifft auch die Intention des Textabschnittes, denn schon der nächste Vers betont: „*Lasst uns erforschen und prüfen unseren Wandel und uns zum Herrn bekehren.*" Wider die *eigene* Sünde murren, den *eigenen* Wandel prüfen, diese Ermahnung müssen die Predigerin und der Prediger unbedingt beachten. Denn wenn nur die Sünde der anderen aufgedeckt und angeklagt wird, dient dies der Gemeinde zur Selbstrechtfertigung – solche Gerichtspredigt ist nicht heilsam, im Gegenteil, sie betäubt und führt ins Unheil.

Damit will ich keinesfalls ausschließen, dass im Sinne der Parteinahme und Anwaltschaft für die, die keine Stimme haben, auch fremde Schuld angeklagt werden muss, nur darf das eine nicht auf Kosten des anderen geschehen.

Mir scheint, die AC (wie die meisten Texte und Stellungnahmen der Generalversammlung von Accra) ist in dieser Hinsicht sehr europa- und amerikafreundlich, denn sie bietet uns reichlich Material und Hilfestellung für unsere Aufgabe, das Sündhafte des eigenen Wandels zu erforschen. Das ist insofern sachgerecht, als die neoliberale Wirtschaftsordnung nun einmal von uns ausgeht. Gleichwohl stehen auch die Kirchen und Gemeinden des Südens vor der Aufgabe, ohne die „Imperiumskritik" abzuschwächen, nun auch die eigene Sünde in den Blick zu nehmen. Das hervorragende Afrikaforum während der Generalversammlung hat eindrucksvoll belegt, dass dies geschieht. Gerade deshalb fällt auf, dass die

---

3 Die Revised English Bible übersetzt anders, allerdings ist der hebräische Textbestand dieses Verses äußerst schwierig.

Hilfen, die die Texte von Accra dazu bieten, sehr blass, allgemein oder indirekt bleiben (vgl. etwa AC 34 oder die entsprechenden Passagen aus dem Aktionsplan). Hätten neben der Korruption nicht viel entschlossener auch die Kollaboration mit dem ungerechten Wirtschaftssystem angesprochen werden können? Hätte nicht bei der häufigen Erwähnung der HIV Problematik auch die „hausgemachte" Schuld deutlicher beim Namen genannt werden können, man denke nur an die skandalöse Weise, in der sich Präsident Mbeki jahrelang in dieser Sache geäußert hat! Und wird nicht bisweilen der Eindruck von Monokausalität erzeugt, wo in Wirklichkeit mehrere Faktoren im Spiel sind (vgl. AC 5-13; trotz 11)? Das „Imperium" ist gewiss ein sehr gewichtiger aber eben nicht der alleinige Grund dafür, dass in Afrika grausame Kriege geführt werden oder dass ein Land wie Zimbabwe je länger je mehr zu Grunde gerichtet wird. Ich will mit diesen Äußerungen in keiner Weise von unserer „westlichen" Schuld ablenken, oder gar Schuld gegeneinander aufrechnen. Aber wenn es um die Aufgabe geht, in den Gemeinden und Kirchen vor Ort Gerechtigkeit zu predigen, darf die Mahnung, den je eigenen Wandel zu prüfen, die je eigene Sünde (mit) in den Blick zu nehmen, nicht, unbeachtet bleiben, andernfalls betrügen wir die uns Anbefohlenen um die Möglichkeit der eigenen Umkehr.

Ich erinnere noch einmal an Jesaja 58, den Leittext der Generalversammlung von Debrecen. Historisch wissen wir, dass die wirtschaftliche Ungerechtigkeit, die der Prophet hier anklagt, von einem externen Faktor ausgelöst ist: Die vom Perserkönig Darius I. (nach 521) durchgeführte Steuerreform erlaubt Abgaben nur noch in Münzform. Daran gehen die kleinbäuerlichen Betriebe, die nicht auf Überschussproduktion eingestellt sind (also nichts zu verkaufen haben), kaputt. Sie geraten in die Schuldenfalle und werden am Ende von den Großgrundbesitzern geschluckt. Diese innerisraelitische „Verarbeitung" des von außen auferlegten Unrechts ist es, die der Prophet zum Brennpunkt seiner Sündenpredigt macht, eben weil ihm an der Heilung *seines* Volkes liegt.

2. Gerade für den die Sünde aufdeckenden Teil der Predigt gilt: Was hier gesagt wird, muss stimmen. Das klingt so selbstverständlich, ist es aber nicht. Immer wieder lässt sich in ethisch orientierten Predigten feststellen, dass Aussagen nur halb oder dreiviertel wahr sind, dass schlampig recherchiert wurde, oder zu pauschal geredet wird. Das ist in unserem Zusammenhang deshalb besonders schlimm, weil sachliche Fehler es den Verstockten allzu leicht machen, sich auch die berechtigten Teile der Kritik vom Hals zu halten.

Auf eine Falle sei (in Aufnahme von AC 11) besonders hingewiesen: Menschliches Zusammenleben ist nur in Ausnahmen und Grenzfällen mit dem Instrumentarium der zweiwertigen Logik zu erfassen. Der Antisemitismus etwa oder das System der Apartheid sind solche Fälle, wo unser *Entweder – Oder* gefordert ist. Öfters verhält es sich aber so, dass widerstreitende Werte in Balance zu bringen sind, anstatt sich für den einen und gegen den andern zu entscheiden; so geht es in der Wirtschaft etwa um die Balance der Pole Gemeinwohl und Eigennutz und nicht um einen prinzipiellen Gegensatz. Ein anderes Beispiel betrifft den Gebrauch des *wir* in Äußerungen zum Thema Gerechtigkeit. Ich selbst bin je nach Zusammenhang Täter, Opfer, Mitbeteiligter, Mitleidender, Mitverursacher, Mitgeschädigter usw. Aber ich bin nicht immer alles gleichzeitig und darum ist es wichtig, von Fall zu Fall genau zu fragen, und genau zu reden; ein undifferenziertes *wir* verführt mich und meine Hörerinnen und Hörer, sich auf die angenehme Seite zu retten. Zum genauen Reden gehört auch der Mut, im gebotenen Augenblick mit Petrus zu bekennen: *„Ich bin ein sündiger Mensch"* (Lk 5,8) oder mit Nathan zu sagen: *„Du bist der Mann"* (2.Sam 12,7).

3. Schließlich: In dem die Sünde aufdeckenden Teil der Predigt wird es immer wieder darum gehen, auf die Not der besonders Benachteiligten aufmerksam zu machen und für ihr Leiden zu sensibilisieren. Dies gelingt nicht allein durch Statistiken und seien sie auch noch so schrecklich. Sie sind zur Information der Gemeinde unerlässlich, aber vieltausendfache Opferzahlen lassen sich nicht fühlen. Anrühren lasse ich mich eher vom exemplarischen Einzelschicksal. In ihm wird das Unvorstellbare anschaulich, und der Anspruch an mich unabweisbar.

III

Die Predigt der Gerechtigkeit erschöpft sich nicht darin, Ungerechtigkeit beim Namen zu nennen, ihr Ziel besteht vielmehr darin, die Gemeinde auf den Weg der Gerechtigkeit mitzunehmen, bzw. sie zu ermutigen, auf diesem Weg zu bleiben. Dazu eine Vorüberlegung: Gerechtigkeit muss getan, der Weg der Gerechtigkeit muss beschritten werden. Jesaja 58 fordert nicht: *erkennt* oder *benennt* oder auch: *bekennt*, sondern: *„sprengt* die Ketten der Ungerechtigkeit". Gerechtigkeit zielt auf Befreiungs*praxis*. Das macht kirchliche Worte, Stellungnahmen und Bekenntnisse zum Thema Gerechtigkeit nicht überflüssig, und doch ist hier auf eine latente Gefahr hinzuweisen, welche unsere Erklärungen gleichsam als ihr Schatten begleitet. Zum einen fördern Erklärungen – zumal wenn sie von hochrangigen oder repräsentativen Gremien beschlossen werden – die Illusion von Wirkung: Als sei (nur) damit, dass das Richtige gesagt ist das Recht schon aufgerichtet (vgl. die 11. Feuerbachthese von Karl *Marx*!). Es hängt m.E. mit dieser Überschätzung der Worte zusammen, dass um einzelne Wörter oft so verbissen gekämpft wird. Salopp gesagt: Wir sollten mehr Energie ins Kochen stecken, statt in die Redaktionsarbeit am Rezept! Und das andere: Erklärungen zur Gerechtigkeit bergen die Gefahr, die eigene Schuldverflochtenheit auszublenden: Redend hat man sich ja schon auf die „richtige" Seite begeben. Ich bin immer

wieder erstaunt, wie perfekt gerade wir engagierten Christinnen und Christen eigene Geiz- und Gierstrukturen auszublenden vermögen![4]
Deshalb darf auch die Predigt nicht dabei stehen bleiben, die richtigen Einsichten zu vermitteln (so wichtig das ist!)[5], sondern sie muss für die Gemeinde gangbare Wege aufzeigen, d.h. Hilfen zum Handeln bieten. Dabei ist zweierlei unbedingt zu beachten:

1. Ethische Anweisungen müssen erfüllbar sein. Nehmen wir den Satz: ‚Wir müssen alle dafür sorgen, dass die Schere zwischen arm und reich nicht immer weiter auseinander geht.' Ist dieser Satz erfüllbar? Theoretisch schon. Aber seine Erfüllbarkeit wird vielen Menschen nicht plausibel erscheinen: Wie soll eine Familie, die gerade genug hat, um über die Runden zu kommen, diese Mahnung umsetzen, und wie erst eine Sozialhilfeempfängerin? Und wie die vielen, die das Gefühl haben, ‚die da oben' würden doch machen, was sie wollen. Ich glaube, in der Tat haben alle die Möglichkeit, etwas zu tun. Aber nur dann, wenn der Prediger und die Predigerin es nicht beim pauschalen Appell belässt, sondern diesen ‚erdet' und sich konkrete Gedanken darüber macht, *wie* die Mahnung von den Gemeindegliedern konkret befolgt werden kann: angefangen von der Frage, wofür sie eigentlich beten, über die Frage, wen sie wählen, bis hin zu der Frage, ob ‚Teilen-Lernen' eine Maxime ihrer Kindererziehung ist.
Dazu noch ein Hinweis: Wir sollten uns hüten, die unterschiedlichen Handlungsebenen gegeneinander auszuspielen (wie es manche von uns, mich eingeschlossen, in der Vergangenheit oft getan haben): Kampf gegen Kontemplation, politische Arbeit gegen Hilfe im Nahbereich, missionarischer Einsatz gegen soziales Engagement. Stattdessen sollten wir belehrt durch die neutestamentliche Charismenlehre unsere Gemeindeglieder dazu ermutigen, die je eigenen Gaben und Möglichkeiten zu entdecken und auf den Weg der Gerechtigkeit einzubringen.

2. Wer seine Gemeinde ermahnt, sollte sich über die Konsequenzen Gedanken machen. Ich habe folgende Begebenheit nie vergessen: Als junger Pfarrer habe ich meine Gemeinde voller Überzeugung und mit flammenden Worten dazu

---

4   Der Psychotherapeut Alfred Adler hat einmal gesagt: Schlechtes Gewissen, das sind die guten Absichten, die man nicht hat. Damit meint er, dass das schlechte Gewissen oft gerade das Maß an Selbstbestrafung darstellt, welches es mir ermöglicht, das ungeliebte Verhalten fortzusetzen; das schlechte Gewissen hilft dem Raucher – weiterzurauchen. In Abwandlung dieses Wortes ließe sich überspitzt formulieren: Gerechtigkeitserklärungen kennzeichnen die Wege, die man nicht beschreitet.
5   Besonders anspruchsvoll ist diese Aufgabe, wenn man sich bemüht, nicht nur die Negation, sondern auch die Position zu formulieren. Richtung und Linie versucht der der AC beigefügte Aktionsplan zu kennzeichnen; hier bleibt aber noch viel zu tun.

aufgefordert, keine Waren der Apartheid zu kaufen. Unter anderem ging es dabei um Krügerrandmünzen, die in einigen unserer Banken angeboten wurden. Eine Kindergottesdiensthelferin ruft mich an und fragt: „Nach fünfzig Bewerbungen habe ich nun endlich eine Stelle bei der Deutschen Bank in Aussicht, darf ich die annehmen? Dann muss ich aber diese Münzen verkaufen, von denen du in der Kirche gesprochen hast." Diese Szene hat mich nachdenklich gemacht und auch beschämt. Es kann nicht darum gehen, dass wir unseren Mahnungen die gebotene Deutlichkeit oder Radikalität nehmen. Aber als Predigerinnen und Prediger sollen wir wissen, was wir unseren Gemeindegliedern zumuten. Wer sich als Theologe und Theologin für wirtschaftliche und ökologische Gerechtigkeit einsetzt, den oder die kostet das (jedenfalls in meinem Kontext) nicht viel. Im Gegenteil, wenn er sich nur genug engagiert, bekommt er vielleicht sogar eine kirchliche Beauftragung und kann sich mit interessanten Leuten rund um den Globus treffen. Bei unseren Gemeindegliedern geht es bei gleichem Engagement womöglich um Sein oder Nichtsein. Das müssen wir wissen, und der Respekt vor deren Schwierigkeiten muss auch unserer Verkündigung abzuspüren sein.

Das Wichtigste zuletzt: Auch wo es um das gehorsame Tun des Menschen geht, darf die Predigt nicht aufhören, von Gott zu reden. Denn nach biblischem und reformatorischem Verständnis ist nicht nur unsere Rechtfertigung, sondern auch unsere Heiligung Gottes eigenes Werk (vgl. 1.Kor 1,30; 1.Petr 1,2). Gewiss geschieht die Heiligung nicht ohne uns, Gott hat uns ja zu seinen Bundespartnern erwählt, er will unsere Kooperation und darin unser freies selbstverantwortetes Tun. Und doch ist *Gott* es, der das Wollen und Vollbringen in uns wirkt (Phil 2,13).[6] Die Predigt der Umkehr schöpft ihre Kraft nicht aus der Lautstärke der ethischen Appelle, sondern aus der *Ermutigung*, dass Gott uns viel zutraut (Mt 28, 20), aus der *Entdeckung* der uns von Gott gegebenen Möglichkeiten (Röm 12), aus dem *Gewahrwerden* der Kraft des Geistes, mit der Gott uns im Kampf gegen die Mächte des Bösen ausstattet (Mk 16, 17f.; Eph 6, 10-17). Ob der Prediger und die Predigerin mit der Kraft des Geistes rechnen, wird sich nicht zuletzt daran zeigen, ob er und sie in der Lage sind, dessen Spuren im Leben der Gemeinde zu entdecken. Die Briefe des Apostels Paulus sind voll von dankbarem Wahrnehmen, Anerkennen und Aussprechen dessen, was in der Gemeinde an Gutem geschieht. Bei ihm sollten gerade die reformierten Predigerinnen und Prediger in die Lehre gehen. Denn in dieser Hinsicht fand ich viele Vorträge und Dokumente der Generalversammlung schlichtweg mangelhaft. Ein Außenstehender hätte den Eindruck gewinnen können, es würde über Gemeinden und Kirchen gesprochen, die sich ausschließlich auf dem Weg der Ungerechtigkeit verrannt haben und deshalb aufgerufen werden müssen,

---

6   So auch Barmen II: unser Dienst an Gottes Geschöpfen entspringt seiner Befreiungstat.

allererste Schritte in eine neue Richtung zu gehen. Es gibt unter uns eine Weise, sich in Kritik zu üben, die hat nichts mit Bescheidenheit oder gar Demut zu tun, sondern sie ist eine Missachtung der ermutigenden Taten der Gerechtigkeit, die auch in unseren Kirchen reichlich zu finden sind.

Eine Predigt, welche die Früchte des Geistes nicht wahrzunehmen vermag, ist trostlos. Zur Predigt der Gerechtigkeit gehört auch die Kunst zu loben! Tun wir es dem Paulus nach, der schreibt:
Wir danken Gott alle Zeit für euch alle…und denken ohne Unterlass vor Gott, unserem Vater, an euer Werk im Glauben und an Eure Arbeit in der Liebe und an eure Geduld in der Hoffnung auf unseren Herrn Jesus Christus (1.Thess 1,2f.).

Peter Bukowski (1950) studierte Theologie und Musik in Berlin, Bonn und Köln. Er ist Direktor des „Seminars für pastorale Aus- und Weiterbildung" in Wuppertal und unterrichtet Homiletik und Seelsorge; Seit 1990 ist er Moderator des Reformierten Bundes und ist Mitglied im Exekutivausschuss der WGRK.

ENGAGEMENT

2

Europäisches Engagement nach der Generalversammlung von Accra 2004

JAN-GERD HEETDERKS, OOSTERHOUT, NIEDERLANDE

Erklärung von Accra (Reformierter Weltbund 2004):

5. *Wir wissen, dass die Schöpfung noch immer seufzt, in Ketten liegt und auf Befreiung wartet (Röm 8,22). Die Schreie der leidenden Menschen, aber auch die der Schöpfung selbst zugefügten Wunden sind eine Herausforderung an uns.*

6. *Die Zeichen der Zeit sind alarmierender geworden und bedürfen der Interpretation. Die tieferen Wurzeln der massiven Bedrohung des Lebens sind vor allem das Produkt eines ungerechten Wirtschaftssystems, das mit politischer und militärischer Macht verteidigt und geschützt wird. Wirtschaftssysteme sind eine Sache von Leben und Tod.*

7. *Wir leben in einer skandalösen Welt, die leugnet, dass Gottes Aufruf zum Leben allen Menschen gilt. Das Jahreseinkommen der reichsten ein Prozent entspricht dem der ärmsten 57 Prozent und 24.000 Menschen sterben jeden Tag an den Folgen von Armut und Unterernährung.*

So beginnt die „Erklärung von Accra"[1] und beschreibt das Feld, in dem sich die Kirchen bewegen. Anders ausgedrückt finden wir diese Gedanken in dem frohen Bekenntnis: „Die Erde ist des Herrn!". Gott soll regieren und nicht der Kapitalismus, nicht ein ungebändigtes Konsumverhalten und nicht unkontrollierte Anhäufung von Reichtum und grenzenloses Wachstum.

Obwohl manche Formulierungen der Erklärung von Accra und einige Analysen der heutigen Situation in einigen europäischen Kirchen auch zu Kritik geführt haben, ist die Thematik breit aufgegriffen worden und europäische Kirchen haben die Fragen von Gerechtigkeit und Armut mit Dringlichkeit erneut auf die kirchliche Tagesordnung gesetzt.

Viele reformierte Kirchen im Europäischen Gebiet haben in den letzten Jahren

---

1 http://warc.jalb.de/warcajsp/side.jsp?news_id=1174&&navi=46

eine intensive Diskussion über die Folgen der Globalisierung – insbesondere über die Folgen eines „Kapitalismus ohne Grenzen" geführt:

Welche Bedingungen braucht der Handel um fair und gerecht zu sein? Welche Voraussetzungen braucht der Kapitalmarkt, welche Bedeutung darf Geld haben? Welche ethischen Kriterien braucht eine Wirtschaft, die den Menschen dient? Welche Folgen hat die Behauptung, dass der Markt alles regelt, welche Ethik steckt hinter diesem selbstregulierten Markt?

Welche Aufgaben haben die Kirche in diesem Kontext und wie können sie ihnen gerecht werden?

WARC-Europe hat in Zusammenarbeit mit dem Reformierten Bund in Deutschland eine Untersuchung darüber vorgelegt, mit welchen Schwerpunkten und Projekten sich die reformierten Kirchen des europäischen Gebietes im Anschluss an die Erklärung von Accra, gegen ungerechte Strukturen der Globalisierung engagieren.

Neben den „traditionellen" Projekten gegen Armut bzw. den Projekten der entwicklungspolitischen Zusammenarbeit zeichnen sich mehr und mehr auch Aktivitäten für arme Menschen in Europa ab. Aktuell rückt das Thema „Kinderarmut" verstärkt in den Vordergrund.

Ein weiterer Schwerpunkt des europäischen Engagements findet sich in Projekten zum Klimaschutz und zur Erhaltung einer ausgewogenen Landwirtschaft.

Es sind vor allem die großen europäischen reformierten Kirchen (Schweiz, Deutschland, Niederlande), die hier fundierte Arbeit leisten und hervorragende und beispielgebende Projekte entwickelt haben. Das mag an den finanziellen und personellen Ressourcen liegen – sicherlich aber auch daran, dass gerade diese großen Institutionen immer wieder die Partnerschaft mit Nichtregierungsorganisationen suchen und sich dort in Kooperationen einbringen. Die Diskussionen in den europäischen Kirchen hatten verschiedene Schwerpunkte:

Analyse

Was sind die tatsächlichen treibenden Kräfte in unserem wirtschaftlichen System? Wo wird Geld zu Mammon? Wo wird die Herrschaft Gottes völlig untergraben und sind andere Mechanismen (Geld, Kapitalsucht, wirtschaftliche oder militärische Belange) die eigentlichen Motoren der globalen Entwicklung? Der Generalsekretär der Protestantischen Kirche in den Niederlanden *Dr. A.J. Plaisier* schreibt zur heutigen Krise:

„Es gibt zwei Elemente, die zurzeit im Vordergrund stehen:
1. Unser ökonomisches System ist ein System geworden, das mit einem Wort Shakespeares beschrieben werden kann: Money breeds money. Das Tauschmittel hat die Regie übernommen. Das kann lange gut gehen ... bis dann das System doch zusammenbricht.

2. *Unsere ökonomische Ordnung ist ausschliesslich auf Vermehrung des eigenen Reichtums gerichtet. Das ungebremste Wachstum des materiellen Reichtums lässt die Rechnung von anderen zahlen. Von wem? Wer sind die Schuldner? Irgendwann werden sie vor der Tür stehen: Die menschliche Natur, die geistlich arm geworden ist; die Armen, die nicht teilnehmen konnten; die dritte Welt, die verarmt; die natürlichen Brunnen, die ausgelaugt sind; die Erde, die diesen Vielfrass nicht vertragen kann.*[2]

Gespräch mit Politik und Wirtschaft

Kirche lebt nicht für sich allein. Kirche lebt im Dialog mit den Menschen.

Aus diesem Grund suchen die Kirchen regelmässig das Gespräch mit Verantwortlichen aus Politik und Wirtschaft über die in Accra aufgeworfenen Fragen. Dabei geht es um Gespräche über das wirtschaftliche System an sich, auch und vor allem mit dem Hinweis auf die Verantwortung von Politik und Wirtschaft für die Armen im Süden, aber auch im eigenen Land. Verschiedene Kirchen haben gerade in der wirtschaftlichen Krise den Kontakt zu ihren Regierungen gesucht, um mit Nachdruck darauf hin zu weisen, dass Einsparungen nicht auf dem Gebiet der Entwicklungshilfe stattfinden oder die Armen im eigenen Land treffen dürfen.

So hat z.B. die KEK (Konferenz der europäischen Kirchen) Anfang Mai 2009 in einem offenen Brief an den Präsidenten der Europäischen Union unter dem Leitsatz „The economic crisis is a call for change"[3] auf die Folgen einer ungelenkten Globalisierung aufmerksam gemacht und dabei ethische Voraussetzungen für das politische Handeln der EU eingefordert.

Untersuchung der eigenen Finanzen

Wie geht die Kirche selber mit ihren Geldern um? Wie legt sie die Gelder an? Auch auf diesem Gebiet haben kritische Analysen statt gefunden und es wurden zum Teil einschneidende Entscheidungen getroffen (so hat z.B. der Pensionfonds der Protestantischen Kirche in den Niederlanden kürzlich 10 Millionen Euro bei der Ökumenischen Entwicklungsgenossenschaft Oikokredit angelegt).

Kirchliche Entwicklungsarbeit

Die kirchliche Entwicklungsarbeit ist unvermindert weiter gegangen. Dabei fällt auf, dass verstärkt auch die Zusammenarbeit mit wirtschaftlichen Unternehmen gesucht wird. Kirchen haben in diesen Kooperationen eine Brückenfunktion. Sie mahnen Unternehmerinnen und Unternehmer zu sozial wachsamer Unternehmensführung und zur Verantwortungsübernahme. Die „Corporate Social Responsibility", die Verantwortungsübernahme für soziale Entwicklung durch

2 www.pkn.nl
3 http://www.cec-kek.org/pdf/Openletter5May2009.pdf

die Unternehmen, ist eines der besonders zukunftsweisenden Projekte dieser Zusammenarbeit

Armut in Europa

Wer von Armut in Europa spricht, muss eines hinzufügen: Mit der existenziellen Armut, unter der Menschen in Entwicklungsländern leiden, hat sie nichts zu tun. Im Grunde muss niemand in Deutschland, in Polen, in Portugal Hunger leiden, auf Kleidung oder eine Wohnung verzichten. Niemand wird vom Krankenhaus abgewiesen, wenn er oder sie ärztliche Hilfe benötigt. Und niemand muss für den Schulbesuch bezahlen. Das soziale Netz mag inzwischen Löcher haben, aber es existiert - noch. Dennoch: dass die Ökonomisierung zum Beispiel der Bildungseinrichtungen das Armutsproblem verstärkt, ist unumstritten. Inzwischen ist es wissenschaftlich nachgewiesen: Arme Kinder haben weniger Chancen qualifizierte Schulabschlüsse zu erreichen. Längst sprechen wir davon – Armut ist erblich. Wohlfahrtsverbände, Gewerkschaften und Wissenschaftler schlagen seit Jahren Alarm und warnen vor der zunehmenden Armut in Europa. Natürlich ist „europäische Armut" - verglichen mit der Armut in den Ländern des Südens – anders, nicht lebensbedrohlich.

Dennoch schließt sie Menschen aus, macht sie sprachlos und benachteiligt sie. Zitat über Armut in Deutschland:

Die ärmste Region in Deutschland ist Vorpommern. Dort leben 27 Prozent der Bürger an oder unter der Armutsschwelle. Als arm gilt, wem weniger als 60 Prozent des mittleren Einkommens zur Verfügung stehen. Die Armutsgrenze in Deutschland lag 2007 für eine alleinstehende Person bei 764 Euro Monatseinkommen, für ein Paar ohne Kinder bei 1.376 Euro, für ein Paar mit zwei Kindern bei 1.835 Euro. Besonders von Armut bedroht sind erwerbslose Personen sowie Alleinerziehende und deren Kinder."[4]

In den meisten Ländern Europas werden fast alle Bereiche des täglichen Lebens über den Markt geregelt - über Geld. Menschen befinden sich dann in Armut, wenn sie mit ihrem Einkommen nicht das Existenzminimum abdecken können. Wie hoch aber muss dieses Einkommen sein? Als „offizieller" Wert gilt in Deutschland der Sozialhilfe-Satz als Grenzwert zur Armut. Andere Berechnungen gehen vom nationalen Durchschnittseinkommen aus: Wer nicht wenigstens über die Hälfte dieses Durchschnittseinkommens verfügt, gilt als arm[5]. Besonders von Armut betroffen sind Kinder. Eine Untersuchung der Europäi-

---

4 http://www1.ndr.de/nachrichten/armutsatlas100.html
5 http://ec.europa.eu/employment_social/social_inclusion/docs/child_poverty_leaflet_de.pdf

schen Union geht davon aus, dass in Europa jedes 5. Kind arm ist.[6] Die Hälfte dieser Kinder stammt aus Familien mit nur einem Elternteil oder aus Familien mit vielen Kindern.

Wer wenig Geld zur Verfügung hat, ernährt sich schlecht(er), macht sich mehr Sorgen, ist eher von psychischen Erkrankungen wie Depression betroffen, hat weniger Möglichkeiten seine Situation zu verändern. Die Prognosen im Blick auf die Armutsentwicklung in Europa unter den Bedingungen von Globalisierung – und insbesondere auch mit den Folgen der Finanzkrise sind verheerend. Das Engagement von Kirchen und Diakonischen Einrichtungen wird in Zukunft noch mehr als sonst gefordert sein.

WAS TUN DIE KIRCHEN?

Es gibt ein umfangreiches und intensives Engagement der Kirchen, das an dieser Stelle an zwei Beispielen verdeutlicht werden soll.

Projekt Kinder-Tafel

Viele Kinder leiden auch in Deutschland an Hunger. Und längst nicht jedes Kind bekommt eine warme Mahlzeit am Tag. Mit der Aktion der Kinder-Tafel setzt die Evangelische Kirche von Westfalen (EKvW) ihre Kampagne gegen Kinderarmut „Lasst uns nicht hängen!" fort.[7]

Die bis November 2009 laufende Kampagne der Evangelischen Kirche von Westfalen zielt darauf, die Mitverantwortung in Kirche und Gesellschaft bewusst zu machen sowie Hintergründe und Folgen von Kinderarmut zu thematisieren. Zu den politischen Zielen und Forderungen der landeskirchenweiten Kampagne gehören – über eine tägliche warme Mahlzeit für jedes Kind hinaus – die Teilhabe für Kinder am gesellschaftlichen Leben, unabhängig von der finanziellen Lage im Elternhaus. Dazu zählen unter anderem kostenfreie Plätze im Kindergarten und offene Ganztagsschulen, kostenfreie Schulbücher, Zugang zu Computern und ins Internet, Teilnahme an Schulfahrten sowie der Zugang zu öffentlichen Kultur- und Freizeitangeboten. Es geht dabei aber nicht nur um materielle Dinge, sondern auch um Liebe, Geborgenheit und Anerkennung. Denn: Armut fängt eben nicht erst bei materieller Unterversorgung an, sondern schon dann, wenn Menschen die Anerkennung versagt bleibt, wenn sie sich nicht mit ihren Fähigkeiten in das von allen geteilte Leben einbringen können.

---

6 http://www1.bpb.de/themen/HJSR7B,0,0,EUSozialbericht_beklagt_Kinderarmut.html
7 Vgl. Kapitel 17.

,Helpen onder protest' – Hilfe unter Protest

Die Protestantische Kirche in den Niederlanden hat die Diakonien in den Ortsgemeinden gebeten, Armut zu registrieren und auch zu registrieren, welche Hilfs- und Lobbyarbeit durch die Kirchengemeinden verrichtet wird. Die Ergebnisse der Untersuchung[8] werden regelmässig dem zuständigen Minister angeboten, um so den Mythos, dass jeder vom Sozialsatz gut leben kann, zu entkräften und gleichzeitig auch anzugeben, wie viel Menschen durch die Maschen im Versorgungsnetzwerk der staatlichen Institutionen fallen. Auch wird Material entwickelt für die Diakonien der Ortsgemeinden, wie und mit welchen Mitteln sie einerseits konkret Armen helfen können und wie sie andererseits bei den verantwortlichen bürgerlichen Gemeinden kräftig und effektiv die Interessen der Armen vertreten können.

Die Kirchen des europäischen Gebietes von WARC haben in verschiedenen Projekten Verantwortung übernommen. Dabei haben sie der Tatsache Rechnung getragen, dass auch in Europa viele Menschen von den Veränderungen durch die Globalisierung betroffen sind. Was sich manche Menschen bis heute nicht vorstellen können: Es gibt in den traditionellen „Wohlfahrtsstaaten" Europas bittere Armut. Die europäischen Kirchen engagieren sich unter immer schwerer werdenden Bedingungen. Zurückgehende finanzielle Mittel und zunehmende Säkularisierung der Gesellschaft erschweren das Engagement zunehmend.

Im Anschluss an die Erklärung von Accra haben die europäischen Kirchen ihr Engagement in vielfältiger Weise überdacht und erweitert. Sie haben dies unter Anderem getan als Reaktion auf die Erklärung von Accra, die mit Nachdruck fordert, dass alle Wirtschaft und alles Kapital dem Menschen dienen soll. Denn: *Die Erde ist des Herrn!*

Jan-Gerd Heetderks (1957) ist Pfarrer der Protestantischen Kirche der Niederlande (PKN). Von 2003-2007 war er der Präses der Generalsynode der PKN. Zurzeit ist er der Pressesprecher der PKN und der Präsident des europäischen Gebiets der WGRK.

8 Die Untersuchung von 2008 ist zu finden auf: http://www.kerkinactie.nl/site/ uploadedDocs/PovertyintheNetherlandschurchesinvestigation2008.pdf

DISKUSSION

3

Die europäische Diskussion über Gerechtigkeit

Probleme – Perspektiven – Visionen
Douwe Visser, Genf, Schweiz

EINFÜHRUNG

Meine Frau und ich mussten am Flughafen Schiphol auf die Ankunft unseres Sohnes aus Accra warten. Er hatte dort drei Wochen lang als Steward an der Generalversammlung des RWB teilgenommen. Wir sahen, dass das KLM-Flugzeug gelandet war, konnten also jeden Moment mit unserem Sohn rechnen. Doch er ließ uns warten, denn er hatte beschlossen, mit einigen der anderen Stewards, die einen Anschlussflug von Amsterdam aus hatten, einen Kaffee trinken zu gehen. In der Zwischenzeit waren die Mitglieder der Delegation der Protestantischen Kirche in den Niederlanden (PKN) angekommen. Da ich sie kannte, unterhielt ich mich kurz mit ihnen. Sie waren zweifelsohne unglücklich über viele Aspekte der zu Ende gegangenen Generalversammlung. Nicht zuletzt was die Akzeptanz des Bekenntnisses von Accra anging. Es war ein kurzes Gespräch, doch wies es ein erhebliches Maß an Bitternis und Besorgnis auf.

In den Monaten danach erfolgte die Auswertung der Ergebnisse der Versammlung in Accra, die zumindest in den Niederlanden in einer ausgeglicheneren und ‚weniger spontanen, emotionalen' Weise stattfand. Die Kritik am Bekenntnis von Accra selbst sowie an der Art, wie es von der Generalversammlung angenommen wurde, führte zu dem Entschluss, die Herausforderung anzunehmen und im niederländischen Kontext damit zu arbeiten.

Die Niederlande sind lediglich ein Land in Europa und die PKN ist lediglich eine von 215 Mitgliedskirchen des RWB. Dennoch ist die dortige Annahme des Bekenntnisses von Accra ein guter Ausgangspunkt für eine allgemeinere Betrachtung der Teilnahme Europas an der Arbeit des Bundes für wirtschaftliche und ökologische Gerechtigkeit des Reformierten Weltbundes. Wo lagen die Probleme? Welche Perspektiven hat es gegeben und welche Visionen gibt es?

PROBLEME

Im Mai 2009 lud ich die lateinamerikanischen Mitgliedskirchen des Reformierten Weltbundes zu einer Konsultation zu dem Thema ‚Gemeinschaft und Gerechtigkeit' in São Paulo ein. Es gab rund 30 Teilnehmerinnen und Teilnehmer. Im Allgemeinen handelte es sich um standhafte Verfechter des Bekenntnisses von Accra und des Bundes für wirtschaftliche und ökologische Gerechtigkeit. Sie alle wurden eindeutig von Modellen aus dem Kontext der Befreiungstheologie inspiriert und wollten, dass dies auch in dem Ergebnis der Konsultation sichtbar werden sollte. Sie gaben jedoch auch ehrlich zu, dass jenes Modell der Befreiungstheologie in einem Land wie Kuba nicht hilfreich gewesen war. Dies erinnerte mich an Reaktionen aus Europa, die es im osteuropäischen Kontext gibt.

Obwohl der Kommunismus in Europa nirgendwo mehr dieselbe Stellung einnimmt wie zu Zeiten des Eisernen Vorhangs und des Kalten Krieges, sind die Unterschiede zwischen Ost- und Westeuropa noch immer deutlich erkennbar. Dies spiegelt sich auch in der Auswertung des Bekenntnisses von Accra wider. Die allgemeine Stimmung unter den osteuropäischen Mitgliedskirchen des Reformierten Weltbundes ist, gelinde gesagt, kritisch. Manchmal bekommt man zu hören, die Sprache, die im Bekenntnis von Accra ebenso wie im gesamten Prozess des Bundes für wirtschaftliche und ökologische Gerechtigkeit verwendet wird, erinnere an die Ideologiesprache der Marxisten, die seitens der früheren kommunistischen Regime bevorzugt wurde. Manch einer hatte auch das Gefühl, als gäbe es für eine kritische Herangehensweise ebenso wenig Raum, wie es ihn in den kommunistischen Ländern gab. Vor allem haben viele den Eindruck, dass sich aufgrund der weltweiten Wirtschaftsmodelle, denen sie nun angehören, ihr Wohlstandsniveau im Vergleich zur Ära des Kommunismus deutlich erhöht hat. Natürlich sind in dieser Hinsicht nicht alle kritisch und die Einstellungen haben sich während der letzten Finanzkrise stark geändert. Im Allgemeinen aber hat das Wort ‚Kapitalismus' jedoch nicht länger denselben abwertenden Beigeschmack, wie es dies oft im weltweiten Kontext des Reformierten Weltbundes hat.

In Westeuropa liegen die Dinge anders. Zunächst einmal wurden viele Theologen und Ökonomen innerhalb der Mitgliedskirchen in den sogenannten *processus confessionis'* einbezogen und unterstützen ihn, was zur Akzeptanz des Bekenntnisses von Accra führte. Viele europäische Mitgliedskirchen waren an den Belangen globaler Gerechtigkeit äußerst interessiert und strebten danach, diese auch vom theologischen Standpunkt her zu erschließen. Sowohl im Vorfeld als auch im Nachgang der Generalversammlung von Accra herrschte jedoch das Gefühl, nicht gehört bzw. missverstanden worden zu sein. Folgende Faktoren spielten bei der kritischen Evaluierung eine Rolle:

- Europäerinnen und Europäer hatten das Gefühl, dass in Accra die Schuld an der Ungerechtigkeit zu leichtfertig auf die Schultern des globalen Nordens gelegt wurde. Es gab nur wenig Kritik an den Verantwortlichen für Ungerechtigkeit im globalen Süden, und wenn sie geäußert wurde, führte man sie wiederum auf die Dominanz der Akteure aus dem globalen Norden zurück.

- Es herrschte das Gefühl, dass das Terrain in Accra von einem sehr forschen Teil der Mitgliedskirchen des RWB dominiert wurde, der anderen Stimmen kein Gehör schenkte oder gar verhinderte, dass kritische Stimmen überhaupt gehört wurden.
- Das Wort ‚Imperium' als Quelle des Bösen und Ungerechten zu definieren, wurde als nicht hilfreich empfunden, besonders da ersichtlich war, dass dieses unkritisch mit konkreten Regierungen wie beispielsweise den USA in Verbindung gebracht wurde.
- In Europa hatte man das Gefühl, dass die Teile der Welt, die das Bekenntnis von Accra am lautesten unterstützten, nicht viel dafür unternahmen, während innerhalb Europas trotz der kritischen Evaluierung von Accra 2004 mehr unternommen wurde.
- Oft wurde der Vorwurf geäußert, dass der Bund für wirtschaftliche und ökonomische Gerechtigkeit des RWB über ein theologisches Defizit verfügt.
- Europäer hatten das Gefühl, dass ihre kritischen Fragen nicht ernst genommen wurden, oder dass aufgrund derselben angenommen wurde, dass sie nicht hinter der Verpflichtung zur Gerechtigkeit stehen würden.

Die oben genannten Faktoren spielten eine Rolle in der Beziehung zwischen dem RWB und seinen europäischen Mitgliedskirchen. Es existieren jedoch weitere Problemfaktoren, was die Akzeptanz des Bekenntnisses von Accra sowie die Mitwirkung im Bund für Gerechtigkeit angeht, die direkt mit dem europäischen Kontext zu tun haben:

- Viele Länder Europas zählen zum globalen Norden, was wirtschaftlichen Reichtum angeht. Als solches profitiert Europa direkt von der Weltwirtschaftslage, die für viele arme Länder die Ursache wirtschaftlicher Ungerechtigkeit darstellt.
- Betrachtet man die Weltwirtschaftslage, hat Europa in seiner Gesamtheit einen sehr großen sogenannten ‚ökologischen Fußabdruck' und ist deshalb verantwortlich für Umweltverschmutzung und Klimawandel.
- Europäische Länder haben eine vorherrschende Rolle bei der Kolonisierung der Länder des globalen Südens gespielt und spielen noch immer eine Rolle im Hinblick auf neokoloniale Zustände.
- Auch europäische Kirchen und besonders viele ihrer Mitglieder profitieren direkt vom Ungleichgewicht des weltwirtschaftlichen Wohlstands.
- Die europäische Theologie hat in der Vergangenheit oft Zustände ökonomischer und ökologischer Ungerechtigkeit gerechtfertigt und tut dies noch heute.
- Europäische Kirchen haben unter Einsatz ihrer Finanzmacht oft eine tragende Rolle dabei gespielt, zu verhindern, dass weltweit alle in gleichem Maße in die ökumenischen Bewegung eingebunden wurden.

Diese Faktoren rufen im europäischen Kontext Unbehagen hervor, denn im Falle des Bundes für wirtschaftliche und ökonomische Gerechtigkeit und des Bekenntnisses von Accra kann man nur mit einem selbstkritischen Prozess richtig liegen. Wenn der globale Süden tatsächlich eine Stimme erhält, wie das in Accra 2004 der Fall war, dann ist das keine leichte Kost für die europäische Kirchenfamilie. Kein Wunder, dass sich manche versucht fühlen, die Schuld lediglich auf Verfahrensfehler und einseitige Kritik zu schieben.

PERSPEKTIVEN

Die lange Liste der Probleme könnte zu dem Schluss führen, dass die Stellung der europäischen Mitgliedskirchen innerhalb des RWB von kritischer Natur sei und dass deshalb sowie aufgrund der europäischen Wirtschaftslage das Engagement der europäischen Kirchen im Bund für wirtschaftliche und ökologische Gerechtigkeit in erster Linie problematisch ist. Dies wäre jedoch ein völlig falscher Rückschluss. Betrachtet man die Jahre seit der Versammlung von Accra 2004, haben sich viele Dinge ereignet, die eine positive Perspektive aufzeigen.

Zuallererst hatten das Leitungsgremium des RWB sowie sein Genfer Sekretariat ein offenes Ohr, was eine kritische Betrachtung des Entscheidungsfindungsprozesses in Accra angeht. Sie haben kritischen Stimmen, auch jenen der europäischen Mitgliedskirchen, aufmerksam zugehört. Diesbezüglich hat sich die klare Kritik als hilfreich erwiesen.

Im Allgemeinen haben sich die europäischen Mitgliedskirchen nicht von Frustration beherrschen lassen, sondern die Wichtigkeit der Verpflichtung zur Gerechtigkeit erkannt. Auch viele innerhalb der Kirche, Pfarrerinnen und Pfarrer in Gemeinden und andere wurden durch das Geschehen in Accra inspiriert. Die Kirchenleitungen waren im Allgemeinen weise genug, nur das zu beachten, was tatsächlich als einziges zählt: Gottes Gerechtigkeit für die Welt! Die Arbeit des Bundes für wirtschaftliche und ökologische Gerechtigkeit spielte bezüglich neuer bilateraler Beziehungen eine große Rolle zum Beispiel zwischen deutschen und südafrikanischen Mitgliedskirchen des RWB.

Diskussionen im Hinblick auf die Semantik, die bei der Arbeit des Bundes für Gerechtigkeit verwendet wurde, haben zu einem größeren Verständnis und zu mehr Akzeptanz einiger verwendeter Definitionen geführt. Das Wort ‚Imperium' sei hier als Beispiel angeführt.

Es wurde viel unternommen, um klarzustellen, dass die Verpflichtung zur Gerechtigkeit zu den Grundfesten der (reformierten) Theologie gehört. Es ist die Berufung auf Gott, die uns rechtfertigt und dazu verpflichtet, in der Welt Gerechtigkeit zu üben. Calvins Jubiläumsjahr 2009 machte uns jedoch erneut klar, wie tief verwurzelt diese Verpflichtung in der Tradition der Reformierten ist und als solche auch – wie man glaubt – im Wort Gottes selbst.

Die Finanzkrise machte infolge ihrer katastrophalen Auswirkungen die sündhaften Aspekte der Weltwirtschaft klar, die nur verurteilt werden können. 2009 organisierte der RWB acht regionale Konsultationen im Hinblick auf das Thema ‚Gemeinschaft und Gerechtigkeit.' Die erste hiervon fand in Europa statt. Nirgendwo, auch nicht in Europa, gab es Tendenzen, das Bekenntnis zur Gerechtigkeit in den Hintergrund zu schieben. Die Leidenschaft für diese Verpflichtung ist in all ihren regionalen Varianten sehr stark. In Europa führte sie gar zur Suche nach einem besseren Verständnis. Dasselbe gilt für die globale Konsultation in Johannesburg 2009, in der das Bekenntnis von Accra und der Bundes für Gerechtigkeits im Zentrum standen: Die Diskussion war offen, ehrlich und hilfreich und stärkte das Engagement.

Der Zusammenschluss des Reformierten Ökumenischen Rates (RÖR) und des RWB, der im Juni 2010 zur Bildung der Weltgemeinschaft Reformierter Kirchen führte, macht ganz deutlich, worin die Aufgabe der Organisation besteht: „Dazu berufen, eine Weltgemeinschaft der Kirchen zu sein, die sich der Gerechtigkeit verschrieben hat!" Man kann unmöglich befürchten, dass europäische Mitgliedskirchen ein Hindernis darstellen, dieser Berufung zu folgen, im Gegenteil!

VISIONEN

Europa ist einer der am stärksten säkularisierten Teile der heutigen Welt. In allen Ländern schwindet die Bedeutung der Großkirchen. In den meisten Gesellschaften sind in den letzten Jahrzehnten die Kirchenbesuche stark zurückgegangen. Die Stellung in der Gesellschaft ist oft marginal. Doch verfügt die Kirche auf verschiedenste Art und Weise noch über eine finanzielle Position, die uns sehr an die Vergangenheit erinnert, als die Kirche noch eine gewichtigere Stellung in der Gesellschaft einnahm. In Deutschland, sowie weiten Teilen der Schweiz, werden die Kirchen durch die Kirchensteuer finanziert. In den skandinavischen Ländern, mit Ausnahme von Schweden, ist die lutherische Kirche noch immer Staatskirche. Im Gegensatz hierzu sind in einem Land wie den Niederlanden Kirche und Staat völlig voneinander getrennt, die christliche Erziehung wird jedoch noch immer zu 100% vom Staat übernommen. Viele Kirchen und besonders Missionswerke haben in den letzten Jahrhunderten viel Reichtum angehäuft. Obwohl alle europäischen Kirchen Probleme haben, finanziell über die Runden zu kommen, befinden sich die westeuropäischen Kirchen verglichen mit dem Rest der Welt – vielleicht mit Ausnahme der USA – in einer immer noch starken finanziellen Position. Die Zukunft vieler europäischer Kirchen sieht jedoch finster aus. In den Niederlanden ist beispielsweise die Anzahl der Menschen, die mindestens einmal im Monat einen Gottesdienst besuchen, seit 1971 um 50% gesunken. Wenn sich dies in gleichem Maße weiterentwickelt, wird irgendwann in den 40er Jahren dieses Jahrhunderts der letzte Kirchgänger oder die letzte Kirchgängerin das Licht ausschalten. Proportional zur Abnahme der Gottesdienstbesuche hat die Bedeutung der Kirche und ihrer Theologie ebenfalls nachgelassen. Dies gilt auch für die Mitgliedskirchen des RWB. In dieser Hinsicht muss man allerdings auch sehen, dass ein großer Teil der jungen Menschen, die die Kirche verlassen haben, die christlichen Werte noch immer als sehr wichtig erachten und sich oft äußerst aktiv in Non-Profit-Organisationen wie Greenpeace, Kairos etc. engagiert.

In Osteuropa liegen die Dinge anders. Dort ist die Position der Kirche stärker geworden, was jedoch in erster Linie für die orthodoxe Kirche gilt. Die Mitgliedskirchen des Reformierten Weltbundes sind – mit Ausnahme Ungarns – kleine Kirchen, die keine bedeutende Stellung innerhalb ihrer jeweiligen Gesellschaft einnehmen können. Ihre Finanzmittel sind ebenfalls sehr beschränkt.

Wie kann vor diesem Hintergrund die Vision eines Bekenntnisses zur Gerechtigkeit in den europäischen Mitgliedskirchen der Weltgemeinschaft Reformierter Kirchen aussehen? Ein paar unten aufgeführte Ideen können sich für die Entwicklung einer Vision als hilfreich erweisen.

- Es hilft nicht, wenn die Diskussion über Gerechtigkeit in Europa von einem Gefühl von Schuld dominiert wird. Es ist natürlich zweifelsohne berechtigt, sich ‚schuldig zu fühlen': die Teilnahme an zwei Weltkriegen, (Neo-)Kolonialismus, paternalistische Missionsbeziehungen etc. Es besteht daher kein Grund dafür, die negativen Aspekte der Vergangenheit zu verleugnen und sie dort abzutun, wo sie bis zum heutigen Tage noch immer präsent sind. Doch damit einhergehend ist es notwendig, sich in erster Linie von den positiven Aspekten der Geschichte und Gegenwart inspirieren zu lassen. Die Missionsarbeit der Vergangenheit hat zum großen Teil zur Entwicklung der Kirche und der Gesellschaft in den Ländern des globalen Südens beigetragen. Viele derjenigen, die auf dem Gebiet der Mission tätig waren, waren auch an vorderster Stelle und forderten die Unabhängigkeit europäischer Kolonien. Die ökumenische Gerechtigkeitsbewegung kann für viele Beiträge europäischer Kirchenführerinnen und Kirchenführer, Theologinnen und Theologen, Wirtschaftswissenschaftlerinnen und Wirtschaftswissenschaftler etc. dankbar sein. Ein Dokument wie das Bekenntnis von Accra hat in den europäischen Mitgliedskirchen des Reformierten Weltbunds eine große Rolle gespielt. Die meisten europäischen Mitgliedskirchen des RWB haben ebenso im Hinblick der Gleichstellung der Geschlechter eine große Rolle gespielt. Kurz gesagt: Europa kann und sollte sich von sehr vielem, was innerhalb der Kirchen geschah und noch immer geschieht, inspirieren lassen. Bei der Diskussion über Gerechtigkeit ist es gut, sich dieses großen Beitrags bewusst zu sein.

- Bei Diskussionen über Gerechtigkeit ist es für die Kirchen äußerst wichtig, sich der Tatsache bewusst zu sein, dass hier das Herzstück des Glaubens auf dem Spiel steht. In der reformierten Tradition ist die Heiligung ein sehr wichtiger Aspekt, man könnte beinahe sagen, mehr als die Gerechtigkeit. Reformierte konzentrieren sich traditionsgemäß nicht darauf, *wie* Gott uns Rechtfertigung zuteil werden lässt, sondern *wozu*. Mit dem Fokus auf der Heiligung und deren konkreten Aspekt ist es unsere Berufung, in der Welt für Gerechtigkeit einzutreten. Diese theologische Grundlage ist fundamental. Dies muss als Glaubenssatz gelten, soll nicht das Engagement für Gerechtigkeit innerhalb eines luftleeren Raums stattfinden.
Die Säkularisierung in Europa hat in der Tat oft zum Verlust des Gefühls der Transzendenz geführt. Es mag übertrieben klingen, doch kann man trotzdem behaupten, dass in einigen Kreisen der Kirche auch in Europa der Eindruck entsteht, als wäre das ‚J' von ‚Jesus' durch das ‚J' von ‚Justice' (Gerechtigkeit) ersetzt worden. Wenn dem so ist, wird die Kirche letzten Endes nichts mehr zu sagen haben. Der Aufruf zur Gerechtigkeit innerhalb der Kirchen sollte stets in Verbindung mit der Bibel und der Bekenntnisse gehört werden. Nur so werden wir diese Berufung als heiliges Anliegen erleben.
- In Übereinstimmung mit der vorhergehenden Ausführung ist es notwendig, in der Analyse gerechter und ungerechter Situationen Definitionen zu verwenden, die ihren Ursprung in Bibel und Bekenntnis haben. Ein Beispiel hierfür ist das Wort ‚Sünde'. Man sollte nicht zögern, im Falle von Ungerechtigkeit dieses Wort zu verwenden. Es ist prophetische Rede, die nicht zu oft und damit auf inflationäre Art und Weise verwendet werden sollte. Und doch sollte man tatsächlich nicht zögern, von Sünde zu sprechen, um schlimme, katastrophale, menschengemachte Zustände zu beschreiben. Nur dann können wir auch von Gnade und Vergebung sprechen. Es ist auch hilfreich, sich von eschatologischen Visionen wie beispielsweise dem Reich Gottes inspirieren zu lassen. Nicht als Alibi dafür, dass unsere Arbeit hier auf Erden ohnehin sinnlos sei, sondern um uns bewusst zu machen, dass wir ein Teil des Werkes Gottes sind und darum nicht verzweifelt sein sollten, wenn die Dinge hier und jetzt nicht perfekt sind.
- Für die europäischen Kirchen ist es wichtig, sich sowohl aktiv für den Ruf nach Gerechtigkeit einzusetzen als auch zuzuhören. Hinhören auf das Wort Gottes und hinhören auf das, was die Kirchen und ihre Repräsentantinnen und Repräsentanten in anderen Teilen der Welt zu sagen haben. Es ist nicht in erster Linie die Aufgabe Europas, Gerechtigkeit und Ungerechtigkeit beispielsweise in Afrika zu analysieren. Auch wenn Kommentare möglicherweise gerechtfertigt sein könnten, dass die Schuld hierfür Europa zu leichtfertig angelastet wird, ist es immer noch wichtig, zu warten und zuzuhören, inwiefern Stimmen aus anderen Teilen der Erde etwas zu einer ausgegliche-

nen Analyse der Weltsituation beizusteuern haben. Daher sollten wir uns der Tatsache bewusst sein, dass die Einteilung der Welt in einen globalen Norden und Süden irreführend sein kann. Auf der nördlichen Halbkugel gibt es einen globalen Süden sowie es auf der südlichen Halbkugel einen globalen Norden gibt. Nicht alle in Europa sind Profitjäger und nicht alle im globalen Süden Opfer. Wenn das Wort 'Imperium' im Zusammenhang mit Ungerechtigkeit definiert wird, führt dies zu weltweiten Assoziationen. Es ist jedoch hilfreich, in der europäischen Gerechtigkeitsdebatte etwas Geduld zu haben und zuzuhören, was andere über ihrer Situation zu berichten haben.

- Die Verpflichtung zu Gerechtigkeit sollte im spirituellen Leben der Kirche ihren Platz haben und hieraus zugleich Inspiration schöpfen. Die Liturgie mit all ihren Komponenten, der Sakramente, Predigten, Gebeten und Gesängen ist der Ort, an dem das Leben und die Gerechtigkeit feierlich begangen werden. Es ist der Ort, an dem auch Leiden und Ungerechtigkeit vor Gott gebracht werden. Die reformierte Tradition in ihrer Offenheit gegenüber der Hebräischen Bibel und ihrer Theologie kann sich von den Geschichten inspirieren lassen, dem Ruf nach Gerechtigkeit zu folgen. Es ist wichtig, dass die europäischen Kirchen bei der permanenten Weiterentwicklung des reformierten Gottesdienstes eine Rolle spielen. Es gibt eine Tendenz, den reformierten Gottesdienst zu 'evangelikalisieren', nicht zuletzt in Europa. Dies mag aus dem Gefühl heraus geschehen, dass die evangelikale Bewegung sich positiv auf die in ihrer Bedeutung abnehmenden reformierten Kirchen Europas auswirken könnte. Es ist jedoch sehr zweifelhaft, ob dieser Erfolg – wenn es ihn denn gibt – nicht nur von kurzer Dauer sein wird. In der Tradition des reformierten Gottesdienstes gibt es genug, wovon man sich inspirieren lassen kann und das einem beim Erkennen von Ungerechtigkeit hilft und auf eine kommende bessere Welt hoffen lässt.

FAZIT

Dieser kurze Überblick ist dazu bestimmt, einen Teil der Hintergründe der Diskussion zu analysieren, besonders was die europäischen Mitgliedskirchen des RWB angeht. Er soll auch einige Ideen im Hinblick auf die fortlaufende Entwicklung einer Vision beisteuern. Die Mitgliedskirchen des RWB sind nach dem Juni 2010 Teil der Weltgemeinschaft Reformierter Kirchen und als solche eine Gemeinschaft von Kirchen, die die Verpflichtung gegenüber dem Ruf nach Gerechtigkeit als unumstößlichen Teil ihres Glaubens an den dreieinen Gott den Vater, den Sohn und den Heiligen Geist betrachtet. Dies alles in dem Bewusstsein, dass das Wort Gottes letztendlich darauf abzielt, dass alle ein Leben in Fülle haben mögen.

 **DISKUSSION**

Douwe Visser (1953) ist Pfarrer der Protestantischen Kirche in den Niederlanden. Er arbeitete in Sambia für die Reformierte Kirche in Sambia sowie in den Niederlanden. Von 2005 – 2008 war er Präsident des Reformierten Ökumenischen Rates. Seit Juni 2008 arbeitet er in Genf für den Reformierten Weltbund als Exekutivsekretär für Theologie und ökumenisches Engagement. Das Thema seiner Doktorarbeit beschäftigte sich mit dem Sündenbegriff in Bonhoeffers Theologie.

DEMOKRATIE

4

Demokratie - das Mittel der Wahl

MARTINA WASSERLOOS-STRUNK, RHEYDT, DEUTSCHLAND

Kirche und Demokratie – es hat lange gedauert, bis die beiden sich angefreundet hatten. Gerade der deutsche Protestantismus hat sich in seiner Geschichte mit demokratischen Strukturen und Systemen schwer getan. Der Staat ein Geschenk Gottes für die Menschen, ja - aber die Demokratie? Im letzten Jahrhundert ist die Kirche unheilige Allianzen eingegangen, fern von jedem demokratischen Ethos und aus Motiven, die mit dem ‚Wohl des Menschen' nichts zu tun hatten. Mit der Barmer Theologischen Erklärung wurde – vielleicht erstmals in dieser Deutlichkeit – der Auftrag der Kirche zum Wächteramt, ihre Rolle als öffentliche Stimme und ihre Verantwortung für den Staat formuliert.

Der Staat, so die 5. Barmer These,[1] hat in Gottes Auftrag und nach dem Maß menschlicher Einsicht und menschlichen Vermögens die Bestimmung, für Recht und Frieden zu sorgen. Die Ambivalenz ist überdeutlich: Der Staat ist zwar ein Geschenk Gottes, aber doch anfällig und manchmal auch hinfällig in der Hand des Menschen.

---

1   5. Barmer These: „Fürchtet Gott, ehrt den König."– 1. Petr 2,17
„Die Schrift sagt uns, dass der Staat nach göttlicher Anordnung die Aufgabe hat, in der noch nicht erlösten Welt, in der auch die Kirche steht, nach dem Maß menschlicher Einsicht und menschlichen Vermögens unter Androhung und Ausübung von Gewalt für Recht und Frieden zu sorgen. Die Kirche erkennt in Dank und Ehrfurcht gegen Gott die Wohltat dieser seiner Anordnung an. Sie erinnert an Gottes Reich, an Gottes Gebot und Gerechtigkeit und damit an die Verantwortung der Regierenden und Regierten. Sie vertraut und gehorcht der Kraft des Wortes, durch das Gott alle Dinge trägt. Wir verwerfen die falsche Lehre, als solle und könne der Staat über seinen besonderen Auftrag hinaus die einzige und totale Ordnung menschlichen Lebens werden und also auch die Bestimmung der Kirche erfüllen. Wir verwerfen die falsche Lehre, als solle und könne sich die Kirche über ihren besonderen Auftrag hinaus staatliche Art, staatliche Aufgaben und staatliche Würde aneignen und damit selbst zu einem Organ des Staates werden."

Wächteramt der Kirche? Was bedeutet das im Bezug auf die Demokratie? Demokratie, das ist zumindest in den Ländern des Nordens die Staatsform, die die größte Zustimmung ihrer Bürgerinnen und Bürger erhält. Demokratische Strukturen sind trotz aller Kritik akzeptiert und geübt.

Kaum denkbar, dass in Europa ein demokratisches System gewandelt oder gar abgeschafft würde.

Dennoch ist die Demokratie keineswegs ungefährdet. Und die Gefährdung kommt nicht in Gestalt wortgewaltiger Demagogen oder zersetzender Philosophien, sondern die Gefahr ist viel subtiler. Politische Institutionen sind einem globalen Strukturwandel unterworfen, der Grenzen überschreitet und Systeme sprengt. Selbstverständliche Elemente demokratischer Gemeinwesen – Partizipation, Subsidiarität - organisieren sich nicht mehr von selbst und sind in den neuen Strukturen nicht mehr voraussetzbar.

Die Kirchen haben in diesem Zusammenhang eine wichtige, nicht zu unterschätzende Aufgabe. Sie sind Impulsgeber für demokratisches Bewusstsein und volkssouveräne Identität. Sie bilden aus ihrer Tradition heraus die kritische Instanz gegen Strukturen, die im Sinne der 5. Barmer These etwas anderes sein wollen als Funktionseinheiten für ein gedeihliches, gerechtes und soziales Miteinander der Menschen. Kirchen werden ihrem Wächteramt gerecht, wenn sie auch im Bezug auf die Demokratie nach den Grundlagen des ‚ökumenischen Dreischritts' handeln: *sehen – urteilen – handeln!*

DIE DEMOKRATIE IST EINE KISTE

„Die Demokratie ist eine Kiste, 90 Zentimeter hoch und 35 Zentimeter breit. Oben hat die Demokratie einen Deckel mit Schlitz. Alle paar Jahre, in Deutschland immer an einem Sonntag, kommen viele Leute zu diesen Kisten. Die Kiste heißt „Urne" also genauso wie das Gefäß auf dem Friedhof, in dem die Asche von Verstorbenen aufbewahrt wird. Das ist eigentlich ein merkwürdiger Name, denn die Demokratie wird ja an diesen Wahltagen nicht verbrannt und beerdigt; im Gegenteil: Sie wird geboren, immer wieder neu, alle paar Jahre. Wahltage sind die Geburtstage der Demokratie; und der Wahlkampf vorher ist sozusagen die Zeit der Glückwünsche.

Demokratie ist aber noch viel mehr als eine Wahl. (…) Demokratie findet nicht nur alle paar Jahre statt, sondern an jedem Tag: Sie ist das erfolgreichste, beste und friedlichste Betriebssystem, das es für ein Land gibt. Es ist ein Betriebssystem bei dem alle, die in einem Land wohnen, etwas zu sagen haben."

So beschreibt *Heribert Prantl* die Demokratie in der „Süddeutschen Zeitung für Kinder" (19.09.2009). Hören wir in seinem Urnenvergleich Ironie?

Wohl kaum. Denn die Süddeutsche Zeitung hat, wie viele andere Medien in Deutschland und sogar die Evangelische Kirche immer wieder zur Wahlbeteiligung aufgerufen, demokratisches Selbstbewusstsein propagiert, an Bürgerinnen und Bürger appelliert, von ihrem Wahlrecht Gebrauch zu machen. Und das war auch sehr nötig, betrachtet man die Ergebnisse der Umfragen zu Wahlen und politischem Interesse der Menschen in Deutschland. In Deutschland sieht es nach einer Studie des Bankenverbandes nicht so gut aus mit dem Interesse an Politik:

Zwischen 2003 und 2009 ist das „Interesse an Politik" in Deutschland nachweislich gesunken. Gab es im Zeitraum von 2003 bis 2006 noch eine deutliche Differenz zwischen den „stark Interessierten" und den „nicht Interessierten", so haben sich die Zahlen inzwischen angenähert: Wir sehen nun einen hohen Anteil „mäßig Interessierter" und einen deutlich gestiegenen Anteil „nicht Interessierter".[2]

Ist das der viel befürchtete Vertrauensverlust, die Erosion der Demokratie? Oder ist es die Überforderung der Menschen, Politik zu bewerten und zu beurteilen und politisch zu handeln?

Bei Kommunalwahlen kommt es schon einmal vor, dass die Wahlbeteiligung immerhin 43% erreicht – ungefähr so viel wie bei der Wahl in Afghanistan. Nur dass man nicht mit Repressalien rechnen muss. Bravo und Glückwunsch zu Eurer Courage, liebe Schwestern und Brüder am Hindukush!

DEMOKRATIE OHNE AUSSAGE?

Wahlen und Wahlkampf bilden in Deutschland häufig ab, was das Problem der Politik ist:

Da finden wir Wahlplakate mit Aussagen wie: ‚Deutschland kann es besser!' oder: ‚Die Kanzlerin wählen!' oder ‚Reichtum für alle!' und von der gleichen Partei zwei Laternenpfähle weiter: ‚Reichtum besteuern!'

Die Parteien nutzen für ihre Wahlwerbung das Internet und seine Möglichkeiten wie nie zuvor mit Aussagen wie:

Stimme ab: ‚Welchen Abgeordneten wirst Du vermissen?'

Wahlkampf ist oft keine inhaltliche Auseinandersetzung mit Demokratie, Europa, Finanzkrise, Politik, Partizipation, der Angemessenheit bestimmter Entscheidungen, der gestalterischen Potenz des einen oder der anderen: Diese Terminologie appelliert - letztlich inhaltsfrei - an Wünsche, Ängste und Sehnsüchte der Menschen. ‚Für Deutschland – Anpacken!' Ja, was denn? Und wie?

Im Wahlkampf bildet sich ab, was das Grundproblem der Politik unter den Bedingungen der Globalisierung ist: Sie ist unübersichtlich geworden. Wer kann

2   http://www.statista.com, „Politisches Interesse in der Bundesrepublik".

beurteilen, ob die Gesundheitspolitik der letzten Legislaturperiode ,gut' war? Es hat Gesundheitspolitik gegeben. Aber nach welchem Bewertungsparameter können wir beurteilen, ob sie einem roten, schwarzen oder grünen Parteiprogramm entsprochen hat, oder ob sie vielleicht hilflos und schlecht war?
Früher, als politisches Handeln in nationalstaatlichen Grenzen erfolgte und vor allem als politisches Handeln in klarer Kontradiktion zum Ostblock erfolgte, war alles klar. Das lag an den geografischen, ideologischen und politischen Grenzen. Demokratie war ideologisch unbegrenzt und geografisch eingegrenzt. Die Akteure waren klar. Die Programme waren auch klar. Mit dem Osten oder dagegen. Nachrüsten oder nicht. DDR anerkennen oder nicht. Gesamtschule ja oder nein. Politischer Erfolg war messbar.

Am Rande bemerkt – wir werden das noch öfter hören:
Demokratie setzt Transparenz und Eindeutigkeit voraus aber auch die Anwesenheit des *homo politicus:* des Menschen, der sich Demokratie und ihre Werte zu eigen macht und ,auf die Fahne' schreibt.

DEMOKRATIE UND WAS AN IHREN WURZELN NAGT
Das Problem der Grenzenlosigkeit

Es ist ja inzwischen geradezu trivial darauf hin zu weisen, dass die demokratischen Strukturen, die nationalstaatlichen Regelungen in einem Aktionsrahmen stattfinden, den die weltwirtschaftlichen Verflechtungen längst und erfolgreich überschritten haben. International nehmen der Einfluss und die Macht der Unternehmen, der inter- und transnationalen Institutionen und regierungsunabhängigen Organisationen zu. Lange haben wir über den Primat der Politik gesonnen und diskutiert, zwischenzeitlich haben sich Unternehmen transnationalisiert und nach und nach politisches Handeln erschwert oder gar unmöglich gemacht.[3]
Von den Geschwistern aus dem Süden hören wir, dass die Frage nach den Parametern der Welt in der wir leben, zumindest für sie längst geklärt ist: Natürlich ist es der Weltmarkt, der das Handeln bestimmt. Die Weltgesellschaft sei eine Weltmarktgesellschaft mit den bekannten Folgen: Transnationale Monopolbildungen führen zu einer globalen Planwirtschaft unter privatkapitalistischer Herrschaft transnationaler Unternehmen, die teilweise größer sind als ganze Volkswirtschaften und deren Bedarf z.B. an Energieressourcen zu einer zunehmenden Militarisierung führen.[4]

3   Crouch, Colin, Postdemokratie, Frankfurt 2003, 9ff.
4   Habermas, Jürgen, Die postnationale Konstellation, Frankfurt 1998, 91.

DIE ERKLÄRUNG VON ACCRA NENNT GENAU DAS „IMPERIUM".[5]

Auch die Menschen in den Industriestaaten erleben das Versagen oder die Hilflosigkeit von Politik und das Ausgeliefertsein an mächtige Wirtschaftsplayer, die mit Demokratie wenig am Hut haben. Da ist es – so scheinen viele zu erfahren – letztlich egal wen und ob man wählt.

Und so gehen in einer ohnehin schwierigen Ausgangslage allzu schnell demokratische Disziplin und republikanische Tugenden zu Bruch.

Kommunikation ,around the world' und zu jeder Zeit

Alles ist im Wandel – nicht nur die politischen Systeme. Von der Industriegesellschaft ändert sich die Welt zur Kommunikations- und Wissensgesellschaft.

Wir werden Zeuginnen und Zeugen einer ungeheuren Vermehrung, Beschleunigung, Verdichtung und Globalisierung von Kommunikation. Gegenwärtig erleben wir nach der Aufklärung eine neue kommunikative Umwälzung im globalen Maßstab.

In Kalkutta sitzen Menschen im Call Center, die den südspanischen Dialekt ihrer Anruferinnen und Anrufer gelernt haben, um sie über ihren Kontostand in einer Bank in Malaga zu informieren. Sie leben in der Zeitzone Südspaniens. Kaufen ein, wenn in Südspanien eingekauft wird und gehen schlafen, wenn in Malaga das Licht ausgeht.

Die globale Kommunikation ist flexibel und grenzüberschreitend bzw. grenzenlos. Sie schafft Parallelwelten. Was nicht passt, wird passend gemacht.

In dieser globalen Situation wird politisches Handeln im Blick auf Zukunft mehr und mehr zum Problem. Weil wir im Zeitalter der Beschleunigung quasi atemlos kommunizieren, visualisieren, entscheiden und umsetzen, verlieren wir den Moment der Einsicht in die Gegenwart und des Lernens aus der Vergangenheit. Bevor wir die Vergangenheit in den Blick nehmen können, sind wir bereits in der überholten Zukunft.

Es sind immer weniger die Traditionen und Erfahrungen aus denen Zukunft gestaltet wird, sondern bestenfalls steuert das Hier und Jetzt die Abwehr befürchteter Gefährdungen.

Die Globalisierung entzieht sich unter diesen Bedingungen den Voraussetzungen, auf die Demokratie hin konzipiert und praktiziert wurde: Transparenz, Begrenztheit, Prozessorientierung.

---

5   http://warc.jalb.de/warcajsp/side.jsp?news_id=1174&&navi=46

Es wird deutlich, dass hier zwei fundamentale Problemkonstellationen demokratischer Systeme aufeinander treffen:

1. Die Zukunftsfähigkeit der Politik macht Prozesse und Verfahren notwendig, die Zeit brauchen und Raum für politischen Diskurs.
2. Die Beschleunigung von Kommunikation und Aktion auf globaler Ebene steht dazu im Widerspruch.

Demokratische Strukturen geraten so mancherorts in gleichsam tektonische Schwingungen. Sie stoßen an die Grenzen ihrer Effektivität und zeigen sich als ökonomisch und strukturell verletzliche Systeme.

Gerade vor dem Hintergrund der jüngsten Ereignisse in Nordafrika wäre es allerdings kurz gegriffen, lediglich Gefahren und negative Konsequenzen der neuen Kommunikationsmöglichkeiten zu beschreiben. Die tunesische Autorin *Lina Ben Mhenni* beschreibt in Ihrer Streitschrift „Vernetzt Euch!" wie gerade die neuen Möglichkeiten miteinander zu kommunizieren über Facebook, Twitter, Blogs, SMS etc. die friedliche Revolution in Tunesien erst möglich gemacht haben:

„Das Netz ist so mächtig, weil es unmittelbar reagieren und unbegrenzt viele Menschen miteinander verbinden kann. Sobald jemand eine Information ins Netz speist, wird sie umgehend empfangen. [...] So haben wir unseren Erfahrungsschatz an die jungen ägyptischen Revolutionäre weitergegeben und ihnen beispielsweise erklärt, wie sie sich vor Tränengas schützen können. Das Netz ist auch ein unvergleichliches Mittel der Mobilisierung: es überwindet sämtliche Schranke, Zäune und Mauern, Verbote und Grenzen, Parteizugehörigkeiten und sogar individuelle Hemmungen – wie in meinem Fall die Schüchternheit. [...] Das Netz eignet sich hervorragend für eine direkte, bürgernahe Demokratie. Wir wollen eine herrschaftsfreie Welt, in der sich alle am Entscheidungsprozess beteiligen können, in der jeder die Gesellschaft mitgestalten darf."[6]

MEDIENMACHT MACHT POLITIK

Wenn es darum geht, die Kommunikation in einer globalen Gesellschaft zu beschreiben, dann spielen die Medien eine besondere Rolle. Meinungsfreiheit und die Freiheit der Medien sind eine wichtige Errungenschaft demokratischer Gesellschaften. Aber wir sehen auch, dass die Freiheit vom Einfluss des Staates nicht automatisch die Freiheit von jedem Einfluss bedeutet.

Schon seit langer Zeit werden viele Fernseh- und Radiosender von einflussreichen Kommunikationstrusts geleitet, die ihre eigenen Interessen und Positionen vertreten und die Finanzierung bestimmter Sendungen von deren Einschaltquoten abhängig machen.

6   Ben Mhenni, Lina, Vernetzt Euch, Berlin 2011, 44f.

Auf diese Weise wird die klassische politische Sendung zu einer Ware auf dem Medienmarkt. Finanziert wird sie dann, wenn die nötigen Einschaltquoten nachweisen, dass die zwischengeschaltete Werbung eine genügend große Zahl potentieller Kundinnen und Kunden erreicht und damit die Sendung zu einem interessanten Absatzmarkt für die Werbung bzw. die Ware macht. Darüber hinaus können die Werbepartner der Mediengesellschaften politische Prozesse beeinflussen, indem sie Finanzierungen bestimmter Sendungen nach ihren eigenen Interessen anbieten oder ablehnen.

Kein Zweifel, die Positionierung politischer Themen in den Medien kann vorteilhaft sein: Sie visualisiert, erleichtert Zugänge, macht transparent. Auf diese Weise nimmt eine größere Anzahl von Menschen politische Fragestellungen und Probleme überhaupt erst wahr. Allerdings bedeutet genau das zugleich auch die Wendung zur ‚Politik light', weg von politischer Aufklärung und Meinungsbildung hin zu Talk Shows und TV-Duellen. Hier geht es dann häufig eher um die Darstellung der politisch handelnden Personen und weniger um den Inhalt. Es werden Meinungen ausgetauscht und es bleibt den Zuschauerinnen und Zuschauern überlassen, sich anzuschließen oder nicht. Das geschieht möglicherweise eben nach Kriterien, die mit politischer Transparenz weniger zu tun haben, als mit der Frage, ob der Rock der Ministerin gefällt oder nicht.

Von einer partizipativen Demokratie, in der sich die selbstbewusste Bürgerin ihr eigenes Bild macht durch Beteiligung und Engagement, wandelt sich auf diese Weise das System zu einer ‚Beobachter-Demokratie'. So verliert der ‚traditionelle' politische Diskurs an Bedeutung. Die Ökonomisierung politischer Aufklärung in den Medien ist vor allem dann problematisch, wenn dadurch die Souveränität der politischen Entscheidungsprozesse beeinflusst und politische Inhalte in eine ‚dritte Hand' gelegt werden.

DEMOKRATIE IM ÜBERGANG

Die Krise der Demokratie ist deutlich geworden. Bürgerinnen und Bürger finden sich plötzlich in der Verantwortung für das ‚große Staatsganze' und wissen und erfahren dabei, dass die nationalstaatliche Demokratie im wahrsten Sinne des Wortes an ihre Grenzen gelangt ist, so lange es keine adäquaten Strukturen auf globaler Ebene gibt.

Schleichende Auszehrung von innen, wachsende Distanz der Bürgerinnen und Bürger zum Staat, zur Politik, zu den politischen Parteien, Vertrauensverlust, Entsolidarisierung!? Da läuft vieles auch eher im gefühlten Widerstand: Das Modell Europa etwa und das europäische Parlament werden zumindest von den Menschen in Deutschland eher als hinderlich, häufig als bedrohlich, nicht selten als vollkommen überflüssig angesehen – etwa dann, wenn es um die viel zitierte Gurkenkrümmung geht. In letzter Zeit wandelt sich diese eher trivialkritische

Bewertung hin zu diffusen Ängsten und echter Sorge: Bedeutet die Finanzkrise in Griechenland und anderen EU-Staaten den Ruin? Gefühlt und gedacht wird in den Grenzen von Rügen bis zur Zugspitze (vordere Seite!). Europäische Identität? Kein Thema, zumindest in Deutschland.

Die positiven Aspekte einer europäischen Demokratie werden dagegen kaum wahrgenommen.

Dabei ist bei aller Kritik das Modell Europa ein Erfolgsmodell. 60 Jahre Frieden allein sind schon Grund genug, das Zusammenwachsen Europas zu begrüßen. Der Abbau von Regulierungen, die Vereinheitlichung und Vereinfachung machen uns das Leben in Europa leichter und dennoch wird das anscheinend wenig so empfunden.

Wenn Länder wechselseitig ihre Grenzen öffnen, müssen sie die Folgen der Öffnung einheitlich regulieren. Das kann einen Gewinn von Freiheit bedeuten, es schließt aber die Rücknahme von Freiheiten ebenso zwingend ein.

Von der bestenfalls intellektuellen Ebene hat es ‚Europa' noch nicht in die Herzen geschafft. Mag sein, dass die Menschen in Deutschland mit ihrem eher distanzierten und vielleicht unemotionalen Verhältnis zu politischen Institutionen da einen blinden Fleck haben. Zumindest in Deutschland fällt es den Menschen traditionell schwer, sich wirklich für ein politisches System zu ‚erwärmen'. Das hat natürlich historische Gründe und findet im pragmatischen, republikanisch geprägten und tendenziell eher intellektuellen „Verfassungspatriotismus"[7] seinen Ausdruck. Dessen Objekt ist nicht ein ethnisches Konzept von Gemeinschaft, sondern vielmehr die Identifikation mit den normativen Grundlagen der Gemeinschaft: Verfassung, Grundwerte, Institutionen.

Der Politikwissenschaftler *Klaus Beyme* beschreibt das so:
„Die Kühle des Verfassungspatriotismus birgt Erlebnisdefizite. Eine Balance zwischen kognitiven und affektiven Elementen der Identifikation ist anzustreben. Wie aber kann dies im Hinblick auf die Union geschehen? Kann die EU affektive Identifikation erzeugen? [...] Es wird zunehmend befürchtet, dass der Verfassungspatriotismus selbst auf europäischer Ebene Gefahren in sich birgt. Die „fremd verordnete Einheitlichkeit des Lebens löst in vielen europäischen Ländern zunehmen nationalistische Gegenreaktionen aus."[8]

Sicherlich gehört darüberhinaus noch sehr viel mehr dazu. Um eine europäische Identität ausbilden zu können, ist es notwendig, unabhängig und ungebunden von den jeweiligen nationalen Interessen zu Entscheidungen zu kommen.

---

7   Habermas, Jürgen, Faktizität und Geltung, Frankfurt a.M. 1992.
8   Münkler, Herfried/ Llanque, Marcus/ Stepina, Clemens K. (Hrsg.), Der demokratische Nationalstaat in den Zeiten der Globalisierung, Berlin 2002, 108.

So langwierig und schwierig es sein mag:
Erst wenn politische Organe jenseits des klassischen Nationalstaates eigene politische Wertigkeiten entwickeln und ihre nationalen Identitäten hinter sich lassen, gesellt sich zur demokratischen Form ihrer Wahl auch eine demokratische Identität, die es erlaubt, sie als europäische demokratische Organe zu verstehen. Und erst wenn die Notwendigkeiten diese Identitäten zu entwickeln wirksam und transformierend in die Nationalstaaten kommuniziert werden, kann es ein ‚demokratisches Prinzip Europa' geben. Mit einer konsensgegründeten und letztlich auch im nationalen Bewusstsein verankerten Europademokratie, kann der Demokratieverweigerung und –beschädigung der Boden entzogen werden.

Hier befinden wir uns ganz sicher in einem Übergangsstadium, das im Augenblick anfällig ist und für die Demokratie in Europa bedrohlich sein kann.
Und natürlich, es wäre auch zu kurz gegriffen und ein bisschen unredlich, an dieser Stelle nicht darauf hinzuweisen, dass Europa auch an manchen Stellen sichtbar dabei ist, sich zum ‚Imperium' zu gerieren. Auch wenn diese Diskussion hier nicht das Thema ist und in der Sache auch wenig ausmacht: Natürlich geht es im Bezug auf Europa und seine Entwicklung auch um Machtinteressen und den Kampf und Ressourcen.

SOUVERÄNITÄT UND TRANSPARENZ

In diesen Zeiten des globalen Umbruchs, in denen die Regulierungen des Nationalstaates nicht mehr von vornherein greifen, die Strukturen übergeordneter Institutionen aber noch nicht restlos entwickelt sind, fühlen sich Bürgerinnen und Bürger ihrer demokratischen Gestaltungspotenz verlustig und kapitulieren allzu häufig mit der Begründung ‚man kann ja doch nichts ändern'.
Der Transparenzmangel und die Komplexität heterogener Systeme führen zur Verunsicherung und dem Verlust der Fähigkeit, nachvollziehbare politische Entscheidungen zu treffen und zu begründen.
Wählerinnen und Wähler werden Zeuginnen und Zeugen der Bestätigung, dass Politik ein kompliziertes Geschäft ist und dass man nur umso vertrauensvoller dieses Geschäft in die Hände der Spezialisten legen möge. Nur: Sind das Spezialisten? Und ist diese Übergabe der politischen Verantwortung des Citoyens an andere den Grundlagen eines demokratischen Systems angemessen?
Transparenzverlust und Souveränitätsmangel, wie es von *Ulrich Beck* beschrieben wird,[9] führen letztlich zur Entfremdung. Die Individuen der postdemokratischen Gesellschaften sind konfrontiert mit der Auflösung einer ehemals mehr

9   Beck, Ulrich, Risikogesellschaft. Auf dem Weg in eine andere Moderne. Frankfurt/ Main 1986, 12f.

oder weniger durch ein einheitliches Kollektivbewusstsein gefestigten Gemeinschaft, in der es Orientierungs- und Erwartungssicherheit gab. Ein Individuum, das sich aufgrund der undurchdringbaren Ausdifferenzierung von Herrschaft innerhalb und über den Nationalstaat hinaus einer wie auch immer gearteten Hyperrealität gegenüber sieht, erfüllt mehr und mehr die Kriterien der Entfremdung.

Dabei ist gerade jetzt und gerade hier die Disziplin des *homo politicus* ausschlaggebend, um die Demokratie und ihre emanzipatorische Gestaltungskraft auch in den neuen Strukturen unabweisbar zu etablieren.

Der Philosoph *Otfried Höffe* beschreibt drei Kriterien für eine zukunftsfähige Demokratie:

„Die Politik beweist Zukunftsfähigkeit, wenn sie die wichtigen Aufgaben ihres Gemeinwesens rechtzeitig wahrnimmt und in allen drei Phasen eine Führungsrolle ausübt: zunächst in der öffentlichen Debatte, sodann in der Suche nach wirksamen Lösungen und schließlich in der Entscheidung. Zukunftsunfähig ist sie dagegen, wenn sie wichtige Aufgaben verkennt, verdrängt oder aussitzt.“[10]

Höchste Zeit zu fragen, was Demokratie eigentlich wirklich ist.

DEMOKRATIE IST EINE PROJEKTIONSFLÄCHE

Die Fachliteratur zum Thema Demokratietheorie füllt ganze Bibliotheken.

Ein demokratisches System findet seine erste und zwingende Voraussetzung in der gegenseitigen Anerkennung der Freiheit des anderen.

Damit ist Freiheit die Grundlage der Demokratie und zugleich die Voraussetzung dafür, dass Demokratie Freiheit schaffen kann.

Für viele Menschen in demokratischen Systemen ist die Demokratie selbst die Projektionsfläche vielfältiger Wünsche, die im Eigentlichen mit der Demokratie selbst nicht viel zu tun haben und die darüber hinaus ‚demokratisch' auch nicht zu regeln sind.

Die demokratische Verfasstheit eines Landes ist keine Garantie für Wohlfahrt und Sicherheit, denn einerseits kann der in Freiheit gefundene ‚Volkswille' auch für Unsicherheit sorgen, andererseits können möglicherweise auch autoritäre Systeme Wohlfahrt und Sicherheit gewährleisten.

Oder ein anderes Beispiel:

Nach dem 11. September ist das Sicherheitsbedürfnis im Westen unter der Bedrohung des Terrorismus gestiegen. Darüber, welche Maßnahmen notwendig

10 Höffe, Otfried, Ist die Demokratie zukunftsfähig?, München 2009, 212.

sind, um Menschen vor Terroranschlägen zu schützen, wird viel gestritten. Einerseits soll die Sicherheit staatlich gewährleistet werden, andererseits wird der Eingriff in die Privatsphäre von Bürgerinnen und Bürgern als inakzeptabel angesehen. Beides hat seine Berechtigung und verweist auf ein Kernproblem der Demokratie: Nicht alle Interessenkonflikte können Gegenstand von Mehrheitsentscheidungen sein. Dabei ist es systematisch falsch, Freiheit und Sicherheit auf einer Ebene anzusiedeln. Es ist die Sicherheit, die die Freiheit gewährleistet. So ketzerisch das klingen mag, es ist möglicherweise nötig Freiheiten einzuschränken, um Freiheit zu gewährleisten. In diesem Punkt sind die modernen Demokratien angreifbar. Mehr Sicherheit auf Kosten der Freiheit erzeugt Argwohn und die Befürchtung, am Ende einem Kontrollstaat ausgeliefert zu sein. Dabei garantiert gerade dies den Bestand der Freiheit in der Demokratie. Es bleibt den gut organisierten Demokratien auferlegt, auch für die Beschränkungen der Freiheit Kontrollmechanismen zu gewährleisten.

DEMOKRATIE UND VERNUNFT

Die Grundlage der demokratischen Entscheidungen ist nicht zwangsläufig die Vernunft eines Volkes – was immer das sein kann - sondern sein Wille.

Das heißt andererseits nicht automatisch, dass der demokratische Wille unvernünftig ist – im Gegenteil, schon *Kant* hat die Freiheit des Willens zur Voraussetzung der Vernunft gemacht und den Menschen die Fähigkeit zugesprochen auch trotz anderer Bedürfnisse vernünftige Entscheidungen zu treffen.

„Vernunft ist kein Gegensatz, sondern Anzeichen von Freiheit."[11]

Es soll nicht verschwiegen werden, dass es in der Politiktheorie auch Vertreter der These gegeben hat, die genau das Gegenteil behaupten. Der Staatsrechtler *Carl Schmitt* etwa hat vehement gegen die Demokratie argumentiert mit der Begründung, dass gerade die Bildung von Mehrheiten stets einer Fraktionierung des Vernünftigen Vorschub leiste.[12]

Demokratie lebt von Beteiligung und schafft die Grundlagen derselben. Sie tut dies zum Beispiel in dem sie die Voraussetzungen für die soziale und politische Emanzipation ganzer Schichten schafft. Aber allein durch die Schaffung der Voraussetzungen ist es nicht getan. Demokratie schafft nicht nur Voraussetzungen, sie lebt auch von ihrer Umsetzung.

Damit ist die Demokratie ein sich gleichsam perpetuierendes Emanzipationsmodell, wenn sie in der Lage ist, innerhalb ihrer Prozesse Rationalität entstehen zu lassen.

11 Kant, Immanuel, Grundlegung zur Metaphysik der Sitten (1785), Erster Abschnitt.
12 Schmitt, Carl, Verfassungslehre, 1928, 128.

Die Einbeziehung verschiedener Interessen, die Darstellung von Sachverhalten und die Notwendigkeit, zu begründen und zu erklären, um Mehrheiten zu bekommen, sind Mechanismen, die einen offenen korrekturfähigen Erkenntnisprozess kreieren.

DEMOKRATIE UND IHR SUBJEKT

Vor diesem Hintergrund wird deutlich, dass ein nicht unerheblicher Teil der Schwierigkeiten, die im globalen Kontext auf Demokratien zurückfallen, darin begründet liegen, dass von Anfang an die Diskussion über das Subjekt des politischen Handelns nicht eindeutig ist.

Obgleich ein nahezu universaler und in weiten Teilen rechtlich unterfangener Konsens darüber besteht, welche Anforderungen an einen demokratisch zu definierenden Staat bestehen, so besteht doch Uneinigkeit darüber, wer das handelnde Subjekt der Demokratie ist.

Ist es das zur Nation integrierte Volk an sich, oder ist es der oder die betroffene Einzelne?

Und auch über das Ziel des politischen Handelns innerhalb eines demokratischen Systems besteht letztlich keine Eindeutigkeit: Ist es die Selbstbestimmung des Volkes und die selbstbewusste Gestaltung des politischen Gemeinwesens, oder ist es letztlich die wirksame Kontrolle des Herrschaftspersonals?

Ist es nun vorbei mit der Demokratie?
Zu kompliziert? Zu undurchsichtig? Zu schwerfällig? Zu langweilig?

Bei aller Diskussion über politische Systeme und Verfahren zeichnet sich doch ab, dass demokratische Systeme innerhalb der Herrschaftssysteme nicht unkritisch, aber doch mit der höchsten Zustimmung bewertet werden.

Höchste Zeit, über Strategien zur Bewahrung des demokratischen Prinzips unter den Bedingungen der Globalisierung nachzudenken!

Globaldemokratische Strukturen sind, wenn es sie überhaupt gibt, häufig chaotisch und konfliktgeladen. Der Verquickung wie dem Ausmaß der globalen Gesellschaft stehen die Abwesenheit, ja das Fehlen einer dichten Kette transnationaler globaler Institutionen gegenüber.

Mangelnde Transparenz führt zu Rechtfertigungsproblemen. Politikerinnen und Politiker tun nicht gut daran, darüber zu schweigen, dass die Modernisierung der Welt eine Modernisierung der Gesellschaft zwingend notwendig macht.[13]

Sie machen auch einen Fehler, wenn sie dem Gespenst Globalisierung allein

---

13 Vgl. Möllers, Christoph, Demokratie: Zumutungen und Versprechen, Berlin 2008, 122ff.

mit Tröstungen wie ‚wir schaffen das' entgegentreten. Abgesehen davon, dass dieser nachgerade paternalistische Umgang mit den Entscheidungsträgerinnen und Entscheidungsträgern im Staat – nämlich den Bürgerinnen und Bürgern – als solcher sogleich entlarvt wird, stimmt es auch nicht. Um zu einem Gleichgewicht zwischen Anspruch und Regulierung, zwischen staatlicher Lenkung und wirtschaftlichen Erwartungen zu kommen, so dass beides sich zum Wohle der Weltgesellschaft ergänzt, braucht es etwas mehr als das Pfeifen im Keller.

Auf der Ebene der internationalen Organisationen ist zu klären, in welcher Weise die machtvolle Position starker Staaten und der Lobbyisten des internationalen Kapitals a priori einer Demokratisierung entgegenstehen und verändert werden müssen.

Es führt kein Weg an der Demokratisierung der internationalen Institutionen vorbei. Dafür müssen alsbald Grundlagen geschaffen werden.

Denn: Je näher internationale Organisationen der Freiheit von Individuen kommen, desto dringlicher stellt sich die Frage nach ihrer Legitimation. Andersherum: Je deutlicher internationale Organisationen durch internationale Zustimmung und Beteiligung legitimiert sind, desto klarer ist ihre Verbindlichkeit.

Ein Beispiel: Internationale Organisationen verstehen sich als Sachwalter von Frieden, Freiheit und Wohlfahrt. Mangels demokratischer Verfahren und rechtsstaatlicher Kontrolle sind sie, wenn sie einmal Herrschaft ausüben, schlechter kontrolliert als demokratische Rechtsstaaten. Der Sicherheitsrat der Vereinten Nationen z. B. veröffentlicht eine Liste von Terrorverdächtigen, denen damit jede Möglichkeit genommen wird, über ihr Vermögen zu verfügen. Eine gerichtliche Kontrolle bietet die UN nicht an.

Die Konstitutionalisierung des Völkerrechts ist da ganz sicher zielführend und unumgänglich. Das Individuum wird als Rechtssubjekt des Völkerrechts definiert, es entstehen z.B. auf der Ebene der Vereinten Nationen Legitimationsstrukturen und es wird absolut zwingend eine allgemeine Gemeinwohlkonzeption entwickelt.

Dies sind die Grundbedingungen dafür, dem Völkerrecht „Verfassungscharakter"[14] zuzubilligen. Allerdings ist Konstitutionalisierung noch nicht Demokratisierung.

Wenn die individuellen Rechte des Einzelnen im Völkerrecht und die zunehmende Bindung staatlichen Handelns in Regeln kodifiziert sind, die auch gegen staatlichen Willen gelten und überprüfbar sind, heißt das, dass dadurch demokratische Politik erst ermöglicht wird.

Wir stehen da also nicht am Anfang, sondern strenggenommen noch einen Schritt davor.

14 Ders., Der vermisste Leviathan, Frankfurt 2008, 109.

Was bedeutet dies alles nun für die Kirchen und was heißt in diesem Zusammenhang des Wächteramts, verstanden im Sinne der 5. Barmer These?

Es scheint von eminenter Bedeutung zu sein, gegen die Individualisierung und Fragmentierung von Gesellschaften die Grundlagen des politischen Handelns innerhalb demokratischer Systeme neu zu beleben. Dabei kommt es wesentlich auf den Bezugspunkt und auch ein hohes Maß an Ehrlichkeit an. Bürgerinnen und Bürger werden mit larmoyanter Politikverdrossenheit eher zur weiteren Demontage der Freiheit beitragen. Zivilgesellschaftliches Engagement ist gefragt – und wird ja inzwischen auf allen Ebenen gefördert und gepflegt.

Das Problem lediglich auf der Strukturebene lösen zu wollen, scheint mir ebenfalls nicht ausreichend. Es gehört auch die Aufwertung politischen Handelns, die Erziehung zu republikanischen Tugenden, die Aufforderung zu Diskurs und nötigenfalls Streit dazu.

Ich glaube nicht, dass die Globalisierung eine Gefährdung für die Demokratie ist, wenn wir achtsam mit ihr umgehen und ihre Grundlagen zur Grundlage machen.

Kirchen haben in diesem Kontext einen hohen Vertrauensvorsprung und vielfältige Gestaltungsmöglichkeiten. Glaubwürdigkeit in ihren eigenen Strukturen ist dazu allerdings Voraussetzung.[15] Während nationalstaatliche Systeme unter dem bestehenden Druck gerade erst dabei sind, über ihre eigenen Grenzen hinweg zu denken, zu kooperieren und damit zugleich durchlässig zu werden und ihre Sicherheiten zu verlieren, befinden sich Kirchen von allem Anfang an in grenzüberschreitenden Netzwerken: Ökumene ist Programm und Selbstverständnis. Sie haben längst multilaterale Beziehungen organisiert, Erfahrung gesammelt und Verantwortung übernommen für größere Kontexte.

Die Aufgabe der Kirchen in demokratischen Systemen ‚unter Druck‘ ist es, darauf zu achten, dass die grundlegenden Elemente demokratischer Herrschaftsorganisation auch in den neuen globalen Kontexten Wirkung entwickeln können. Ohne Partizipation, Freiheit, Gewaltenteilung, Transparenz und demokratisches Selbstbewusstsein wird die globale Welt im Sinne der 5. Barmer These nicht „lebensdienlich" sein. Den Kirchen kommt so eine besondere Rolle zu: Sie können frei von parteipolitischer Einflussnahme für demokratische Werte eintreten und Räume für den Diskurs und politisches Lernen schaffen, für zivilgesellschaftliches Engagement und Empowerment.

---

15 Vgl. hierzu die 3. Barmer These.

Martina Wasserloos-Strunk, (1963) ist Politikwissenschaftlerin. Seit 2002 ist sie Mitglied im Moderamen des Reformierten Bundes. Sie betreut hier den thematischen Schwerpunkt „Justice and Economy". In den letzten Jahren hat sie europäische Perspektiven in den Dialog mit den Kirchen des Südens eingebracht und war Referentin im Globalisierungsprojekt der Evanglisch-reformierten Kirche (Deutschland) und der Uniting Reformed Church in Southern Africa. Seit 2011 ist sie Vizepräsidentin des europäischen Gebietes der Weltgemeinschaft Reformierter Kirchen.

WEG
5

Europa auf dem Weg der Gerechtigkeit - Das gemeinsame Projekt „Europe Covenanting for Justice"

MARTIN ENGELS, WUPPERTAL-RONSDORF, DEUTSCHLAND

Eine Verflechtung von Christentum und Wirtschaft hat es von Anfang an gegeben. Paulus nutzt das groß angelegte Straßennetz für Militär und Handel des römischen Imperiums, um das Evangelium im Mittelmeer zu verbreiten.[1] In seiner Nachfolge werden es später die Missionare sein, die Händler auf ihren Wagen und Schiffen begleiten und das Evangelium quer über Kontinente und Ozeane an alle Enden der Welt bringen, es sozusagen globalisieren.[2] Der Ursprung der ökumenischen Bewegung wäre ferner ohne die in der Mitte des 19. Jahrhunderts vorausgehende wirtschaftliche Internationalisierung undenkbar gewesen. Nach einem Jahrzehnt im neuen zweiten Jahrtausend ist heute die Ambivalenz dieser Beziehung zwischen Christentum und Ökonomie so deutlich wie nie zuvor. Einem Teil der Welt ist aufgrund der wirtschaftlichen Globalisierung ein in der Geschichte beispielloser Wohlstand und Reichtum breiter Bevölkerungsschichten zuteil geworden, während zur gleichen Zeit die Mechanismen eben jener wirtschaftlichen Entwicklung zu einer unmittelbaren Lebensbedrohung für Menschen und ganze Völker in anderen Teilen der Welt geworden ist.

---

1 Vgl. Maschmeier, Jens-Christian, Paulus der Missionar. Zeitgeschichtliche, biographische und theologische Wechselwirkungen der paulinischen Mission, in: Wick, Peter, Paulus, Göttingen 2006, 159-207, 167.

2 Ein Beispiel hierfür ist die holländische Handelsgesellschaft (Vereinigte Ostindische Compagnie), die nach der *Confessio Belgica* verpflichtet war, „Jesu Christi Reich zu befördern und Mühe daran zu wenden, dass das Wort vom Evangelium allenorten gepredigt wird", zitiert nach: Huber, Friedrich, Das Christentum in Ost-, Süd- und Südostasien sowie Australien, KGE IV/8, Leipzig 2005, 31.

Die Kausalitätsketten hinter diesen ambivalenten Auswirkungen der globalisierten Weltwirtschaft lassen sich aufgrund ihrer Komplexität kaum identifizieren und stellen die Kirchen vor eine große Aufgabe: Die Kirche befindet sich auf beiden Seiten dieser Entwicklung. Es sind vornehmlich die Kirchen des Nordens, die hiervon profitieren und auf der anderen Seite sind es die Kirchen des Südens, die unter der Globalisierung und ihren negativen Folgen leiden. Doch als Kirche verstehen sie sich beide zusammen als *ein* Leib Christi (Röm 12, 4f.; 1. Kor 12 u.a.), der im Glauben an den dreieinen Gott, Schöpfer, Erlöser und Bewahrer des Lebens vereint ist.

Die eindringlichen Rufe der Schwestern und Brüder aus den Kirchen in den Teilen der Welt, die unter den Strukturen der wirtschaftlichen und ökologischen Ungerechtigkeit leiden, sind in Europa unüberhörbar angekommen. Die unbestreitbar verheerenden Folgen, die sich direkt aus den Mechanismen unserer Wirtschaft für das Leben der Menschen in anderen Teilen der Welt ergeben haben die Menschen in den europäischen Kirchen bewegt und eine lebendige Diskussion entfacht sowie eine Vielzahl hieraus geschlussfolgerter Projekte in den europäischen Mitgliedkirchen der Weltgemeinschaft der Reformierten Kirchen hervorgebracht. Im Nachgang der 24. Generalversammlung des Reformierten Weltbundes (RWB) in Accra hat der Reformierte Bund Deutschland in Zusammenarbeit mit dem Lenkungsausschuss des europäischen Gebiets des RWB beschlossen, die Reaktionen, Aufarbeitungen und Projekte zu sichten und zu sammeln, die im Zusammenhang mit der theologischen Erklärung von Accra stehen und dem von ihr ausgehenden Prozess ‚Covenanting for Justice in the Economy and the Earth'³ stehen. Der Fokus dieses gemeinsamen Publikationsprojekts lag darauf, das Engagement, das gemeinsame Suchen und Ringen nach Gerechtigkeit in der Vielzahl und der Vielfalt der europäischen Mitgliedskirchen ans Licht zu bringen. Die Arbeit an diesem Projekt startete inmitten der Finanz- und Wirtschaftskrise, die in ihrer Ursachenbeschreibung und ihren gravierenden Auswirkungen für Menschen auf der ganzen Welt die drängenden Probleme und Fragestellungen nach Gerechtigkeit sichtbar machte. Ungerechte ökonomische und politische Strukturen, die bereits wenige Jahre zuvor auf der Generalversammlung von Accra (2004) angesprochen und verurteilt wurden, traten nun für alle sichtbar zu Tage. Die plötzlich drohende Transformation von Gesellschaft, Politik und Wirtschaft ging mit einem hohen Maß an Verunsicherung und Orientierungslosigkeit einher. In dieser Situation wurden die Stimmen der Kirchen nicht nur wahrgenommen sondern auch gehört. In dieser Krise war die Notwendigkeit einer neuen Orientierung überdeutlich und so schien es, dass zumindest einige Kirchen mit ihrem ökumenischen Hintergrund Orientierung

---

3   Die deutsche Übersetzung „Bund für wirtschaftliche und ökologische Gerechtigkeit" scheint mir nur einen Teil des Bedeutungsspektrums von ‚covenanting' abzudecken.

bieten könnten. Sie wurden von Menschen angefragt, auch von denen mit einem distanzierteren Verhältnis zur Kirche.

In der Situation der Krise fanden die Schreie derjenigen, die bereits lange unter den Folgen ökologischer und wirtschaftlicher Ungerechtigkeit litten, mehr Resonanz. Nunmehr zeigte sich, dass dieses Phänomen nicht nur fremde Menschen in fernen Ländern betraf, sondern die Realität der Menschen hier anging, die sich sonntags in den Kirchenbänken versammeln. Ein Kairos, der es möglich machte, herauszustellen, dass die Bedeutung des Themas wirtschaftlicher und ökologischer Gerechtigkeit nicht nur andere Menschen, sondern unser gesamtes gemeinsames global verfasstes Leben betrifft.

In der Durchführung dieses gemeinsamen europäischen Projekts wurden in einem ersten Schritt alle europäischen Mitgliedskirchen des RWB gebeten, Berichte, Projekte sowie Diskussionsprozesse zu benennen, die von der theologischen Erklärung von Accra und dem mit ihr ausgehenden „Covenanting for Justice-Prozess" verbunden oder von ihr inspiriert waren. Die Rückmeldungen aus den Kirchen spiegeln die Vielfalt des Kontinents wieder und machen zugleich deutlich, dass sich viele Kirchen die Themen zu ökologischer und wirtschaftlicher Gerechtigkeit zu Eigen gemacht haben.

Die Kontakte sowie die Rückmeldungen gaben allerdings auch Aufschluss über die jeweiligen sehr unterschiedlichen Kontexte, in denen diese Fragestellung bearbeitet wurden.

Auf der einen Seite stehen die Kantonals- bzw. Landeskirchen, in Ländern wie der Schweiz, den Niederlanden, Teilen des Vereinigten Königsreichs und Deutschlands, die dieses Thema auf allen Ebenen des kirchlichen Lebens angesprochen und diskutiert haben. Hier lässt sich eine kaum überschaubare Menge an Dokumenten finden, die eindrücklich zeigen, wie die Erklärung von Accra und die hieraus hervorgehenden Ansprüche und Auswirkungen von Gemeinden und Synoden diskutiert wurden. Hinzu kommen zahlreiche lokale sowie teilweise nationale Aktionen, die zum Teil unter Einbeziehung anderer (Nicht-) Regierungsorganisationen durchgeführt wurden, mit denen ein gleiches Ziel geteilt wurde. Ein Versuch, die Vielzahl an Projekten und Veröffentlichungen zu fassen, würde den Rahmen dieser Publikation sprengen und zeigt doch zugleich das Maß an Commitment hinter diesem Engagement.

Auf der anderen Seite stehen die zahlreichen kleineren Kirchen vor allem im Süden und Osten Europas. Im Gegensatz zu ihren Geschwisterkirchen im Norden des Kontinents, sind ihre Möglichkeiten, auf Gesellschaft und Politik Einfluss zu nehmen, strukturbedingt erheblich begrenzter. Dennoch haben die Rückmeldungen eindrücklich gezeigt, wie groß ihr Engagement in aktuellen ökonomischen und sozialen Frage- und Problemstellungen ist.

Die Kirchen in den Ländern entlang des Mittelmeers sehen sich der großen Herausforderung gegenübergestellt, die die hohe Zahl der politischen und wirtschaftlichen Flüchtlinge aus Nordafrika an sie stellt, die in Europa Asyl in der Hoffnung suchen, auf dem europäischen Kontinent ein (besseres) Leben führen zu können. Die Gesellschaften vor allem in Italien und Griechenland sehen sich mit Massen an Flüchtlingen konfrontiert, die unter lebensbedrohlichen Umständen aus Afrika und dem Nahen Osten das Meer überqueren. „Helping Hands" heißt eine Initiative der Griechischen Evangelischen Kirche, die sich dieser Menschen annimmt. Das Projekt ist ein Beispiel für das Engagement einer kleinen Minderheiten Kirche Immigrantinnen und Immigranten und zum großen Teil auch Opfern von Menschenhandel grundlegendste Hilfe und Versorgung zukommen zu lassen.

Von der Waldenserkirche in Italien wurden ebenfalls verschiedene Projekte initiiert, die den Einsatz der Kirche für asylsuchende Frauen, Männer und Kinder und ihren Kampf für Rechte dieser in Italien hilfesuchenden Menschen dokumentieren. Damit scheut die Kirche auch nicht den Widerstand zu den neuerlich verabschiedeten Gesetzentwürfen der Regierung Berlusconi.[4]

Schaut man allerdings auf die Gesamtzahl der Rückmeldungen auf die Anfragen, zeigt sich im Vergleich zu den Kirchen aus dem Nordwesten Europas, dass es signifikant wenige Rückmeldungen von Kirchen gab, die im Kontext post-kommunistischer Staaten und im östlichen Gebiet des Kontinents zuhause sind. Einer der Gründe lässt sich darin finden, dass es sich bei der Mehrzahl der Kirchen mit reformierter Tradition in diesen Ländern um Kirchen in einer ausgeprägten Diasporasituation handelt. Dieser Umstand unterscheidet auch die akuten Problemlagen erheblich von denen ihrer weit größeren Schwesterkirchen im Westen des Kontinents. So wurde mehrmals betont, dass sie aufgrund ihrer Situation als Minderheitenkirche nicht genügend – fachlich wie finanzielle - Kapazitäten zur Verfügung haben, um sich mit den auf der Generalversammlung von Accra entfachten Themen zu beschäftigen. Neben dieser Begründung, die lediglich auf die organisatorische Ebene abzielt, sollen hier noch zwei weitere Gründe genannt werden, die in den ökumenischen Diskursen zu dem Prozess „Covenanting for Justice in the Economy and the Earth" nicht überhört werden sollten. Zunächst haben die meisten Länder mit kommunistischer Vergangenheit deutlich von der Osterweiterung der Europäischen Union und der Adaption des hier vorherrschenden wirtschaftlichen Systems profitiert. Hierin liegt sicherlich ein Grund, warum Vertreterinnen und Vertreter aus den Kirchen dieser Region einer fundamentalen Kritik der bestehenden Wirtschaftsordnung skeptisch gegenüberstehen, die vor allem in dem Begriff *Imperium* in der theo-

---

4   Siehe hierzu das Interview mit der Moderatorin Maria Bonafede zu diesem Thema in Kapitel 14.

logischen Erklärung von Accra zur Sprache gekommen ist.[5] Untrennbar hiermit verbunden ist der zweite Grund, warum die Erklärung von Accra in diesem Teil des Kontinents auf Widerstand stieß. Der Grund lässt sich in der ideologischen Färbung und dem eindeutigen politischen Beigeschmack der in der Erklärung verwendeten Semantik finden. Die Bedenken, die in Rückmeldungen und Gesprächen zum Ausdruck kamen, wurzelten alle in den eigenen Erfahrungen der jüngeren Vergangenheit. Nachdem die Kirchen massiv unter dem realexistierenden Kommunismus gelitten haben, ist hier eine große Sensibilität gegenüber jeglicher politischer Vereinnahmung des Evangeliums entwickelt worden und im Besonderen gegenüber jeglicher kommunistisch vereinnahmenden Deutung. Obwohl grundsätzliche theologische Bedenken gegenüber der Erklärung von Accra und ihrer Aufnahme in den Kirchen zum Ausdruck gekommen sind, wird gleichzeitig das grundsätzliche Anliegen, die Frage nach einer wirtschaftlich und ökologisch gerechten Globalisierung geteilt. Daher lassen sich auch hier unterschiedlichste Projekte und Initiativen finden, die sich mit den Problemlagen beschäftigen, die die Globalisierung in ihrem Kontext verursacht. Gerade die Kirchen in den ‚jungen‘ europäischen Volkswirtschaften sind von den gegenwärtigen globalen Wirtschafts- und Finanzkrisen stark betroffen und versuchen umso mehr mit ihren strukturell geringen Möglichkeiten Politik und Gesellschaft zu beeinflussen.

Eine letzte Perspektive sollte nicht außer Acht gelassen werden, die sich aus den Rückmeldungen ergeben hat, weil sie nicht nur die positive Vielfalt sondern in besonderer Weise die krasse Ungleichheit der Regionen und Länder auf diesem Kontinent widerspiegelt: Einige Schwesterkirchen im Südosten des Kontinents waren schwer, wenn überhaupt, durch Kommunikationsmedien wie Email oder Fax erreichbar, so dass eine Kontaktaufnahme erschwert wurde.

Nach dieser kurzen Analyse des pluralen Hintergrunds der reformierten Kirchen in Europa ist es möglich, eine erkennbare Tendenz innerhalb aller Bemühungen im gemeinsamen Prozess des Bundes für wirtschaftliche und ökologische Gerechtigkeit zu sehen. Die Kirchen in Ländern mit den größten Volkswirtschaften sind diesen Themenkomplex umfassend angegangen. Anders ausgedrückt: Es scheint so, als hätten die Kirchen in den Ländern, die als die Hauptakteure einer

---

5   Der Begriff ‚Imperium‘ wurde im europäischen Kontext breit diskutiert und die jeweiligen Standpunkte und die inhaltliche Definition des Begriffs waren äußerst strittig. Dennoch haben Initiativen wie das Globalisierungsprojekt (vgl. hierzu Kapitel 11) und eine politikwissenschaftliche Analyse des Begriffs (vgl. hierzu Kapitel 7) zu einer guten Entwicklung geführt, indem alle Diskussionsparteien darum bemüht waren festgefahrene Einseitigkeiten zu überwinden. Siehe hierzu auch die 'Message of the Global Dialogue Meeting in Johannesburg 2009' zu finden unter: http://warc. jalb.de/warcajsp/news_file/FINAL_GLOBAL_DIALOGUE_MESSAGE_14SEPT. pdf.

globalisierten Weltwirtschaft beschrieben werden könnten, sich in besonderem Maße mit dem Thema beschäftigt und viele Projekte auf lokaler, regionaler und nationaler Ebene ins Leben gerufen. Es wurde ein Bewusstsein für Gerechtigkeit in wirtschaftlichen und ökologischen Zusammenhängen bei den Gemeindegliedern geschaffen. Innerhalb der kirchlichen Bildungsarbeit mit Kindern und Jugendlichen[6] wurde dieses Thema genauso aufgenommen wie in der Erwachsenenbildung.[7] Ferner zeigt sich, inwiefern diese Thematik auf der Ebene von Kirchenleitungen und Synoden besprochen und in theologischen Debatten diskutiert wurde. Die Anstrengungen waren in den meisten Fällen nicht auf innerkirchliche Strukturen begrenzt, sondern die Zusammenarbeit mit anderen Regierungs- und Nichtregierungsorganisationen wurde dabei ausgelotet. Das Engagement der Kirchen macht teilweise sogar andere Organisationen auf dieses Thema aufmerksam, was häufig in der Erfahrung mündete, dass Projekte eine größere Eigendynamik entwickelten, die ursprünglich regional gestartet waren.

Bedauerlicherweise wurde die Diskussion innerhalb der Kirchen in den letzten Jahren nicht in ähnlicher Weise in der akademischen Theologie an den Universitäten und Hochschulen aufgenommen. Im Hinblick auf die theologisch-ethischen Fragen, die die Globalisierung stellt, gibt es in der akademischen Reflexion ein Forschungsdefizit.[8]

In vielen Gesprächen und Diskussionen, die sich mit dem Projekt „Europe Covenanting for Justice" ergeben haben, wurde die Wahrnehmung geäußert, dass die Probleme, die die Erklärung von Accra ans Tageslicht gebracht hatte, nur die ‚anderen' Kirchen beträfe, sie also nur die Geschwisterkirchen auf der Südhemisphäre im Blick hätte. Bei vielen wurde das Gefühl einer sehr einseitigen, simplifizierenden Schuldzuweisung geweckt, die zu einer skeptischen Haltung gegenüber der Erklärung von Accra geführt hat. Obwohl die hierin vertretenen grundlegenden Werte geteilt wurden, führte die gewählte Semantik zu vielen Irritationen und zur Ablehnung. Der Soziologe *Niklas Luhmann*[9] hat einen Schwerpunkt seiner Forschung auf das Gebiet der Kommunikation gelegt. Seine

---

6   Siehe hierzu das Projekt der Protestantischen Kirche der Niederlande „Die Welt wird kleiner – Denk' groß" in Kapitel 15.

7   Siehe hierzu die ökumenische Handreichung "Hoffen auf die Zukunft Gottes – christliches Handeln im Kontext der Klimaveränderung" der United Reformed Church in Kapitel 13.

8   Vgl. Bedford-Strohm, Heinrich, Zu diesem Heft, in: Verkündigung und Forschung, Vol. 54 (1/2009), 2-5, 3. Die von Christoph Stückelberger ins Leben gerufene Kommunikationsplattform globethics.org ist hier ein bedeutendes Gegenbeispiel. Vgl. auch seinen Beitrag in Kapitel 8.

9   Vgl. Luhmann, Niklas, Paradigm lost: Über die ethische Reflexion der Moral. Rede von Niklas Luhmann anlässlich der Verleihung des Hegelpreises 1989. Frankfurt/M. 1990, 17f. Oder auch: Ders., Gesellschaft der Gesellschaft, Frankfurt/M. 1998, 244.

sehr klare Analyse mag hier ein Schlüssel zum Verständnis dieses Phänomens sein. Er identifiziert in jeder Form eines moralischen Diskurses einen Achtungs- bzw. Missachtungserweis gegenüber dem Gesprächspartner /der Gesprächs- partnerin. Problematisch ist hier die moralische Über- und Unterordnung der Gesprächspartner, weshalb moralische Diskurse erfolgreiche Kommunikation verhindern. In der Vermeidung eines solchen Diskurses liegen neue Möglich- keiten für kontroverse Diskussionen und sie ermöglicht einen Raum, in dem gemeinsam konstruktiv nach Lösungen für die drängenden Probleme der Zeit gesucht werden kann. Ein solches Modell wird mehr Menschen aus den Mit- gliedskirchen dazu einladen, Verantwortung zu übernehmen und um Gerechtig- keit zu ringen, weil sie die Möglichkeit haben, ihren eigenen Kontext mit in die Diskussion einzubringen und sich als moralisch gleichwertige Partnerinnen und Partner zu fühlen. Ein gegenseitiges, respektvolles Annehmen ermöglicht eine Horizonterweiterung über den eigenen Kirchturm hinaus, weil man sich als Teil einer größeren Gemeinschaft sehen kann.

Der Fokus des gemeinsamen Projekts „Europe Covenanting for Justice" liegt genau in der Wahrnehmung der eigenen Situation im Horizont der weltweiten Kirchengemeinschaft und Verantwortung. Auf der einen Seite sollte ein wis- senschaftlich-theologischer Einblick in einige wesentliche Fragestellungen der Diskussion um Gerechtigkeit in Wirtschaft und Umwelt gegeben werden, wie sie in den europäischen Kirchen eingehend diskutiert wurden. Kritische Stim- men warnen zu Recht davor, lediglich auf dieser reflexiven Ebene zu verharren,[10] obwohl dieser Zugang die Diskussion vor Vereinfachungen und nicht vermittel- baren Standpunkten innerhalb der reformierten Kirchengemeinschaft bewahrt. Der zweite Fokus des Projektes wurde daher auf konkrete Projekte in Bezug auf die Erklärung von Accra gelegt. Ziel war es, unterschiedlichste europäische Stimmen zu sammeln und auf diese Weise zum einen einen Einblick in den eu- ropäischen Kontext zu geben und andererseits neues Material und Anregungen für den weiteren Weg hin zu mehr Gerechtigkeit in der neuen Weltgemeinschaft Reformierter Kirchen in der Welt zur Verfügung zu stellen.

Am Ende dieses gemeinsamen Projekts „Europe Covenanting for Justice" steht eine große Sammlung an Engagement für Gerechtigkeit in Wirtschaft und Um- welt. Die Frage der Gerechtigkeit bleibt in den allermeisten Kirchen und Ge- meinden ein wichtiges Thema, auch dort, wo die Erklärung von Accra keine besondere Rolle gespielt hat.

Es ist die Hoffnung dieses Projektes die verschiedenen europäischen Stimmen in den gemeinsamen Chor der Schwestern und Brüder in Christus einstimmen zu lassen auf der Suche nach einem Leben in Gerechtigkeit im Licht des kom-

---

10 Krüger, René, The Biblical and Theological Significance of the Accra Confession: A Perspective from the South, in: Reformed World 55 (2005) 3,226-233, 227.

menden Gottes. Die Erfahrung dieses gemeinsamen Publikationsprojektes zeigt, dass der gemeinsame Boden für Gemeinschaft nicht in unserem Bemühen um Gerechtigkeit gelegt ist, sondern im befreienden und gerecht-sprechenden Evangelium, das den Grund für unsere Diskussionen und Debatten jetzt und in Zukunft legt. *"Seid darauf bedacht, zu wahren die Einigkeit im Geist durch das Band des Friedens: Ein Leib, ein Geist, wie auch ihr berufen seid zu einer Hoffnung eurer Berufung; ein Herr, ein Glaube, eine Taufe; ein Gott und Vater aller, der da ist über allen und durch alle und in allen." (Eph 4,3ff.)*

Martin Engels *(1980) ist Vikar in der Evangelisch-reformierten Gemeinde Ronsdorf. Er studierte in Wuppertal, Heidelberg, Kyoto und Bochum evangelische Theologie. Als Mitglied des Reformierten Bundes arbeitete er konzeptionell mit an dem vorliegenden Publikationsprojekt „Europe Covenanting for Justice".*

HOFFNUNG
6

Die Theologie der Hoffnung in Zeiten der Globalisierung

JACOBUS MAARTEN VAN´T KRUIS, UTRECHT, NIEDERLANDE

EINFÜHRUNG

Es ist nicht leicht, mit einer Definition des Begriffs ‚Globalisierung' aufzuwarten. Historisch gesehen, kann Globalisierung als „process of increasing integration in world civilization"[1] beschrieben werden. Vom soziologischen Standpunkt aus betrachtet, liegt der Fokus jedoch vor allem auf den ökonomischen Aspekten der Globalisierung. Daraus resultierend kann man Globalisierung als „international integration of markets in goods, services and capital"[2] umschreiben. Was die theologischen Debatten im Hinblick auf die Globalisierung anbelangt, richtet sich tendenziell alle Aufmerksamkeit auf die ökonomischen Aspekte der Globalisierung. Ohne Zweifel sind sie ein wichtiger Faktor innerhalb der globalen Strukturveränderungen. Man kann jedoch darüber streiten, ob die ökonomische Globalisierung die hauptsächliche Herausforderung für Kirche und Theologie darstellt. Wenn wir die Globalisierung als eine Entwicklung verstehen, die die Welt zu einem Dorf macht, kann man durchaus die Frage stellen, ob die Globalisierung als solches nicht eine ‚Bewegung der Hoffnung'[3] ist. Die enorme Entwicklung auf dem Kommunikationssektor, sowie die daraus resultierende Verbreitung von Informationen einerseits und die stetige Weiterentwicklung des Transportwesens andererseits haben globale Netzwerke neuen Stils geschaffen und auch zu Vernetzungen untereinander

---

1 Vgl. B. Kogut/ M. Gittelmann, Globalization, in: R. Tung, (Hrsg.), The IEBM Handbook of International Business, London 1999, 200-214. (Übersetzung: Prozess zunehmender Integration innerhalb der Weltbevölkerung)
2 Vgl. G. Garrett, The Causes of Globalization, Comparative Political Studies, Vol. 33 (6/7), 2000, 941-991. (Übersetzung: internationale Integration des Konsumgüter-, Dienstleistungs- und Kapitalmarkts)
3 Im Original: ‚Movement of Hope.'

geführt. Dies hat uns noch nie da gewesene Möglichkeiten des Teilens und der Kommunikation eröffnet.

GLOBALISIERUNG ALS PHÄNOMEN DER HOFFNUNG?

Um die anspruchsvolle Frage beantworten zu können, ob die Globalisierung als Entwicklung der Hoffnung betrachtet werden kann, ist ein genauerer Blick auf das Phänomen der Globalisierung selbst unumgänglich. In diesem Fall müssen wir uns eher auf die *ökumenischen* als auf die ökonomischen Aspekte der Globalisierungen konzentrieren.

Die verbindenden Aspekte der Globalisierung kann man ohne die Geschichte der Kirche und ihrer Missionsbewegung nicht verstehen. Die Missionsbewegung ist stets ein Kernstück der christlichen Kirche gewesen. Aus dieser Perspektive heraus kann man die Kirche als eine der treibenden Kräfte hinter der Globalisierung betrachten. Daher werden wir an die ursprüngliche Bedeutung des Wortes *oikumene* als den gesamten bewohnten Erdkreis erinnert. Der christliche Glaube ist eine starke, treibende Kraft, was das Überwinden geografischer, kultureller und ethischer Grenzen angeht. Gleichwohl ist dies in der Geschichte der Christenheit nicht immer sichtbar geworden. Darüber hinaus: Der christliche Glaube lebt nur in Gemeinschaft und von ihrem Ursprung her versteht sich diese Gemeinschaft als eine weltweite Einheit. Die Kirche ist der (eine) Leib Christi. Diese umfassende Betrachtung der Menschheit als Einheit gehört zum Kern des christlichen Glaubens. Aber das historische Bild dieses Aspekts des Christentums ist ambivalent, denn zu oft konnte die Kirche der Versuchung der Macht nicht widerstehen. In solchen Fällen war Spaltung statt Einheit die Folge. Bei kirchlichen Aktivitäten in Richtung aller 'Enden der Erde' hat es sich oft um Aktivitäten in enger Zusammenarbeit mit (kolonialen) Mächten gehandelt, die auf der Suche nach Expansionsmöglichkeiten ihrer Handelsbeziehungen waren. Die Geschichte der Kirche zeugt vom Spannungsverhältnis zwischen ökumenischen und ökonomischen Interessen. Allerdings reicht dieses Fazit allein noch nicht aus, um die Frage zu beantworten, ob die ökumenische Dimension der Globalisierung als Bewegung der Hoffnung angesehen werden kann. Um diese Frage zu beantworten, sollten wir ein bisschen tiefer in die Kirchengeschichte und ihre Missionsbewegung eintauchen.

'ZIVILISATION' ALS HERZSCHLAG DES CHRISTENTUMS

Im späten 18. Jahrhundert hatten der Pietismus sowie verschiedene Erweckungsbewegungen zu einem enormen Anstieg missionarischer Aktivitäten an die 'Enden der Welt' geführt. Dieses Wachstum wurde durch die Gründung neuer Organisationen in Großbritannien (London Missionary Society – 1795) und den USA (American Board of Commissioners for Foreign Missions – 1810) vorangetrieben: zahlreiche Organisationen auf dem europäischen Kontinent (Rheinische Mission – 1828, Niederländische Missionsgesellschaft - 1797, etc.) folgten nach. Diesen Gesellschaften und ihren Aktivitäten lag die starke Überzeugung zugrunde, dass die persönliche Rettung durch Jesus Christus als hoffnungsvolle Perspektive der Menschheit in die Welt hinausgetragen werden sollte. Eine weitaus stärkere Bewegung entstand aus der chiliastischen Spiritualität, die mit der kurz bevor stehenden Wiederkunft Christi rechnete. Sie wurde vor allem in den USA initiiert und hatte großen Einfluss auf die christliche Studentenbewegung. In diesem Zusammenhang wurde der Slogan ,Evangelization in this generation'[4] ins Leben gerufen. Der persönliche Glaube an Jesus Christus wurde mit einem starken Bewusstsein von Berufung und Verpflichtung verknüpft. In einem Aufsatz über diese bedeutenden Entwicklungen spricht *L.A. Hoedemaker* von einer „spirituality of conquest".[5]

Diese gewaltigen Unternehmungen basierten oft auf der festen Überzeugung, dass Missionierung und Zivilisation zwei Seiten einer Medaille seien. Dies machte die Mission zur Verbündeten des Projekts der Aufklärung: der Modernisierung der Welt.[6]

DAS REICH GOTTES

Die Allianz von Missionsbewegung und Zivilisation wurde am Ende des Kolonialzeitalters sowie nach dem Ersten und Zweiten Weltkrieg zunehmend problematisch. Aufgrund der schweren Krise in Westeuropa, die die Grundfesten der Humanität und der Zivilisation schwer stark erschüttert hatten, war der Begriff ,Zivilisation' problematisch geworden.

Die Erneuerung der reformierten Theologie, die in Europa stattfand, führte zu einem neuen Ansatz um ,den Auftrag der Kirche' zu beschreiben. *Karl Barth* forderte mit seiner Theologie die neuen Konzepte der Moderne heraus, indem er sie durch die Offenbarung Gottes in Jesus Christus als den entscheidenden Wendepunkt der Geschichte ersetzte. Dieser christologische Blick auf Geschichte sowie auf die Eschatologie inspirierte die so genannte ,Reich-Gottes-Theologie.' Diese wurde von *Oscar Cullmann* in seinem Buch

---

4 (Übersetzung: Evangelisation in dieser Generation.)
5 Vgl. L.A. Hoedemaker, 'De oecumenische beweging in het verlengde van de zendingsbeweging' in: B. Hoedemaker/Anton Houtepen/Theo Witvliet, Oecumene als leerproces, inleiding in de oecumenica, Utrecht 1995, 59-68. (Übersetzung: Spiritualität der Eroberung)
6 Vgl. D. J. Bosch, Transforming Mission, New York 1991, 344.

‚Christus und die Zeit'[7] sorgfältig ausgearbeitet. Die Verkündigung des Reiches Gottes ersetzte das Konzept der Zivilisation als Ziel christlicher Mission. Dieser theologische Ansatz wurde auf dem Gebiet der Mission so bedeutend, weil er eine neue und praktische Übersetzung im Hinblick auf die Verkündigung des Evangeliums bot. Die Missionarstätigkeit war nicht länger eine geistliche Angelegenheit, sondern konnte einfach mit allerlei praktischen Tätigkeiten auf dem Gebiet der Landwirtschaft, Gesundheit etc. verknüpft werden. Die Theologie des Reiches Gottes führte unter anderem zum missiologischen Konzept: der umfassend verstandenen ‚*missio dei*.' Die Verkündigung des Evangeliums und die Aktivitäten auf dem Feld der Entwicklungsarbeit wurden als untrennbar miteinander verbunden angesehen. Diese Entwicklungsarbeit konnte als ‚Zeichen des kommenden Reiches' betrachtet werden, Zeichen des neuen Zeitalters, das mit dem Kommen, Sterben und der Auferstehung Jesu Christi begann. Sein Reich wird demnach in den konkreten Handlungen sichtbar. Die Herrschaft Christi ist kein isoliertes Ereignis, sondern hat universelle Dimensionen.

ÖKUMENE UND UNIVERSALITÄT

Dieses Paradigma wurde auch innerhalb der ökumenischen Bewegung zur Leitvorstellung. Kurz nach dem Zweiten Weltkrieg verlagerte sich innerhalb der ökumenischen Bewegung das Ziel: von der Einheit der Kirchen hin zur Einheit der Welt als dem Ziel ökumenischer Arbeit.[8]

Diese universalgeschichtliche Herangehensweise erfuhr während der Versammlung des Weltkirchenrats 1968 in Uppsala starke Unterstützung. Uppsala siedelte die Einheit und die Katholizität der Kirche direkt in der Sphäre von Gottes Wirken in der Geschichte an. Indem die Versammlung angab, dass die ‚Kirche so kühn sei, von sich selbst als Zeichen der kommenden Einheit der Mensch-

---

7   Vgl. O. Cullmann, Christus und die Zeit. Die christliche Zeit und Geschichtsauffassung, Zürich 1946

8   Freilich gibt es eine lange Tradition innerhalb der Geschichte der Kirche, in welcher der universale Charakter des Evangeliums mit einer ganzheitlichen Betrachtung aktueller historischer Entwicklungen in Zusammenhang gebracht wird. Bereits das Dritte Ökumenische Konzil von Ephesus (431) erklärte, dass die Herrschaft Christi in der realen Geschichte Wirklichkeit wird: Die Kirche und die römischen Kaiser sind die sichtbaren Zeichen dieser Herrschaft. Später wurde das sogenannte ‚Imperium Romanum' als Universales Reich Christi betrachtet. Nach dem Zerfall des römischen Reiches wurde die Kirche als Universales Reich Christi gesehen: Ein Gott, ein Christus, ein Papst, eine Kirche. (Vgl. Jürgen Moltmann, Das Kommen Gottes, Christliche Eschatologie, Gütersloh, 1995, 184, 203)

heit' zu sprechen, gab sie zu, dass säkulare ,Instrumente der Einigung und Vereinigung ... oft effektiver erscheinen als die Kirche selbst.' Deshalb ,benötigen Kirchen mehr Offenheit bei ihren Bestrebungen, ihren Errungenschaften ihrer Rastlosigkeit und ihrer Verzweiflung. Sämtliche Kirchenstrukturen von den Gemeinden vor Ort bis hin zu weltumfassenden Kirchenbünden, müssen dahingehend untersucht werden, ob sie es der Kirche und ihren Mitgliedern ermöglichen, Teil der Mission zu sein. In gleichen Maßen werden eine Intensivierung des Dialogs mit der Welt und eine nachhaltige Verkündigung der frohen Botschaft benötigt.[9] Zum ersten Mal wurde die Idee eines „genuinely universal council,"[10] in Worte gefasst, der in der Lage sein soll, für alle Christen zu sprechen. Der Blick auf die *oikumene* aus der Perspektive der Einheit der Menschheit führt jedoch zu Spannungen auf dem Feld der Christologie. Welche Beziehung besteht zwischen der Universalität des Heilshandels Gottes und der Besonderheit Christi? Der universelle Aspekt der Christologie war in *Barths* Theologie gründlich ausgearbeitet worden. Darin war betont worden, dass die Herrschaft Jesu Christi einen entscheidenden Einfluss nicht nur auf die Kirche, sondern auf die gesamte Welt habe, die dieser Realität jedoch nicht gewahr werde. Die Kirche hingegen sei sich dieser Realität bewusst, die auch für die Welt Gültigkeit habe. Es besteht die Gefahr, dass diese Sichtweise zu einem unkritischen Blick auf die Ekklesiologie führt. Es ist ferner nicht klar, in welcher Form die Universalität des Heilshandels Gottes mit der Besonderheit Jesu Christi zusammenhängt. Es scheint, als würde die verwendete christologische Sprache zunehmend ihren Inhalt verlieren. Mit anderen Worten: Es besteht die Gefahr, dass die Christologie zunehmend lediglich zu einer Ideologie verkommt, die einen allgemeinen Blick auf die Geschichte aufrechterhält.[11]

Es gibt zwei Entwicklungen die sich gegenseitig verstärken: 1. Die Christologie verkommt zu einer Ideologie und 2. Die Auffassung über Ökumene verändert sich. *Konrad Raiser* spricht sogar von ,transnationaler Ökumene', was das wirtschaftliche, militärische und politische System anbelangt.[12] Schließlich ist diese universelle christologische Herangehensweise mit einer Vision verbunden, in der das Projekt der westlichen Modernisierung und Säkularisierung als universelle Zivilisierung betrachtet wird.

Letzten Endes führte die nach dem Zweiten Weltkrieg erfolgte Erneuerung von Kirche und Theologie zu keiner ,Befreiung' der Mission von dem Ziel der ,Zivilisation'. Im Gegenteil - das westliche Paradigma des Fortschritts, welches den

---

9   Vgl. http://archives.wcc-coe.org/query/Detail.aspx?ID=40916
10 Vgl. Dictionary of the Ecumenical Movement, 2nd edition, 2002. WCC Publications, Geneva (Übersetzung: eines echten Weltrates).
11 Vgl. Konrad Raiser, Ökumene im Übergang, München 1989, 81.
12 A.a.O. 138.

Kern der Aufklärung darstellt, und diese universelle christologische Vision wurden beinahe untrennbar miteinander verflochten.[13]

Man muss die Frage aufwerfen, ob diese enge Beziehung zwischen christlichem Glauben und dem Projekt westlicher Modernität nicht zu einem Bedeutungsverlust des christlichen Glaubens selbst führt. Mit anderen Worten: Reduziert diese Beziehung den christlichen Glauben nicht zu einer schieren Ideologie?

Gegenstimmen

Die Annäherung an die Geschichte aus einer universellen christologischen Perspektive führte zu Kritik seitens der Theologinnen und Theologen des globalen Südens. Aus dieser Kritik resultierte unter anderem die Gründung von EATWOT[14] im tansanischen Dar-es-Salaam im Jahre 1976. Die Christinnen und Christen des globalen Südens waren sich der Tatsache bewusst geworden, dass die ‚universale' Theologie, mit der sie vom Westen beerbt worden waren, nicht zu ihrer Situation der Armut und Marginalisierung passte. Die traditionelle Theologie musste umformuliert werden, um eine Bedeutung für Menschen zu erlangen, die für eine gerechtere und egalitärere Welt kämpfen.[15]

Einerseits zielte der Aufruf der Theologinnen und Theologen des globalen Südens auf den Kontext der (wirtschaftlichen) Ungerechtigkeit ab, andererseits gab es einen hermeneutischen Fokus: Westliche ‚Universalitäts-Konzepte' tendieren dazu, andere Werte und Kulturen als Gegebenheiten zu betrachten, die umgestaltet werden müssen. Bei Ansätzen, in denen die Säkularisierung als ein der weltweiten Verbreitung des Evangeliums (und der Modernisierung) innewohnendes Resultat erachtet wird, ist dies sogar noch deutlicher erkennbar. In seinem Buch ‚Secular City'[16], das 1965 erschien und den Untertitel „Secularization and Urbanization in Theological Perspective" trägt, behauptet Harvey Cox, dass die Säkularisierung selbst das Resultat biblischen Glaubens sei und sie die

13 „Die quasi naturhaft gedachte, christologische Gesamtqualifikation der westlichen Fortschrittsgeschichte führt damit (...) zu der Tendenz, dass das Credo des Glaubens und das Credo des westlichen Fortschritts eigentümlich miteinander verschmelzen oder jedenfalls bisweilen ununterscheidbar aneinanderzurücken scheinen." Dietrich Werner in seiner Forschungsarbeit über den missionarischen Grundansatz innerhalb des Weltkirchenrats, Mission für das Leben - Mission im Kontext, Ökumenische Perspektiven missionarischer Präsenz in der Diskussion des ÖRK 1961-1991, Rothenburg 1993, 99, 83-120, 149.

14 Abkürzung EATWOT für ‚Ecumenical Association of Third World Theologians', zu Deutsch: ‚Ökumenische Vereinigung der Theologinnen und Theologen der Dritten Welt'.

15 http://www.eatwot.org/index.php?option=com_content&task=view&id=27&Item id=26.

16 Dt. Buchtitel: Harvey Cox, Stadt ohne Gott? Säkularisierung und Urbanisierung aus theologischer Sicht, Stuttgart 1971.

Richtung angäbe, welche der kirchlichen Mission ihre Bedeutung verleihe. Gemäß *Cox* führte das biblische Gebot, keine anderen Götter zu haben, historisch gesehen zur ‚Entzauberung' der Natur und zur Relativierung von Politik und Werten. Deshalb muss die Kirche lernen, auf ‚säkulare Weise von Gott zu sprechen' - als befreiender Macht, die in Natur und Geschichte wirkt und die durch das Modell des Exodus erkannt wird.

Schlussendlich führt diese Sichtweise nicht nur zum Verlust der Identität des christlichen Glaubens, sie verkündet auch eine Art von Universalismus, der eher eng gefasst ist: Sie beschränkt sich lediglich auf den westlichen Kontext, der weiterhin als unumschränkt und universell gültig betrachtet wird.

Diese universale Vision des Fortschritts in Richtung einer globalen säkularisierten Stadt führt den asiatischen Theologen *Aloysius Pieris* zu der Schlussfolgerung, dass solche Typen des universalen theologischen Herangehens beispielhaft dafür sind, wie die Theologie zugunsten des westlichen Kolonialismus instrumentalisiert wird.[17]

Theologinnen und Theologen des globalen Südens widersprechen der allgemeinen westlichen Sichtweise, indem sie die Aufmerksamkeit auf Gottes Offenbarung oder Inkarnation in jeder Kultur lenken. Gemäß des gambischen Theologen *Lamin Sanneh* entspricht Gottes Handeln in der Geschichte seiner permanenten Inkarnation in jeder Kultur. Das bedeutet, dass es in jeder Kultur Reflektionen der Offenbarung Gottes gibt.[18]

Diese Sichtweise führt nicht nur zu einer größeren Wertschätzung nicht-westlicher Kulturen, sie fördert auch die kulturelle Pluralität. Es wird nicht länger vorausgesetzt, dass die Einheit der Welt aus der Perspektive der Einheitlichkeit (der Einheitlichkeit als Frucht der Modernisierung) heraus gesehen werden muss, sondern schafft Raum für zahlreiche kontextabhängige Herangehensweisen an das Evangelium.

Wenn die Konferenz der Kommission für Weltmission und Evangelisation in Bangkok (1973) Recht hatte mit ihrer Behauptung, dass die ‚Kultur die menschliche Stimme formt, die der Stimme Christi antwortet,' sollte klar sein, dass Theologien, die in Europa entworfen und entwickelt wurden, keinerlei Überlegenheit gegenüber Theologien aus anderen Teilen der Welt für sich beanspruchen können.

Theologinnen und Theologen aus dem globalen Süden machen uns bewusst,

---

17 „Ein klassisches Beispiel sich der Theologie zu bedienen, um der westlichen Kolonialismus durchzusetzen" (Dietrich Werner, Mission für das Leben - Mission im Kontext. Ökumenische Perspektiven missionarischer Präsenz in der Diskussion des ÖRK 1961 - 1991, Rothenburg 1992, 152).

18 Lamin Sanneh, Translating the Message, The missionary impact on culture, Maryknoll 1989.

welch unterdrückender Charakter der westlichen Aufklärung mit ihrem Ideal von Einheit innewohnt. Dies umso mehr, da klar ist, dass diese Einheit nicht der Einheit entspricht, die bereits existiert. Um diese Einheit zu erlangen, sind Anstrengung und sogar Eroberung erforderlich. Es ist bemerkenswert, dass der ‚Kampf der Kulturen', wie er in *Samuel P. Huntingtons* berühmter Vorlesungsreihe von 1992 am ‚American Enterprise Institute' beschrieben wurde (und welche er 1996 in seinem Buch „The Clash of Civilisazions and the Remaking of World Order"[19] herausbrachte), sich auf eine *Zukunft* konzentriert, die tatsächlich seit Jahrzehnten präsent ist. Diese Realität ist jedoch nicht nur Realität im Hinblick auf den Kampf der Kulturen, sie scheint auch - und vielleicht in erster Linie - ein Kampf der Interessen und der (wirtschaftlichen) Macht zu sein.

Einheit und Einheitlichkeit

Wenn wir kulturelle und kontextuelle Pluralität als Früchte der Interaktion zwischen Gottes Offenbarung und konkreter Menschheitsgeschichte betrachten, müssen wir unsere Vorstellung von Einheit erweitern. Die Einheit oder Katholizität der Kirche ist kein Einssein im Sinne von Uniformität, sondern von Einheit in der Verschiedenheit. Das Schlüsselwort zum Verständnis dieser Einheit lautet *koinonia*. *Koinonia* beschreibt keine bloße Kameradschaft, sondern die starke Vorstellung einer Gemeinschaft. Diese sollte von ihrer Verwurzelung mit der *communio* mit Christus her verstanden werden. Aus dieser Perspektive ist Christus der ‚ganz Andere'. Das ‚Anderssein' des anderen und der anderen setzt das biblische Denken von *communio* voraus. *Koinonia* bedeutet nicht, dass das ‚Anderssein' des ‚anderen' zu einem gewissen Punkt aufgehoben oder neutralisiert wird. Es wird im Gegenteil beibehalten! Dies ist sogar der Fall, wenn sich die *koinonia* auf die (wachsende) Einheit mit Christus bezieht. *Koinonia* ist die Gemeinschaft verschiedener und ungleicher Beteiligten. Genau diese wichtige Auffassung wird uns helfen, die Frage nach der Globalisierung als einer Bewegung der Hoffnung zu beantworten, die im ersten Teil dieses Aufsatzes aufgeworfen wurde.

Die Ambiguität der Globalisierung

Obgleich die Globalisierung auch über hoffnungsvolle Aspekte verfügt, ist sie gleichermaßen ein spaltender wie vereinender Prozess. Die Einheit, die durch die Globalisierung geschaffen wird, ist allermeist keine Einheit in Verschiedenheit. Stattdessen besteht eine starke Tendenz zur Homogenisierung. Eine der stärksten Antriebskräfte hinter der Globalisierung ist der liberale Kapitalismus und sein stetiges Profitstreben. Die andauernde Jagd nach höheren Profiten und

---

19 Dt. Buchtitel: Kampf der Kulturen: Die Neugestaltung der Weltpolitik im 21. Jahrhundert, Hamburg 1997.

mehr Reichtum kostet Menschenleben. Die ‚Einheit', die daraus hervorgeht, ist die Einheit der Shareholder. Der enorme Reichtum des Westens hat zu dramatischen Auswirkungen geführt auf die Umwelt, auf die militärische Präsenz, z.B. zur Sicherung der Grenzen gegen eine große Anzahl heimatvertriebener Menschen und im Angesicht einer globalen Migrationsbewegung. Menschenhandel sowie illegaler Handel mit menschlichen Organen sind nur einige der Konsequenzen dieser Entwicklung. Der Punkt ist, dass Globalisierung ein anonymes Phänomen ist - und zwar eines, das nicht kontrolliert werden kann. Dieser Umstand stellt eine tief greifende Herausforderung für Nationalstaatlichkeit dar. Niemand scheint die Kontrolle darüber zu haben. Tatsächlich *hat* niemand die Kontrolle darüber. In seiner Analyse der Globalisierung gelangt *Zygmunt Bauman* zu dem Schluss, dass unsere postmodernen Gesellschaften so voller Angst sind, weil den Menschen klar ist, dass ‚niemand die Kontrolle hat.'[20] Diese konstante Angst führt zu Xenophobie und Rassismus. Da die Globalisierung selbst keine Bewegung der Hoffnung ist, sind die Kirchen dazu aufgefordert, über die Bedeutung von Hoffnung in Zeiten der Globalisierung nachzudenken.

Die apokalyptische Vision

Bevor wir die Theologie der Hoffnung einer näheren Betrachtung unterziehen, sollten zu dem Begriff des ‚Imperiums', wie er in den Diskussionen des RWB im Zusammenhang mit der wirtschaftlichen Globalisierung verwendet wird, einige Bemerkungen gemacht werden. Gemäß den offiziellen Dokumenten des RWB steckt eine omnipotente Macht hinter der Globalisierung (in Bezug auf die wirtschaftlichen Aspekte). Diese Macht ist nicht nur universal, sie ist auch transzendent, da sie nicht nur die Gegenwart, sondern auch die Vergangenheit umfasst. Die ‚Imperiumssprache', wie sie innerhalb des RWB verwendet wird, ist eine apokalyptische Sprache:

„Im Namen von Frieden und Sicherheit übt das globale Imperium durch seine militärischen Massenvernichtungssysteme und seine intensive, totalitäre Kriegführung „Allmacht" aus. Schon Kriege wie die Kreuzzüge, die Eroberung der Amerikas und die kolonialen Kriege gegen die Rassen und ethnischen Völker in Asien und Afrika haben die massive Opferung von Menschen verursacht. Dieser historische Prozess systematischer und massiver Eroberung und Zerstörung von Völkern und Erde hat sich bis in die Gegenwart fortgesetzt. Die beiden Weltkriege, die US-Atombomben auf die koreanischen und japanischen Völker und die Kalten Kriege gegen die koreanischen und vietnamesischen Bevölkerungen sowie die Kriege gegen den Kosovo, Afghanistan, den Irak und ihre Bevölkerungen und Ortschaften haben sich als totale Kriege der Massenvernichtung herausgestellt. Die gegenwärtigen Entwicklungen der imperialen globalen Militarisierung drohen, die Erde als eine Wohnung des Lebens

20 Vgl. Zygmunt Bauman, Liquid Fear, Cambridge 2006.

total zu zerstören. Das Wesen des Krieges wurde radikal verändert zu einem in Raum und Zeit grenzenlosen Krieg im Interesse der Geopolitik des globalen Imperiums. Aber die Allmacht des Imperiums kann niemals „totale Sicherheit" hervorbringen. Ihre auf moderner Militärtechnokratie – auf Massenvernichtungswaffen und dem Anspruch von Allmacht – aufgebaute absolute Macht begründet eine Diktatur über alle Lebewesen."[21]

Der Begriff ‚Imperium' ist bei der Entwicklung einer Theologie der Hoffnung in Zeiten der Globalisierung wenig hilfreich. Zuallererst, weil dieser Begriff allzu vereinfachend an die Realität herangeht. Aus dieser Perspektive legt er keine Rechenschaft über die unterschiedlichen Interessen der am Weltmarkt beteiligten Akteure ab. Er unterscheidet nicht zwischen den Interessen des Staates, der Banken, der Aktionärinnen und Aktionäre sowie der Unternehmerinnen und Unternehmer. Er berücksichtigt nicht den wachsenden Einfluss aufkommender neuer Volkswirtschaften (Indien, China, etc.). Der Begriff ‚Imperium' scheint gegenüber ‚neokolonialem' Gebaren blind zu sein, das sich am Beispiel Chinas in Afrika zeigen lässt. Noch bedeutsamer ist es, dass er keine kritische Haltung gegenüber Nepotismus, Korruption und ethnischen Konflikten einnimmt, die nichts mit den USA zu tun haben - es sei denn, das ‚Imperium' sei für alles Böse in der Welt verantwortlich zu machen. Diese Voraussetzung berücksichtigt jedoch die Rolle des Individuums und seiner Verantwortung nicht. Fazit: Es ist eine zu vereinfachte Schlussfolgerung, die einzige Quelle und das Zentrum des Bösen nur in einem zu erkennen: in den Vereinigten Staaten von Amerika.

Die Theologie der Hoffnung im Kontext der Globalisierung

Die apokalyptische und transzendente Form des ‚Imperiums' lässt nicht viel Raum für (eine Theologie der) Hoffnung. Wir müssen uns entweder von dieser Welt zurückziehen und uns vom täglichen Leben loslösen oder uns für den Beginn einer universalen Revolution einsetzen. Da das ‚Imperium' allgegenwärtig ist, muss die Schlacht gegen die apokalyptische Bestie ebenfalls universal sein. Dies beinhaltet nicht nur die Schlacht gegen die treibenden Kräfte des liberalen Kapitalismus, sondern auch den Kampf gegen die westliche Christenheit als seiner Verbündeten:

„Das westliche Christentum hatte seit den Tagen Roms einen engen Bezug zum Imperium und breitete sich so in der ganzen Welt aus. Nun wird es zur ideologischen Legitimierung des heutigen Imperiums missbraucht. Das globalisierte Christentum und seine Kreuzzüge sind symbiotisch mit dem globalen Kapital und der Macht des globalen Imperiums verquickt. In seinem triumphalistischen Trachten, verachtet und

---

21 WARC, Eine ökumenische Glaubensverpflichtung gegen das globale Imperium für eine befreite Erdengemeinschaft, Manila 2006.

verdammt es sogar alle anderen religiösen Glaubensrichtungen und Kulturen. Die Religionen indigener Gemeinschaften werden zerstört und der Islam geschmäht. Das Bündnis von christlicher Religion und westlicher Moderne hat das religiöse und kulturelle Leben von Menschen und ihren Gemeinschaften überall in der Welt zerstört. Die Mächte und Gewalten des globalen Marktes und Imperiums werden getauft von diesen theologischen Entstellungen des „Christentums", die weltweit religiöse Konflikte und Bigotterie fördern.

Die „christliche" Religion des Imperiums behandelt andere als zu erobernde „Heiden", als zu zerstörendes „Reich des Bösen" und als die „Achse des Bösen", die von der Erde ausgerottet werden muss. Das Imperium beansprucht, dass das „Reich des Guten" alle diese Übel überwinden muss. Sein pseudo-messianischer Geist ist durchtränkt mit dem dämonischen.

Diese falschen Ansprüche zerstören die Integrität jeden Glaubens und höhlen die Identität des christlichen Glaubens an Jesus radikal aus. So wie der imperiale Geist Seelen durchdringt, so sind die Körper aller Lebewesen von der Macht des globalen Imperiums besessen. Als Herr ihrer Sphäre baut sie Tempel des globalen Markts für den Mammonsdienst.'[22]

Diese gewagten Behauptungen zeigen ganz klar das Problem mit universellen Paradigmen. Diese lassen nicht ausreichend Raum für die Vieldeutigkeit der Realität. Sie berücksichtigen die Existenz verschiedener Zusammenhänge nicht und schenken der Rolle der individuellen sowie der pluralen Komplexität konkreter Realitäten keine ausreichende Beachtung. In dieser Hinsicht entspricht der Begriff des ‚Imperiums' (wiederum) dem westlichen modernen und darum universellen Blick auf die Geschichte. Er hält an der Existenz einer universalen, alles umfassenden, totalitären ‚großen Erzählung' fest. Letztendlich berücksichtigt er nicht die postmoderne Kritik an der Moderne.

Geschichte als das Feld der Verheißung

Dennoch existieren die kritischen Stimmen zur Rolle der (westlichen) Christenheit, wie sie im vorangegangenen Text zitiert wurden, nicht grundlos. *Jürgen Moltmann* behauptet, dass es eine starke Bindung zwischen dem ‚metaphysischen Monotheismus' und ‚politischen Monotheismus' gibt.[23] Hinsichtlich des ‚metaphysischen Monotheismus' bezieht sich *Moltmann* auf eine Art des Monotheismus, in dem Gott als höchstes Wesen ohne jegliche Liebe gesehen wird. In griechischen Auffassungen steht die Theologie im Dienste des Staates: Man dient den Göttern, um Frieden und Wohlstand zu sichern. Das frühe Christen-

---

22 Ebd.
23 Vgl. J. Moltmann, Trinität und Reich Gottes, München 1980, 209-217; Ders., Politische Theologie in: Politische Ethik, München 1984, 42-48.

tum wurde demgegenüber vom Staat als Bedrohung der herrschenden Ordnung angesehen. Darum verteidigten die Apologeten das Christentum als eine den Staat unterstützende Religion. In ihrem Zusammenhang verteidigten sie den Monotheismus, in welchem Gott als Einer, als unbeweglich und als unveränderlich angesehen wurde. Der Monotheismus mit seinen Attributen Unendlichkeit, Unbeweglichkeit und Unveränderlichkeit spiegelt sich in der Einheit des Staates wider: ein Gott, ein Herrscher, ein Staat. *Moltmanns* Theologie der Hoffnung steht in striktem Gegensatz zu dieser Art monotheistischen Denkens. Moltmann betont den eschatologischen Charakter der Offenbarung Gottes in Christus in der Hinsicht, dass Gott nicht als unbewegliches Wesen gesehen wird. Gott ist ,in Bewegung.' Wir werden Gottes Gegenwart erfahren, wenn wir willens sind, mit Gott in die Zukunft aufzubrechen. In *Moltmanns* Theologie ist die Zukunft tatsächlich Zukunft. Sie wird eine neue Realitat offenbaren, die es jetzt noch nicht gibt. Die Auferstehung Christi ist in dem Sinne ein geschichtliches Ereignis, indem sie Geschichte schafft: Sie bringt eine neue Realität hervor.[24] Diese ist ein Spiegel der neuen Wirklichkeit der Auferstehung selbst als ,creatio ex nihilo'.[25] Geschichte ist ,Heilsgeschichte' und steht als solche unter der Verheißung des Heils. Geschichte ist eine futurisch-eschatologische Kategorie. Geschichte kann sich verändern. Die bestehende soziale Ordnung steht in der Kritik durch die Hoffnung auf eine neue Zukunft. Die Mission der Kirche findet im eschatologischen Erwartungshorizont des kommenden Reiches Gottes statt.[26] Im Hinblick auf *Moltmanns* Theologie der Hoffnung bedeutet dies auch, dass die Menschen die Geschichte ändern können. Nur indem die Menschen Teil von Gottes Mission (der Transformation der Welt) werden, gelangen sie zu ihrer Vorhersehung. Hoffnung ist mehr als nur ein Gefühl, es ist die Kraft der Veränderung. Die Kirche ist eine Gemeinschaft von Menschen, die die existierende Ordnung überwindet und sich auf dem Weg zu einer neuen Zukunft befindet. Darum nennt Moltmann die Kirche ,Exodusgemeinde.' Die Mission der Kirche lautet Veränderung.

Es gibt natürlich viel mehr über *Moltmanns* Theologie der Hoffnung zu sagen.[27] Doch bereits diese kurzen Ausführungen werfen die Frage nach der Besonderheit des Todes und der Auferstehung Christi in Verbindung mit der Realität des *Exoduscharakters* der Kirche auf. Man kann nun weiter fragen: Hängt die

24 Vgl. J. Moltmann, Theologie der Hoffnung, München 1964, 163.
25 A.a.O., 76.
26 A.a.O., 308.
27 Dasselbe gilt für die transzendenten Aspekte der Eschatologie, beispielsweise in seiner jüngeren Studie: Das Kommen Gottes, Christliche Eschatologie, Gütersloh 1995. Hier hebt Moltmann die kosmischen und transzendenten Aspekte der Eschatologie hervor. Nicht nur Menschlichkeit und Menschheit werden neu erschaffen, dies gilt auch für Natur und Geschichte.

Transformation der Welt von der Kirche ab? Ein Blick in die Geschichte der Kirche erweist sich diesbezüglich als nicht recht viel versprechend und es stellt sich die Frage, wie wir die momentane Ausprägung der Welt bewerten. In der jetzigen Welt ist das Christentum präsent. Bedeutet dies, dass die Kirche bisher versagt hat und in Zukunft besser handeln wird? Eine weitere wichtige Frage gilt der Rolle der Opfer in unserer Welt: den Unterdrückten, den Armen, den Marginalisierten. Wie werden sie zu Akteuren des Wandels? Verstehen wir die entmenschlichenden Aspekte der Armut, Unterdrückung und Ungerechtigkeit hinreichend?[28]

Befreiung und Hoffnung

Der Ausgangspunkt für eine Theologie der Hoffnung liegt in der Deutung des Kreuzes und der Auferstehung Christi. Mit der Person Christi hat das kommende Zeitalter begonnen, welches alleine in alle Ewigkeit dauern wird. Es kam in Form seiner Person und war im Kreuzgeschehen erlösend gegenwärtig. Das Kreuz Christi ist das Gericht am Ende der Zeiten, geschehen inmitten der Zeit. Für das Volk Gottes wurde das ‚endzeitliche‘ Gericht bereits vollzogen. Das ‚Imperium‘ ist bereits erobert worden. Das Kreuz Christi ist das endgültige Gericht über die Mächte dieser Welt. Diese radikale Botschaft bedeutet die Befreiung von allen Mächten. Wir sind nicht von ihnen abhängig. Wir sind frei. Christliche Hoffnung bedeutet zu lernen, in Freiheit zu leben. Ebenso sind wir von der Last befreit, selber die Rettung der Welt zu realisieren oder diese gar zu ändern. Die Kirche ändert die Welt nicht. Die Kirche verkündet, dass diese Welt und ihre Mächte durch den Tod und die Auferstehung Christi gerichtet wurden. „Er hat die Mächte und Gewalten ihrer Macht entkleidet und sie öffentlich zur Schau gestellt und hat einen Triumph aus ihnen gemacht in Christus." (Kol 2,15) Dieses Credo ist die radikalste Kritik an ‚imperiumsartigen‘ Mächten. Sind dies nur Worte? Die Kirche lebt von dieser Realität und indem sie dies tut, verleiht sie dieser neuen Ära eine Form. Deshalb wird die Verkündigung des Reiches Christi unweigerlich ‚Zeichen‘ hervorbringen, in denen die neue Wirklichkeit des Reiches Gottes ersichtlich werden wird. Moltmann nennt diese Zeichen ‚Vorzeichen‘: Sie sind Sakramente von Gottes tatsächlicher Präsenz in der Wirklichkeit.[29] Diese Sakramente existieren nur einstweilig: Sie erinnern uns an die eschatologische Realität, ohne jedoch selbst diese Realität darzustellen und verfügen außerdem über einen vieldeutigen Charakter. Im Charakter der eschatologischen Realität selbst liegt es, dass der Weg in Richtung Zukunft weder linear noch fortlaufend ist. Das Reich Gottes ist nicht jene Wirklichkeit, die

---

28 Einen eindrucksvollen Einblick in diese Realität bietet T.A. Mofokeng, The Crucified Among The Crossbearers, Towards a Black Christology, Kampen 1983.

29 Vgl. J. Moltmann, Theologie der Hoffnung, 314.

wir am Ende der Straße der Menschheitsgeschichte vorfinden. Das Eschaton ist nicht das Resultat menschlicher Unternehmungen oder Bemühungen der Kirche, da die Auferstehung Christi nicht das Fundament für den Verlauf der Geschichte darstellt. Sie ist im Gegenteil die äußerste Krise der Geschichte. Das Kreuz und die Auferstehung Christi deuten auf das Eschaton als transzendente Wirklichkeit Gottes hin, die in unsere Geschichte einfällt. Wir sollten auch beachten, dass die Zeichen oder Sakramente des Reiches Gottes die Form des Kreuzes aufweisen. Nicht nur, weil diese kontrovers und kritisch sind, sondern auch, weil der ihnen innewohnende Charakter kein triumphierender ist. Sie tragen Zeichen des Ringens, der Tränen und manchmal sogar des Blutes.

Die Auferstehung Christi kann nicht ohne die Perspektive des Kreuzes betrachtet werden. Darum ist Gottes Reich in erster Linie unter den marginalisierten und sich am Rande der Gesellschaft befindlichen Menschen, unter den Opfern der Geschichte sichtbar. Die Zeichen von Gottes Reich werden immer einstweilig sein. Sogar wenn es uns gelingen würde, die momentanen Opfer unserer Geschichte zu retten, sind wir nicht in der Lage, die Opfer der Vergangenheit zu retten. Besteht also Hoffnung für jene, die wir nicht retten können? Oder lassen wir sie als Abfall auf der Müllkippe der Geschichte liegen? Eine Theologie der Hoffnung sollte in der Lage sein, diese brennenden Fragen zu beantworten. Dies kann sie jedoch nur, wenn sie die Eschatologie nicht lediglich als letzte Realität betrachtet. Sie muss den über diese Welt weisenden, transzendenten Charakter der Eschatologie herausarbeiten. Die neue Wirklichkeit Gottes verstärkt unsere Hoffnung sogar noch, wenn diese sich jenseits unseres Horizontes und unserer Möglichkeiten befindet.

Jacobus Maarten van 't Kruis (1952) studierte Theologie in Utrecht und Groningen (Promotion 1998). Er war Gemeindepfarrer der Niederländischen Reformierten Kirche (1977-1983), Lehrer am Theologischen Seminar der Christlichen Kirche in Mittelsulawesi, Indonesien (1985-1990) sowie Beauftragter für die Beziehungen zu den Migrationskirchen in den Niederlanden (1990-2004). Momentan ist er im Generalsekretariat der Protestantischen Kirche in den Niederlanden tätig.

IMPERIUM

7

Imperium –
eine Provokation mit Perspektive

MARTINA WASSERLOOS-STRUNK, RHEYDT, DEUTSCHLAND

*,Ich kann das Imperium ja auch nicht leiden –
ich hasse es sogar' (Luke Skywalker)*

Ein Topos hat die Diskussion der Kirchen nach Accra immer wieder erhitzt, beflügelt und manchmal leider auch erstickt: das Imperium. Was das ist, ob es das gibt und was es mit uns macht – wie wir am Ende ein Teil davon sind, das wurde in vielen Gremien diskutiert. Kontrovers, engagiert, manchmal auch aggressiv. Die Benennung von globalen Machtstrukturen mit dem Begriff ,Imperium' ist in Europa häufig verstanden worden als Vorwurf an die europäischen Kirchen, selbst Teil des imperialen Herrschaftsapparates zu sein. Man sah darin einen wenig sorgsamen Umgang mit europäischem Engagement für Gerechtigkeit und schließlich wurde in aller Deutlichkeit der Vorwurf an den Süden formuliert, dass die Verwendung des Begriffs ,Imperium' den von ungerechten Strukturen der neoliberalen Globalisierung Betroffenen in Europa nicht gerecht werde, ja sie in eine Art Komplizenschaft zum Imperium sehe.

Die Heftigkeit, mit der um diesen Begriff gestritten wurde, lässt aufhorchen und legt die Vermutung nahe, dass es nicht allein die Debatte um globale Machtstrukturen ist, die die Gemüter erhitzt, sondern dass sozusagen stellvertretend an dieser Stelle andere Konflikte aufbrechen.

Dabei beschreibt die Erklärung von Accra das, was gemeint ist mit ,Imperium' sehr klar, sehr realpolitisch und mit Bedacht:

„Wir sind uns der Größe und Komplexität dieser Situation bewusst und wollen keine einfachen Antworten. Bei unserem Wunsch nach Wahrheit und Gerechtigkeit und durch die Augen der Machtlosen und Leidenden sehen wir, dass die gegenwärtige Welt-(Un)Ordnung auf einem extrem komplizierten und unmoralischen Wirtschaftssystem beruht, dass von einem Imperium verteidigt wird. Unter dem Begriff Imperium verstehen wir die Konzentration von wirtschaftlicher, kulturel-

*ler, politischer und militärischer Macht, die ein Herrschaftssystem bildet, das von
mächtigen Nationen angeführt wird, um ihre eigenen Interessen zu schützen und
zu verteidigen. (AC 11)*

Wie an vielen anderen Stellen auch, ist die Erklärung von Accra als sprachliche
Gattung nicht immer eindeutig zu klassifizieren. Es ist nicht die Sprache des
Bekenntnisses, die in diesem Artikel gesprochen wird und es ist auch nicht die
Form eines Statements, sondern eher ein Ausdruck der Reflexion über den Gegenstand ‚Imperium' seine Manifestation und das eigene Eingebundensein – mit
allen Rückzugslinien die nötig sind, um allzu deutliche Apodiktik zu vermeiden.
Die Generalversammlung in Accra hatte um diesen Artikel in der Glaubenser-
klärung gerungen – und wahrscheinlich ist er deshalb semantisch auch so schwer
zu bestimmen. Dennoch ist gerade das ein Glücksfall für die Diskussion darüber.
„Angemessen und erkenntnisfördernd" sei die Rede vom Imperium, so *Peter Bukowski* der Moderator des Reformierten Bundes in Deutschland.[1] Angemessen
und erkenntnisfördernd deshalb, weil die Rede vom Imperium den Blick dafür
schärft, welche Machtkonstellationen politisch wirksam werden, welche Koalitionen von Wirtschafts- und Militärinteressen sich etabliert haben. Die Rede vom
Imperium zwingt zur Analyse.

Was später in der Rezeption des Nordens immer wieder behauptet wurde – hier
gehe es um Formulierungen, die Schuldzuweisungen transportieren und um
Auseinandersetzungen, die ‚zwischen den Zeilen' stattfinden, kann man vor diesem Hintergrund zunächst nicht recht nachvollziehen.

‚IMPERIUM' – EIN ALTER BEGRIFF FÜR HERRSCHAFT NEUEN TYPS

Was in der Erklärung von Accra über die Struktur von ‚Imperium' ausgesagt
wird, ist längst Konsens in anderen Fachdisziplinen – etwa der Politikwissen-
schaft, die sich zur gleichen Zeit intensiv mit dem Thema ‚Imperium' beschäftigt
hat. Das Thema ‚Imperium' als Gegenstand konservativer wie linker Analyse ist
in diesem Zusammenhang geradezu en vogue.

Nicht nur *Michael Hardt* und *Antonio Negri* haben eine lucide Analyse des ‚Imperiums neuen Typs' vorgelegt, auch andere Wissenschaftler haben die neuarti-
gen Machtstrukturen der globalisierten Welt beschrieben. Was ein Imperium
ist, wie es funktioniert – oder auch, wie es eben nicht funktioniert, welcher in-

---

1 http://www.kirchentag2007.de/presse/dokumente/dateien/BIB_9_1266:   „Als
theologische Bestimmung ist die Rede vom Imperium (ebenso wie Jesu Gebrauch
des Worte Mammon) angemessen und erkenntnisfördernd, gerade weil sie den Blick
dafür schärft, dass politische bzw. wirtschaftliche Kräfte und Konstellationen uns
gleichsam personhaft gegenüberstehen und uns beherrschen."

neren Logik es folgt, ob es im globalen Kontext möglicherweise sogar gebraucht wird und unter welchen Voraussetzungen, die Frage nach den Grundlagen imperialer Herrschaftsstrukturen im Zeitalter der Globalisierung, die Differenzen zum klassischen ‚Imperium' der alten Zeit, die neuen Bündnisse, Kombattanten, technischen Herrschaftsinsignien und Kommunikationsreichsäpfel wurden hier hinlänglich beschrieben und auf die leicht zu identifizierenden Imperien des globalen Zeitalters angewendet.

Antonio Negri und *Michael Hardt* beschreiben es so:

„Im Gegensatz zum Imperialismus etabliert das Empire kein territoriales Zentrum der Macht, noch beruht es auf von vornherein festgelegten Grenzziehungen und Schranken. Es ist dezentriert und deterritorialisierend, ein Herrschaftsapparat, der Schritt für Schritt den globalen Raum in seiner Gesamtheit aufnimmt, ihn seinem offenen und sich weitenden Horizont einverleibt. Das Empire arrangiert und organisiert hybride Identitäten, flexible Hierarchien und eine Vielzahl von Austauschverhältnissen."[2]

Im Gegensatz zu mancher kirchlichen Stellungnahme beschreiben *Negri* und *Hardt* die Imperien neuen Typs eben nicht als totalitär und damit unabwendbar und absolut,[3] sie liefern zugleich auch die ambitionierte Vision einer demokratischen Weltgesellschaft, die sicherlich nicht unumstritten ist, aber dennoch zeigt, dass „eine andere Welt möglich ist."[4]

Zu einer durchaus auch süffisanten Analyse kommt der Politikwissenschaftler *Herfried Münkler:*

„Imperium zu sein ist nicht nur die reine Lust"[5]

2   Hardt, Michael/Negri, Antonio, Empire, Die neue Weltordnung, Frankfurt/Main 2002, 11.
3   Vgl. Hardt, Michael/Negri, Antonio, Multitude, Krieg und Demokratie im Empire, Frankfurt/Main, 2004.
4   „Stark vereinfacht könnte man sagen, dass die Globalisierung zwei Gesichter aufweist. Auf der einen Seite umspannt das Empire mit seinen Netzwerken von Hierarchien und Spaltungen den Globus; (…) Andererseits bedeutet Globalisierung aber auch, dass neue Verbindungen des Zusammenwirkens und der Zusammenarbeit entstehen, die sich über Länder und Kontinente hinweg erstrecken und auf zahllosen Interaktionen fußen. Dieses zweite Gesicht der Globalisierung bedeutet nicht die weltweite Angleichung einer und eines jeden; es bietet uns vielmehr die Möglichkeit, unsere Besonderheit zu wahren und das Gemeinsame zu entdecken, das es uns erlaubt, miteinander zu kommunizieren und gemeinsam zu handeln." A.a.O., 9.
5   Münkler, Herfried, Imperien, Die Logik der Weltherrschaft – vom Alten Rom bis zu den Vereinigten Staaten, Hamburg 2008, 184ff.

Imperien seien nicht „Gestalten von sentimentaler Literatur und cineastischen Reminiszenzen". Imperien gibt es und sie unterliegen, so Münkler, einem „Formwandel imperialer Ordnung".

Nach *Münkler* treten ab dem 20. Jahrhundert neue Formen imperialer Systembildungen auf, die sich nicht mehr auf territoriale Präsenz und Militarisierung beschränken. Elemente wie wirtschaftliche Integration, Kontrolle technologischer Innovationen und Wirtschaftsrecht erhalten eine zentrale Funktion, wobei diese Aspekte bereits im Imperium Romanum eine Rolle gespielt haben, aber sie haben heute ein anderes Gewicht.

Andere Fragen sind Dauerbrenner imperialer Politik: die Ressourcenfrage, die Wirtschaftspolitik, Rechtscodizes.

Dagegen haben es die Imperien heutiger Provenienz an anderer Stelle in der Tat nicht immer leicht, denn sie haben die Medien der versammelten Weltöffentlichkeit am Hals – jedenfalls dann, wenn sie nicht so weit gehen, das Internet abzuschalten, wie China. Diese Öffentlichkeit schafft Bewusstsein und steckt den imperialen Gelüsten auch schon einmal deutliche Grenzen, etwa wenn es zu viele Opfer kostet, Imperium zu sein, wenn der Preis zu hoch ist. Oder wenn viele Menschen feststellen, dass viele andere Menschen ebenfalls Opfer werden.

Zu den wichtigsten Erkenntnissen gehört, dass sich heutige Imperien mit dem Niedergang des kolonialen Imperialismus und unter den Bedingungen der Globalisierung vollkommen von denen ‚der Vorzeit' unterscheiden. Neue Imperien zeichnen sich durch eine heterogene Machtpolitik aus. Dazu gehört in neueren Zeiten nicht unbedingt eine aggressive Eroberungspolitik klassischer Provenienz: Truppen marschieren ein, um das Land zu erobern. Ob eine Macht ein Imperium ist, zeigt sich nicht an den eroberten Quadratkilometern, sondern daran wie es der Macht gelingt die Macht einzusetzen, wie die Macht gesichert wird und mit wem. Ein Imperium ist auch nicht ‚das Amerika', ‚die Europäische Union', ‚das Land X', sondern, wie es die Accra-Erklärung treffend beschreibt eine ‚Zusammenballung'. Die Macht des Imperiums zeigt sich nicht unbedingt durch die sichtbare Anwesenheit imperialer Sturmtruppen, sondern durch Geldströme, die auf imperiale Weisung hin fließen, durch Kommunikation, die geformt und bestimmt wird durch imperiale Kommunikationsvorherrschaft und das divide et impera von Bündnissen mit dem Imperium und seinen Satelliten.

EIN IMPERIUM IST EINE MACHTZUSAMMENBALLUNG.

Was macht die Macht aus? Während man einen Teil der Macht des römischen Imperiums auf der Landkarte kenntlich machen konnte, sind Imperien moderner Provenienz nicht mehr mit Landesgrenzen zu beschreiben. Moderne Imperien macht man sichtbar durch die Kennzeichnung von Kapitalströmen, den Fluss von Waren und Dienstleistungen, die Kontrolle von Kommunikationssystemen und Brain-drain. Die Grenzen moderner Imperien verlieren sich, wie der Politikwissenschaftler *Herfried Münkler* sagt, „in der Weite des Raums".[6] Allerdings tun sie dies dauerhaft nur dann, wenn es ihnen gelingt die ‚*augusteische Schwelle*' zu überschreiten: *Münkler* hat als Konstituens jedes imperialen Gebildes dessen Fähigkeit ausgemacht, die eigenen Peripherien am Wohlstand des imperialen Zentrums partizipieren zu lassen. Im Fall des zur Diskussion stehenden Imperiums USA bedeutet dies ganz praktisch, dass die fortwährende militärische Sicherung der eigenen Interessen auf Dauer „zunehmenden Widerstand, erhöhte Kosten und verstärkten Unmut an der Heimatfront" provoziert.[7] Schon deshalb wird kein Imperium auf Dauer durch Machtakkumulation und Militäreinsatz überleben können.

Legt man diese Überlegungen zugrunde, dann versteht es sich von selbst, dass wir sehr wohl auch heute davon sprechen müssen, dass es Machtballungen und Machtzentren gibt, die diese Kriterien erfüllen, die eine machtvolle Expansionspolitik betreiben, die sich heutzutage nicht mehr durch die Eroberung ferner Länder ausdrückt, sondern die sich moderner Mittel bedient: ein postimperialer Imperialismus. Wer wollte bestreiten, dass es sich bei China um ein Imperium handelt?[8]

Die Reserve der europäischen Kirchen im Umgang mit der Diskussion um „das Imperium" lässt sich aus diesem Grund kaum damit erklären, dass es nicht ausreichend beschrieben, bzw. definiert oder untersucht wäre.

Die Erklärung von Accra formuliert genau in diesem Duktus: Imperium ist eine *Konzentration von wirtschaftlicher, kultureller, politischer und militärischer Macht, die ein Herrschaftssystem bildet, das von mächtigen Nationen angeführt wird, um ihre eigenen Interessen zu schützen und zu verteidigen. (AC 11)*

Umso mehr verwundert es, welche Wirkung dieser Artikel 11 auf die Diskussionen nach Accra gehabt hat.

6   Münkler, Herfried, Neues vom Imperium, Das alte Rom und der 11.September. Reflexionen über politische Ordnungen im Anschluss an Montesquieu, in: Die Welt, 12. Februar 2005.

7   Fisch, Jörg zu Herfried Münkler: Die Wiederkunft des Imperiums, in: Neue Zürcher Zeitung vom 20. Juli 2005.

8   Einen interessanten Einblick in die chinesische Einflussnahme in Afrika gibt Prinz Kum'a Ndumbe III in seiner Einführung „Was uns in die Chinesen zeigen" zum Kapitel „Kompliziertes Afrika" in „Atlas der Globalisierung, sehen und verstehen was die Welt bewegt". Le monde diplomatique, 2009.

Imperium

Aspekte einer schwierigen Geschwisterbeziehung

Während die Kirchen in Europa die Verwendung des Begriffs schnell für wenig hilfreich erklärt hatten, war und ist er für die Kirchen des Südens der Schlüsselbegriff im Umgang mit ihrer eigenen Geschichte und den Strukturen der Globalisierung. Das Thema Imperium erfährt in ihrer Wahrnehmung und Nacharbeit breite Aufmerksamkeit. Vor dem Hintergrund ihrer Erfahrungen von Kolonialismus und Unterdrückung benennen sie hiermit die ausbeuterischen Strukturen einer ungeregelten Globalisierung und verstehen die Rolle der Kirche im Kontext des Imperiums als die einer weltweiten Bewegung, die die Stimme erheben und prophetisches Zeugnis gegen die lebenszerstörenden Konsequenzen einer neoliberalen Globalisierung geben muss.

Imperium ist in dieser Wahrnehmung die Reinkarnation des neutestamentlichen Babylons – des Imperium Romanum, das antichristlich Leben zerstört und Gottes Schöpfung vernichten will. Imperium, das sei die metaphorische Vision des Widersachers, der existentiell zerstörerischen Macht, die Gott leugnet. Die Diskussion über das Imperium erfordere apokalyptische Sprache um die Tiefe der Bedrohung wirklich auszuloten. Das Vorhandensein des Imperiums, so immer wieder Stimmen aus dem Süden, stelle existentielle Fragen an den Glauben und das Bekenntnis. Es sei a priori und durch seine Struktur lebenstötend und gegen die Schöpfung Gottes agierend.

Es ist in den Diskussionen deutlich geworden, dass die Lebenssituation vieler Menschen im Süden so hoffnungslos und elend ist, dass die Beschreibung dieser Realität in starken Bildern nötig und hilfreich ist und dass die Sprache kirchlicher Erklärungen und Schlussdokumente eben diesen Willen zu starken Botschaften zum Ausdruck bringt!

Für die Kirchen in Europa war es schwer, wenn nicht sogar unmöglich, dieser Definition zu folgen. Die ursprünglich so realpolitische und ausgewogene Definition in der Erklärung von Accra und die Beschreibung eines oder mehrerer Imperien als real existierende ordnungspolitische Modelle und damit ihre analytische Entzauberung erfuhr mit der Transzendierung in der Rezeption des Südens plötzlich eine für den Norden unakzeptable Aufladung.

Dies wurde in Ablehnung, Verweigerung, deutlich geäußertem Missfallen und mancherorts gar Polemik zum Ausdruck gebracht. Eine Reaktion auf die Erklärung von Accra und die Verwendung des Imperiumbegriffs wurde vorgelegt unter dem Titel: „Was der Reformierte Weltbund auch hätte beschließen können":[9]

„Alle diese Staaten (Südkorea, Australien, China, Indien) liberalisierten ihre Wirtschaftsordnung hin zu marktwirtschaftlichen Mechanismen, manche zunächst nur

9   Lucke, Bernd, Was der Reformierte Weltbund auch hätte beschließen können. Evangelisch-reformierte Kirche Hamburg, 2004 (Manuskript zur Diskussion der Synode 2005).

unfreiwillig und unter militärischem Druck der USA. Aus diesen und ähnlichen Entwicklungen ist entstanden was der RWB als ,Imperium' verunglimpft. Unbestrittenermaßen können die meisten Menschen sich glücklich schätzen, in diesem Imperium zu leben. "[10]

Es wird klar, dass solcher Zynismus nicht zu einer sachlichen Kontroverse beiträgt. Mehr noch: Plötzlich war es nicht mehr spannend darüber zu diskutieren, wo das Imperium seine unheilvolle Macht entwickelt, sondern man bewegte sich in der Nord-Süd Diskussion auf dem Feld emotionsgeladener Metabotschaften einer nicht immer anstrengungsfreien Geschwisterbeziehung: Die Verwendung des Begriffs ,Imperium' wurde zum Schibboleth für: Annahme oder Ablehnung! Kniefall oder Martyrium! Für Imperium oder dagegen! Und damit zugleich: Für die Entrechteten und Opfer, oder dagegen! Für die Geschwister im Süden oder dagegen! Wer über Imperium diskutieren will, ist gut, wer den Begriff ablehnt, steht im Verdacht sein Agent zu sein. Wer nicht bekennt, ist Kombattant. Damit wurden die Imperien, die unsere Welt tatsächlich beherrschen in der ökumenischen Debatte zu *dem Imperium* eingeschmolzen, dessen Totalität einen Widerstand nur noch in Bekenntnisformulierungen zulässt, die zugleich zum Maßstab geschwisterlicher Solidarität erklärt werden.

Dabei ist eines klar auch für die Menschen in Europa: Wo eklatante Ungerechtigkeiten sichtbar werden, wo Menschen leiden und bedroht sind, da ist *natürlich* das Bekenntnis zur Gnadenzusage Gottes und die Solidarität mit den Schwachen gefordert. Mit der theologischen Aufladung des ursprünglich möglicherweise konsensfähigen und so nüchtern beschriebenen globalen Machtfaktors ,Imperium' und seinen verschiedenen Erscheinungsformen wurde aber erstens der Anschein einer lebensbedrohenden Omnipotenz auf allen Ebenen erweckt, gegen die anzutreten schlichtweg aussichtslos erscheint und zweitens ein Dauervorwurf der Komplizenschaft an den Norden erhoben, der zwar selten deutlich formuliert oft aber ,mitgemeint' war.

Die Kirchen im Norden haben die Antwort auf die Frage nach ihrer Verstrickung in globale Ausbeutungsstrukturen allzu häufig mit dem Hinweis vermieden, dass sie hoch engagiert seien und das Thema Gerechtigkeit prominent auf den Tagesordnungen ihrer Versammlungen diskutierte. Und dennoch bleiben die ganz konkreten Fragen: nach unserem Energieverbrauch, wenn dieser nur mit Steinkohle aus südafrikanischen oder kolumbianischen Bergwerken gedeckt werden kann – mit Arbeitsbedingungen, die unhaltbar und gefährlich sind; nach unserem Ernährungsverhalten, wenn die Reste unseres Hähnchenkonsums nach Ghana verschifft werden und dort nicht nur Menschen krank machen, sondern

---

10 Ebd.

auch heimische Wirtschaftszweige zerstören. Und das sind nur zwei Beispiele unter vielen.

Über diese konkreten Fragen hinaus, ist die Diskussion über die Existenz und Form eines wie immer sich darstellenden Imperiums aber eben auch eine Stellvertreterdebatte, die in der kirchlichen Diskussion äußerstes Unbehagen hervorgerufen hat, zeigt sie doch auch die Schwierigkeiten, sich mit den Erfahrungen einer manchmal heillosen Geschichte im geschwisterlichen Gegenüber aufeinander einzulassen und die Kontexte des jeweils anderen wirklich wahr zu nehmen. So wurde im nebeligen Gewaber des Impliziten das Gespräch schwierig.

Manches hat in dieser Diskussion zu Recht Verwunderung – ja Verdruss hervorgerufen: Wenn zum Beispiel Regierungen in den Ländern des Südens ihre emanzipatorischen Freiheit darin sehen, Entwicklungsangebote aus dem Norden mit der Begründung abzulehnen, die Bindung an die Einhaltung von Menschenrechten oder Arbeitsschutzvorschriften sei der reine Paternalismus, um sodann ein voraussetzungsfreies Angebot aus China anzunehmen und die eigenen Menschen ohne Arbeitsschutz arbeiten lassen, müssen sie sich die Anfrage an die ethische Integrität gefallen lassen und auch die Diskussion darüber, wer nun eigentlich das Imperium ist und welcher Mittel es sich bedient.

Auf der anderen Seite kann der ständig repetierte Hinweis auf Missstände, Korruption, Intransparenz und Illoyalität gegenüber den eigenen Bürgerinnen und Bürgern, wie man es immer wieder in den Diskussionen des Nordens über den Süden hört, nicht die Tatsache leugnen und schon gar nicht beheben, dass viele Menschen in den Ländern des Südens in Lebenssituationen existentieller Bedrohung und Bedrückung leben. Und auch die sehr berechtigte Frage nach der Verantwortung der wohlhabenden Länder des Nordens ist damit weder beantwortet noch im Entferntesten behandelt. Wo die Geschwister ‚der einen Seite‘ mit dem Antikolonialismusreflex die gute Absicht totschlagen, entziehen sich die Geschwister ‚der anderen Seite‘ mit pauschal geäußerten Korruptionsvorwürfen der kritischen Reflexion.

Von diesen Schauplätzen geschwisterlicher Konfliktbearbeitung abgesehen, ist möglicherweise auch die Feststellung hilfreich, dass die Menschen im Norden einen grundsätzlich anderen Zugang zur Analyse der Strukturen, in denen Globalisierung sich abspielt, haben als die im Süden. Der argentinische Theologe *René Krüger* beschreibt das so:

„In the North, a method of evaluation is frequently used which sets the positive and negative aspects and elements of neoliberal globalization side by side, and then tries to advise how to check the negative effects and combat the disadvantages, in line with the logic 'keep the good and correct the bad.' [...] In contrast, attention in the South of the globe is repeatedly drawn to the extensive negative effects of the globalized world economic system.

The subjection of all humanity and nature to the logic of barefaced acquisition of ever more capital is denounced as inhumane, sinful and contemptuous of life."[11]

Krüger nennt den Zugang des Nordens „an abstract quest for truth" und insofern eine akademische Debatte: weltfremd und nicht brauchbar – den Zugang des Südens hingegen nennt er „the concrete urgency of survival and the search for justice, for which the starting point lies in analysis of the living conditions of human beings who have been harmed by neoliberal globalization."[12]

Beide Zugänge haben ihre Schwächen: Wer in kühler Bedachtheit die Analyse zu einem ‚Vor- und Nachteileranking der Globalisierung' macht, der erfasst wesentliche Punkte nicht, wird nicht im Herzen angesprochen vom Leiden derer, die betroffen sind und muss sich nicht einlassen auf deren Klage und seine eigene Verantwortung.[13] Und wer seine Analyse darauf beschränkt Ungerechtigkeit und Inhumanität zu beschreiben und zu beklagen, kommt nicht an die tatsächlichen Strukturen, findet nicht den Schlüssel zur inneren Systematik dieser Vorgänge, muss auch nicht den eigenen Anteil an diesen Zuständen finden und muss sich nicht selbstkritisch nach der eigenen Verantwortung fragen.

Bei vielen ökumenischen Versammlungen war gerade dieser unterschiedliche Zugang häufig der Auslöser für Verstimmungen und Konflikte: wenn etwa Menschen aus dem Süden über konkrete, oft schwere Lebenssituationen berichteten und aus dem Norden sogleich mehr oder weniger abstrakte Analysen und Handlungsanweisungen geliefert wurden, die sich nicht die Zeit nahmen einen Augenblick in der Anteilnahme zu verweilen und erst dann politische Tagesordnungen zu diskutieren. Dieses Denken im Gegenüber hat bezogen auf die sehr hilfreiche Diskussion über globale Machtstrukturen Reibungswiderstände erzeugt, die insgesamt eine tiefergehende Diskussion über imperiale Strukturen der Globalisierung mindestens verzögert haben. Schuld daran waren gewiss die unterschiedlichen Rezeptionen, aber auch die verschraubte Semantik mancher Erklärung aus dem Süden.

Ein Beispiel dafür, wie leichtfertig komplexe politische Strukturen mit dem Begriff ‚Imperium' zum ideologischen Einheitsbrei gerührt werden, zeigt in der

11 Krüger, René, The Biblical and Theological Significance of The Accra Confession. A Perspective From The South, in: Reformed World Vol. 55 (2005), 226.

12 Ebd.

13 Der kamerunische Politikwissenschaftler Munasu Duala-M'bedy beschreibt in seinem 1977 erschienen Buch „Xenologie – Die Wissenschaft vom Fremden und die Verdrängung der Humanität in der Anthropologie", die Verstrickung der ehemaligen Kolonialmächte in die Wahrnehmungskontexte „des Fremden als das Eigene" und ihre Flucht aus der Empathie in die Rationalisierung - mit der Folge eines tiefen Verständigungsproblems, dass bis in die wissenschaftliche Beschreibung anthropologischer Zusammenhänge rückwirkt.

Erklärung der Teilnehmer der Manilakonsultation (2005) die Beschreibung der politischen Situation in Nordkorea:

„Nordkoreas Wirtschaft, bereits geschwächt durch die Verheerungen der neoliberalen Globalisierung, wurde zusätzlich noch an den Rand gedrängt durch das US-Handelsembargo und ökonomische Sanktionen. (…). Die USA verweigern bilaterale Gespräche und die Normalisierung der Beziehungen zu Nordkorea. Sie dämonisieren das Land, nennen es einen Teil der „Achse des Bösen" in der Hoffnung einen Regimewechsel zu erzwingen. Dies hat Nordkorea provoziert, nukleare Bewaffnung anzustreben, was wiederum Spannungen verschärft und den Rüstungswettlauf in Nordostasien antreibt."[14]

Was soll man dazu ernsthaft sagen? Wer in dieser Weise Täter zu Opfern macht, missbraucht die tatsächlichen Opfer, gesteht ihnen keine anteilnehmende und sorgsame Betrachtung ihrer Situation zu, macht sie zum zweiten Mal zu Opfern, indem sie instrumentalisiert werden. Wer die verbrecherische Politik Nordkoreas auch gegenüber den eigenen Menschen zur Reaktion auf eine Provokation versimpelt, der beschreibt politische Realitäten in einem Holzschnitt, der fahrlässig und schädlich ist. Im „Manilapapier" findet sich eine politikwissenschaftlich höchst fragwürdige Analyse realer Strukturen, der mit der theologischen Kategorisierung zum ‚Imperium' eine Dignität beigelegt werden soll, die die agitative Absicht kaum verschleiert.

Vom ‚Imperium reden' ist, wie dieses Beispiel zeigt, sprechakttheoretisch nicht allein die Benennung des Gegenstandes, es ist gleichermaßen Sprechen *und* Handeln, das Reden wird sozusagen aufgeladen mit Kollateralthemen: Kapitalismuskritik, Imperialismustheorie, apokalyptischer Exegese und den Untiefen einer gemeinsamen Geschichte. Über das Imperium zu sprechen, ist ein hochpolitischer Akt.

HERRENLOSE GEWALTEN: EINE BRÜCKE ÜBER DEN GARSTIGEN GRABEN

Wir haben seit der Versammlung in Accra darüber gestritten und darum gerungen eine Grundlage zu finden, auf der die Verständigung über die Bedeutung des Begriffs ‚Imperium' möglich ist.

Gemeinsam und voneinander lernend haben wir uns auf Erkenntniswege begeben, die uns Einsichten in die jeweiligen Identitäten und Traditionen eröffnet haben. Wir haben voneinander gelernt, dass das Thema ‚Imperium' nicht nur

14 An Ecumenical Faith Stance Against Global Empire For A Liberated Earth Community. http://warc.jalb.de/warcajsp/side.jsp?news_id=809&part_id=0&navi=6 (Übersetzung).

eine Frage realer politischer Konzeption ist, sondern dass sich in diesem Thema die ganze Bandbreite des reformierten Geschwisterverhältnisses widerspiegelt. Dazu gehören die alten Verletzungen durch Imperialismus und Kolonialismus ebenso wie die Blindheit gegenüber dem Engagement und dem Willen etwas gut zu machen.

Das Imperium – oder vielmehr seine Rezeptionsgeschichte seit 2004 – hat uns verdeutlicht, dass wir allzu sehr dazu geneigt waren, im ‚wir hier' und ‚die da' zu denken. Umkehrbar und in gewisser Weise beliebig, ganz egal aus welcher Richtung der Welt man drauf guckt. Manchmal konnte man den Eindruck haben, dass es eben keinen Weg gibt, der in diesem Punkt zum Konsens führt. Weil die Stolpersteine auf den Wegen einfach zu groß sind, alte Rechnungen, koloniale und antikoloniale Identitäten, kulturelle Verschiedenheiten und nicht zuletzt die Sprache, die doch niemals so ganz genau umfassen konnte, was da alles in Bewegung gekommen ist.

Und doch: Unsere Gespräche und Diskussionen, das Ringen und Suchen nach einer Brücke zueinander, der letztlich eben doch gute Wille auf beiden Seiten und die Einsicht, dass es nicht ohne einander geht, haben es möglich gemacht, eine gemeinsame Basis für die Diskussionen über das Imperium zu finden.

In den Gesprächen der Evangelisch-reformierten Kirche (EKR) und der Uniting Reformed Church in Southern Africa (URCSA), aber auch und vor allem bei dem 2009 initiierten ‚Global Dialogue in South Africa' hat sich – in Anlehnung an *Karl Barth* - eine Definition durchgesetzt, die inzwischen weitgehend Konsens geworden ist und den Weg zu gemeinsamem Handeln geöffnet hat:[15]

„We speak of empire, because we discern a coming together of economic, cultural, political and military power in our world today. This is constituted by a reality and a spirit of lordless domination, created by humankind. An all-encompassing global reality serving, protecting and defending the interests of powerful corporations, nations, elites and privileged people, while exploiting creation, imperiously excludes, enslaves, and even sacrifices humanity. It is a pervasive spirit of destructive self-interest, even greed – the worship of money, goods and possessions; the gospel of consumerism, proclaimed through powerful propaganda and religiously justified, believed and followed. It is the colonization of consciousness, values and notions of human life by the imperial logic; a spirit lacking compassionate justice and showing contemptuous disregard for the gifts of creation and the household of life."

---

15 Zum Begriff der ‚herrenlosen Gewalten' bereits 2006: Plasger, Georg, Das Imperium - ein theologisch brauchbarer Begriff?, http://www.reformiert-info.de/side.php?news_id=264&part_id=0&part3_id=56&navi=3.

Karl Barth beschreibt, wie der Mensch mittels seiner Fähigkeiten Entwicklungen initiiert, aber dennoch die Eigendynamik dessen, was er ins Werk setzt, nicht kontrollieren kann. Was *Barth* ‚herrenlose Gewalten' nennt, ist der entfesselte Tunichtgut des Menschen. Die Mächte, die er autorisiert in der Beschränktheit seiner Einsicht, seines Tuns und Wollens.[16]

Klare Strukturanalysen und die hellsichtige Beschreibung der Umstände unserer globalisierten Welt helfen wohl zur Erkenntnis, jedoch produzieren sie im gleichen Maße Rat- und Hilflosigkeit. Die mythologische Rede von den ‚herrenlosen Gewalten' stellt unserer wissenschaftlich-rationalen Perspektive eine andere, eine erweiterte Wahrnehmung zur Seite. Es sind die Mächte, die wir nicht mit Sprache abbilden können und es sind die Kräfte, die uns geneigt sein lassen, vom ‚Dämonischen' zu sprechen, ohne dass uns das im Entferntesten der letzten Verantwortung entledigt oder freispricht. Es ist die mythologische Rede, die etwas beschreibt, für das uns die Worte fehlen. Mit ihr können wir unsere Ohnmacht, unser Verstricktsein und unsere Hilflosigkeit bei aller guten Absicht in Worte fassen.

Mythologische Redeweise fasst das Unfassbare in Bilder. Es ist eine zweite Verständnisebene, die andere Zugänge zu den Gegebenheiten dieser Welt ermöglicht. Es legt sich also nicht nahe ‚rationales' gegen mythologisches Reden auszuspielen, denn im Zusammenklang liegt der große Gewinn dieses neuen Zugangs. Wenn wir davon sprechen ‚in der Hand Gottes geborgen zu sein', dann ist die Frage danach wie viele Finger uns denn festhalten trivial. Mythologische Redeweise, bedeutet verschiedene Zugänge zu menschlicher Wirklichkeit zu finden, die voneinander vollkommen unabhängig und selbstständig Erfahrung und Wissen erschließen.

In der weiteren Debatte um die ‚herrenlosen Gewalten' wird es spannend sein, die Parallelen der Definition von *Karl Barth* zum Beispiel mit der *Marx'schen* Fetisch-Theorie näher zu betrachten und die Beschreibung des Kapitalismus als ‚Idol' genauer in diesen Zusammenhang zu stellen. Vermutlich ergeben sich hier präzise Beschreibungen schädlicher Machtverhältnisse und Abhängigkeitsstrukturen im Rahmen der Globalisierung.

Bei aller Freude über diese gemeinsame Position: Die neue Definition kann nicht die Lossprechung von der Verantwortung des Einzelnen sein. Es kann nicht der Anlass zum befreiten Zurücklehnen werden. Die ‚herrenlosen Gewalten' dürfen nicht als ‚deus-ex-machina'-Automatismus oder als rhetorischer Kniff missbraucht werden, der uns flugs aus der Diskussion über die ungerechten Strukturen der Globalisierung und unseren Anteil daran löst. *Barth* selbst entmythologisiert die ‚herrenlosen Gewalten' konsequent und stellt sie in den Seinszusammenhang der realen Welt. ‚Herrenlose Gewalten' - das kann auch

---

16 Karl Barth, Das christliche Leben. Die Kirchliche Dogmatik IV/4. Fragmente aus dem Nachlass. Vorlesungen 1959-1961, Zürich 1976.

– GEMEINSAM FÜR EINE ANDERE WELT –

nicht heißen, dass das Böse in dieser Welt, lediglich Ergebnis verhängnisvoller Verstrickungen sei, dass die Verwerfungen der Globalisierung, Ausbeutung, Unterdrückung, hemmungslose Machtansprüche, einfach unkontrollierbar frei flottieren, quasi als ein Betriebsunfall des freien Willens.

Die Differenzierung im Reden über ‚das Imperium' – das theologische, metaphorische Reden einerseits und das realpolitische Reden über globale Machtstrukturen andererseits – haben so neue Möglichkeiten im Umgang mit einem schwierigen Topos eröffnet. Im innerreformierten Dialog hat diese Erweiterung der Begrifflichkeit zum entscheidenden Durchbruch verholfen. Einerseits nimmt sie die Hilflosigkeit vieler Menschen im Norden und auch die Scham darüber, in den ‚imperialen Strukturen' letztlich doch auf der Gewinnerseite zu stehen ernst, ohne auf die realpolitische Systematisierung in Gewinner- und Verlierer wirklich Einfluss nehmen zu können. Andererseits fordert die Feststellung der Existenz ‚herrenloser Gewalten' umso mehr die kritische Reflexion und die spirituelle Verarbeitung dieser Konsequenzen.

Die kubanische Theologin *Ofelia Ortega* beschreibt die Ambivalenz dieser Wahrnehmung klar aber mit der profunden Gewissheit, dass hier das letzte Wort nicht gesprochen ist:

„The Empire functions today, as never before, through colonization of subjectivity. It is a complex construction of a colonized subjectivity. This is more than imperial ideology - we are facing an imperial subjectivity – which ends up in suicidal annihilation of the human being, of human freedom, of human judgement, and from a dreadful ecological perspective, of human and natural life on the Earth. (…) Paul, the militant of anti-imperial eschatology, announces that imperial reality is ending. There will be an "after the Empire", an after every empire, also of this one, because the empire is just the face of this world, never its truth. Above and against the final word of the empire, the cross, there comes Gods' truth, Resurrection. It is a beyond, beyond the power of the empire, beyond the ideology of the empire, beyond imperialized subjectivity."[17]

Unsere eigene Beschränktheit und unser Getriebensein endlich in Worte fassen zu können, lässt uns in aller Demut beten und um Gottes Leitung und seine verändernde Kraft bitten.

Es ist nun vielleicht zum ersten Mal möglich, trennscharf zu sprechen: Die notwendige theologische Rede über das Imperium und die Konsequenzen für unseren Glauben aus dem Absoluten und der eschatologischen Aufladung zu lösen und herauszuarbeiten, wie mithilfe der politikwissenschaftlichen Analyse

17 Ortega, Ofelia, Communion and Justice, Diskussionsbeitrag zum Global Dialogue, September 2009, Johannesburg.

Klarheit über unsere Möglichkeiten und Chancen für gerechtere Strukturen der Globalisierung zu finden sind. Auf diese Weise ist die Rede vom Imperium nicht abstrakt, sondern höchst konkret geworden.

Martina Wasserloos-Strunk, (1963) ist Politikwissenschaftlerin. Seit 2002 ist sie Mitglied im Moderamen des Reformierten Bundes. Sie betreut hier den thematischen Schwerpunkt „Justice and Economy". In den letzten Jahren hat sie europäische Perspektiven in den Dialog mit den Kirchen des Südens eingebracht und war Referentin im Globalisierungsprojekt der Evanglisch-reformierten Kirche (Deutschland) und der Uniting Reformed Church in Southern Africa. Seit 2011 ist sie Vizepräsidentin des europäischen Gebietes der Weltgemeinschaft Reformierter Kirchen.

ETHIK
8

Klimagerechtigkeit und Steuergerechtigkeit: Der Schlüssel zur globalen Ethik

CHRISTOPH STÜCKELBERGER, GENF, SCHWEIZ

Gerechtigkeit, die auf Gleichheit basiert, ist ein wesentlicher Wert in allen Wertesystemen weltweit: Dazu gehören alle Weltreligionen, nichtreligiöse philosophische Systeme sowie Weltanschauungen. Doch gibt es offensichtlich mannigfache Interpretationen des Inhalts und der Bedeutung von Gerechtigkeit/ Verteilungsgerechtigkeit, ihrem Vorrang gegenüber anderen Werten und ihrer konkreten Anwendung. Die in vielen Stammestraditionen weltweit vorkommende Blutrache entspricht nicht derselben Gerechtigkeit wie die ,neue Gerechtigkeit' der Bergpredigt Jesu mit seiner Botschaft ,liebe deine Feinde'. In Anerkennung dieser Vielfalt wurde in internationalen Menschenrechtserklärungen und –konventionen, ebenso wie im internationalen Recht, von der weltweiten menschlichen Gemeinschaft ein beachtliches Maß an gemeinsamem Verständnis von Gerechtigkeit erreicht. Der folgende Beitrag beginnt mit einer kurzen Beschreibung der *Beziehung zwischen globaler und kontextueller Ethik*. Kapitel 2 und 3 entwickeln dann Prinzipien einer globalen *Klimagerechtigkeit* und wenden diese auf die aktuellen politischen Debatten der Klimapolitik an. Auf ähnliche Weise werden dann in Kapitel 4 und 5 Grundsätze der *Steuergerechtigkeit* auf das virulente Thema der Steuerhinterziehung und Steuergerechtigkeit der Industrienationen und Entwicklungsländer angewendet. Der Hintergrund des Autors ist die evangelisch-reformierte Theologie und Ethik; trotzdem entwickelt dieser Artikel keine speziell theologischen und reformierten Rechtfertigungen für die verschiedenen Grundsätze und Dimensionen der Gerechtigkeit. Für grundlegende Fragestellungen sei hier auf andere Veröffentlichungen hingewiesen.[1]

---

1 Siehe z.B. Stückelberger, Christoph/ Mathwig, Frank, *Grundwerte. Eine theologisch-ethische Orientierung*, Zürich, Theologischer Verlag, 2007, 74-100; Stückelberger, Christoph: *Global Trade Ethics*, WCC Publications, 2002.

I GLOBALE UND KONTEXTUELLE ETHIK

Die heutige globalisierte, voneinander abhängige Welt benötigt gemeinsame Werte für Interaktion und gemeinsames Handeln. Gleichzeitig muss die Vielfalt als Geschenk, sowie Ausdruck der Schönheit und des Reichtums der Menschheit geschätzt werden. Doch in welcher Beziehung stehen die beiden Begriffe zueinander? *Globethics.net* schlägt folgendes Verständnis eines Dialogs über Werte vor:[2]

Globale Ethik verfolgt das Ziel, in den verschiedenen Kulturen, Religionen, politischen und wirtschaftlichen Systemen und Ideologien gemeinsame bindende Werte, Leitlinien, persönliche Werthaltungen und gemeinsame Aktionen zu finden. Eine globale Ethik basiert auf der ethischen Anerkennung der unantastbaren menschlichen Würde, der Entscheidungsfreiheit, persönlicher und sozialer Verantwortung und Gerechtigkeit. Eine globale Ethik erkennt die Interdependenz von allen menschlichen und nicht-menschlichen Wesen an und wendet die grundlegende moralische Haltung von Fürsorge und Empathie auf die ganze Welt an. Eine globale Ethik erkennt grenzüberschreitende Probleme und trägt zu Lösungen bei.
Die globale Ethik trägt zu öffentlichem Bewusstsein und Sensibilisierung für diese grundsätzlichen Werte und Prinzipien bei. Sie sind die Grundlage, auf der der universale Konsens der Menschenrechte aufgebaut ist. Die Menschenrechte sind der konkrete, rechtlich verbindliche Ausdruck dieser ethischen Vision. Die globale Ethik führt zu Vertrauen zwischen Menschen und stärkt Fürsorge und Aktionen für einen globalen Umweltschutz.

Kontextuelle Ethik nimmt die Identität von Personen und Institutionen in ihrem lokalen, kulturellen, religiösen, wirtschaftlichen und politischen Kontext ernst. Eine globale Ethik muss lokal und kontextuell verankert sein, um eine Wirkung auf individuelle Handlungen und soziale Strukturen zu haben. Kontextuelle Ethik kann andererseits isolationistisch werden, wenn sie lokal bleibt und nicht in eine globale Ethik eingebunden ist.
Kontextuelle Ethik schätzt und respektiert Vielfalt in ihren verschiedenen sozialen, politischen, kulturellen und religiösen Formen. Vielfalt bedeutet ein sehr großer Reichtum. Sie kann Verletzlichkeit vermindern und eine Quelle der Nachhaltigkeit sein.
Kontextuelle Ethik trägt zu globaler Ethik bei. Beide zusammen ermöglichen Einheit in der Vielfalt. Alle Kulturen und Religionen können zu globalen Werten beitragen. Der Beitrag von afrikanischen Werten zu globalen Werten zum

---

2 Das folgende Kapitel, hauptsächlich vom Autor verfasst, wurde aus ,*Globethics. net Principles on Sharing Values across Cultures and Religions*', entnommen und ist erschienen auf Globethics.net, Genf 2009. www.globethics.net.

Beispiel besteht darin, dass die Wirklichkeit ein Kontinuum ist, welches die spirituelle, menschliche, pflanzliche, tierische und unbelebte Welt umfasst. Deshalb ist eine Verletzung der Natur unethisch. Dies setzt Verantwortung gegenüber nicht menschlichen Lebewesen, der unbelebten Welt sowie gegenüber dem Kontinuum zwischen vorhergehenden und nachkommenden Generationen voraus.

Globale und Kontextuelle Ethik sind zwei Pole, welche sich gegenseitig herausfordern und unzertrennbar zueinander gehören. Globale und kontextuelle Ethik müssen Machtstrukturen berücksichtigen. Globale Ethik kann dazu missbraucht werden, andere Kulturen, Religionen und Werte zu dominieren. Kontextuelle Ethik hingegen kann dazu missbraucht werden, traditionelle Privilegien oder Macht zu verteidigen. Auf globaler wie auch auf lokaler Ebene tendiert „Macht über Andere" unterdrückend zu sein, während „Macht mit und für Andere" ermächtigen und fördern kann. Macht in der Form von „Macht von" (Macht von Gott, vom Volk durch Wahlen) kann dazu missbraucht werden, unterdrückende Macht zu rechtfertigen. Sie kann aber auch verantwortlich als ermächtigende Macht gebraucht werden mit dem Ziel, die Bedürfnisse der Bedürftigen zu befriedigen und somit der Instanz, von der die Macht stammt, verantwortlich zu antworten.

Globale und kontextuelle Klimagerechtigkeit

Der Klimawandel ist wahrscheinlich die akuteste Herausforderung für die Menschheit, da sie auf je unterschiedliche Weise jeden einzelnen Teil der Erde betrifft und damit unsere anderen Bemühungen im Bereich der Armutsbekämpfung, Bildung, Geschlechtergleichstellung, Umweltverträglichkeit, finanzieller und politischer Stabilität, spiritueller Hoffnung, Frieden etc. beeinflusst. Der Reformierte Weltbund hat auf seiner 24. Generalversammlung in Accra 2004 in seinem Bericht des Ausschusses für öffentliche Angelegenheiten folgende Empfehlung an seine Mitgliedskirchen ausgesprochen: *„Als Verpflichtung aufgrund des Bekenntnisses unseres Glaubens angesichts wirtschaftlicher Ungerechtigkeit und ökologischer Zerstörung"* [...] *empfiehlt die 24. Generalversammlung des RWB[...]: (2.4) Regierungen aufzufordern, ihren internationalen und nationalen Umweltverpflichtungen nachzukommen, wie dem Kyoto-Protokoll gegen globale Klimaerwärmung und dem Cartagena-Protokoll für Biosicherheit; neue Ziele betr. die Klimaerwärmung festzulegen, um den Ausstoß von Treibhausgasen bis 2050 um 60% zu reduzieren; und neue internationale Abkommen zum Schutz des Wassers, des Bodens und der Wälder zu unterzeichnen.*[3]

---

3   Vgl. Accra 2004. Protokoll der 24. Generalversammlung des Reformierten Weltbundes, Genf 2005.

Vor und während der Klimaverhandlungen in Kopenhagen im Dezember 2009 wurde „Klimagerechtigkeit" zum Schlüsselbegriff werteorientierter Bemühungen sowie des Ziels, das angesteuert werden sollte. Doch was bedeutet das?[4]

II KLIMAGERECHTIGKEIT BEDEUTET GERECHTE UND FAIRE MASSNAHMEN, ENTSCHEIDUNGEN, HANDLUNGEN, LASTENVERTEILUNG UND ÜBERNAHME VON VERANTWORTUNG, WAS DIE VORBEUGUNG, EINDÄMMUNG UND ANPASSUNG IM ZUSAMMENHANG MIT DEM KLIMAWANDEL ANGEHT.

1. *Fähigkeitsbezogene Gerechtigkeit* bedeutet, dass jeder Mensch und jede Institution die Pflicht hat, aufgrund der Fähigkeit zu Problemlösungen beizutragen. Im Zusammenhang mit der Klimagerechtigkeit bedeutet dies: Jeder Mensch kann und sollte im Rahmen seiner/ihrer körperlichen, wirtschaftlichen, politischen, intellektuellen und geistigen Fähigkeiten einen Beitrag leisten. Wirtschaftlich starke Personen, Institutionen, Unternehmen oder Staaten müssen mehr zur Lösung der klimabedingten Herausforderungen beitragen als wirtschaftlich schwache Personen, Institutionen, Unternehmen oder Staaten.

2. *Leistungsbezogene Gerechtigkeit* bedeutet, dass jede Person und Institution, die mit menschlichen Aktivitäten (wie Produktion, Handel, Verkauf oder Entsorgung eines Produkts oder einer Leistung) zu tun hat, aufgrund ihrer Leistung ihren Anteil (z.B. Gehalt) bekommen muss. Im Zusammenhang mit der Klimagerechtigkeit bedeutet dies: Eine Aktivität, die Treibhausgas-Emissionen reduziert, ist eine gute Leistung und sollte entsprechend entlohnt werden.

3. *Bedürfnisbezogene Gerechtigkeit* bedeutet, dass die elementaren menschlichen Bedürfnisse und Rechte (z.B. das Existenzminimum, ein Leben in Würde und das Recht auf Nahrung und Wasser) jedes Menschen und jeder Institution berücksichtigt werden müssen. Im Zusammenhang mit der Klimagerechtigkeit bedeutet dies: Jeder Mensch hat das Recht, unabhängig von seinen/ihren Fähigkeiten und Leistungen zu leben und hinsichtlich der Anpassung an den Klimawandel unterstützt zu werden.

4. *Verteilungsgerechtigkeit* stellt sicher, dass sich der Zugriff auf Ressourcen, Güter und Dienstleistungen unter Berücksichtigung des Gleichgewichts

---

4 Bezüglich des nachfolgenden Kapitels vgl. auch: Stückelberger, Christoph, *Who Dies First? Who is Sacrificed First? Ethical Aspects of Climate Justice, in God, Creation and Climate change. Spiritual and Ethical Perspectives*, Hg. v. Karen L. Bloomquist im Auftrag des Lutherischen Weltbunds, Genf, LWF/Lutherischer Universitätsverlag, 2009, 47-63.

der Fähigkeiten, Leistungen und Bedürfnisse gerecht verteilt. Im Zusammenhang mit der Klimagerechtigkeit bedeutet dies: Finanzielle und andere Ressourcen zur Eindämmung negativer Auswirkungen der Klimaerwärmung auf menschliches Leben sollten in erster Linie entsprechend der Bedürfnisse verteilt werden, jedoch auch unter Berücksichtigung von Leistungen und Fähigkeiten, damit das allgemeine Ungleichgewicht zwischen den Menschen verringert statt vergrößert wird.

5. *Gleichbehandlungsgerechtigkeit* bedeutet, dass alle Menschen dieselben Menschenrechte haben sowie das Recht, unabhängig von Fähigkeiten, Leistungen, Bedürfnissen, Herkunft und Merkmalen (z.B. Geschlecht, Hautfarbe, Rasse, Religion) gleich behandelt zu werden. Im Zusammenhang mit der Klimagerechtigkeit bedeutet dies: Bei klimabedingten Maßnahmen zur Vorbeugung, Eindämmung und Anpassung muss die Gleichbehandlung aller betroffenen Menschen beachtet werden.

6. *Intergenerationsgerechtigkeit* bedeutet einen umweltverträglichen Verbrauch und eine faire Verteilung der Ressourcen, ebenso wie eine Reduzierung des Verbrauchs und die faire Verteilung ökologischer Belastungen zwischen heutigen und zukünftigen Generationen. Im Zusammenhang mit der Klimagerechtigkeit bedeutet dies: Bei Entscheidungen muss die Notwendigkeit eines Lebens in Würde für zukünftige Generationen Beachtung finden, die dasselbe Recht auf Gleichbehandlung haben wie die heutigen Generationen.

7. *Mitwirkungsgerechtigkeit* bedeutet die faire, angemessene Mitwirkung an der Entscheidungsfindung durch all jene, die von einem Problem oder einer Entscheidung betroffen sind. Im Zusammenhang mit der Klimagerechtigkeit bedeutet dies: Entscheidungen über Klimapolitik sollten auf verschiedenen Ebenen, von lokal bis international, unter demokratischer Beteiligung der Bevölkerung und ihrer Repräsentantinnen und Repräsentanten getroffen werden.

8. *Verfahrensgerechtigkeit* bedeutet kalkulierbare, rechtsstaatliche (öffentlich und privat), regulierte, transparente, korruptionsfreie und deshalb gerechte Verfahren aller Interaktionen. Im Zusammenhang mit der Klimagerechtigkeit bedeutet dies: Entscheidungen bezüglich der Klimaerwärmung und deren Umsetzung (wie z.B. Zugriff auf Finanzmittel, klimabedingte Steuern oder Fördergelder, Medieninformationen) müssen den Kriterien der Verfahrensgerechtigkeit entsprechen.

9. *Funktionale Gerechtigkeit* bedeutet ein faires und optimales Verhältnis zwischen den Bedürfnissen von Personen und strukturellen Notwendigkeiten von Institutionen, Prozessen und Ressourcen. Es ist eine Frage der funktionalen Gerechtigkeit, wo, wann und für wen wie viel und welche Art von Ressourcen bereitgestellt werden. Im Zusammenhang mit der Klimagerech-

tigkeit bedeutet dies: Funktionale und organisatorische Aspekte der Bereitstellung und Verteilung begrenzter Güter sind der Schlüssel zu einer gerechten Lösung des Klimawandels.

10. *Punitive Gerechtigkeit* bedeutet die Bestrafung von Taten, die die Gerechtigkeit verletzen. Ziel ist die Vergeltung, Abschreckung oder Überwindung existierender Ungerechtigkeit. Im Zusammenhang mit der Klimagerechtigkeit bedeutet dies: Wo die Klimagerechtigkeit verletzt wird – und diese Verletzung wiegt ethisch ebenso schwer wie andere Ungerechtigkeiten – müssen Maßnahmen strafender Gerechtigkeit ebenso in Betracht gezogen werden wie hinsichtlich anderer Ungerechtigkeiten.

11. *Transitorische Gerechtigkeit* bedeutet eine provisorische Gerechtigkeit einer sich im Übergang befindlichen Gesellschaft, in der gewöhnliche, reguläre Institutionen und Verfahren gerade nicht vorhanden sind oder sich im Wiederaufbau befinden (z.B. in Nachkriegssituationen oder nach einem revolutionsbedingtem Wechsel des Gesellschaftssystems). Im Zusammenhang mit der Klimagerechtigkeit bedeutet dies: In außergewöhnlichen Situationen, wie nach Katastrophen, können beschleunigte Entscheidungsabläufe und Hilfsmaßnahmen sowie Ausnahmeinstrumente wie die Amnestie (was nicht Straffreiheit bedeutet) erforderlich und ethisch vertretbar sein.

12. *Restorative Gerechtigkeit* bedeutet eine gemeinsame Lösung für Täter und Opfer, um durch Schadensersatz, Wiedergutmachung und/oder Aussöhnung die Gerechtigkeit für begangenes Unrecht wiederherzustellen. Im Zusammenhang mit der Klimagerechtigkeit bedeutet dies: Klimaungerechtigkeit ereignet sich tagtäglich, da diejenigen, die am meisten unter den negativen Folgen des Klimawandels leiden, diese nicht verursachen. Entscheidende und couragierte Maßnahmen der Verursacher von Emmissionen, besonders der Industrienationen, wären Maßnahmen der Wiederherstellungsgerechtigkeit.

13. *Tranformative Gerechtigkeit* bedeutet einen Prozess der Umgestaltung und Erneuerung der Realität hin zur Gerechtigkeit, besonders was die Beseitigung ungerechter Zustände angeht. Dies ist ein kreativer und fortwährender Prozess, der über die punitive Gerechtigkeit und die transitorische Gerechtigkeit hinausgeht. Im Zusammenhang mit der Klimagerechtigkeit bedeutet dies: Klimagerechtigkeit ist keine einzelne Entscheidung oder Handlung, sondern ein fortwährender Prozess, der zu einer fundamentalen Umgestaltung der Gesellschaft im Hinblick auf ihre Beziehungen, der Verwendung natürlicher Ressourcen, der Verteilung von Gütern und Dienstleistungen sowie einer nachhaltigen Politik führt. Klimagerechtigkeit ist nicht das Resultat der einen oder anderen isolierten Handlung, sondern ein ganzheitlicher Umgestaltungsprozess.

14. Zeit-Gerechtigkeit bedeutet, dass Gerechtigkeit an zeitgerechte Entscheidungen und Handlungen (griech: *kairos*: `der richtige Zeitpunkt´) gebunden ist. Wird eine Maßnahme zu spät ergriffen und der Patient oder das Opfer stirbt, ist Unrecht geschehen und die Wiederherstellung der Gerechtigkeit ist schwer. Im Zusammenhang mit der Klimagerechtigkeit bedeutet dies: Um die Gefahr weiterer Klimaopfer zu vermeiden oder zu mildern, müssen zeitgerechte Entscheidungen getroffen werden. Die schnelle Klimaerwärmung erfordert jetzt zeitgerechte Schritte. Der Zeitfaktor ist einer der wichtigsten, um Klimagerechtigkeit zu verwirklichen.

Einige dieser vierzehn Aspekte der Klimagerechtigkeit stehen im Spannungsverhältnis zueinander und es ist schwierig, alle gleichzeitig umzusetzen. Ziel der Aufzählung ist das Bewusstsein, dass Klimagerechtigkeit keine leere oder willkürliche neue Parole ist, sondern ein fundamentaler Wert mit konkretem und herausforderndem Inhalt.

III ETHISCHE LEITLINIEN FÜR DIE KLIMAGERECHTIGKEIT

Wie können diese Aspekte der Klimagerechtigkeit dabei helfen, in Politik, Wirtschaft, Gesellschaft und religiösen Institutionen ethische Leitlinien für die entscheidende Frage zu finden: *Wie sollen wir begrenzte Ressourcen einsetzen und verteilen, um der dreifachen Pflicht nach Vorbeugung, Eindämmung und Anpassung im Zusammenhang mit dem Klimawandel nachzukommen, um die Zahl der Opfer zu reduzieren?* Allem voran sei erwähnt, dass Leitlinien nur eine allgemeine Richtung angeben können. Für konkrete Entscheidungen muss die entsprechende Situation analysiert werden und die Leitlinien gemäß dieser konkreten Situation ausgelegt und angenommen werden. In vielen Situationen kommt es zu einem Wertekonflikt, der eine Priorisierung erforderlich macht, was ethisch durch Präferenzregeln gelöst werden kann (im Falle von A Priorität X, im Falle von B Priorität Y). Die folgenden Leitlinien sollten bei der Priorisierung und der Lösung von Konflikten zwischen verschiedenen Werten führen. Solche Konflikte sind die Kriterien für den Vorteilsausgleich, den Lastenausgleich, die Machtteilung oder die gemeinsame Flächennutzung.[5]

1. Menge der Ressourcen. Bevor wir nach Präferenzregeln für den Umgang mit begrenzten Ressourcen im Zusammenhang mit der Klimagerechtigkeit suchen, muss unser erstes Augenmerk auf der Erhöhung der Menge an verfügbaren Ressourcen gelten. Verfügbare Ressourcen zur Bewältigung eines Problems spiegeln die Priorität wider, die dem Problem und den ethischen

---

5   Siehe: Stückelberger, Christoph (1997), *Umwelt und Entwicklung. Eine sozialethische Orientierung*, Stuttgart: Kohlhammer Verlag, 30-33 (case study on the UNCED climate convention). Chinesische Übersetzung: Bejing, October 2008.

Werten hinter dieser Priorisierung eingeräumt werden. Da der Klimawandel die gesamte Menschheit inklusive zukünftiger Generationen und nichtmenschlicher Wesen beeinträchtigt, muss dieser Herausforderung eine hohe Priorität eingeräumt werden. Die Menge an Ressourcen setzt sich aus finanziellen Ressourcen von Regierungen, privaten Zuwendungen, lukrativen Geschäftstätigkeiten, jedoch auch nichtfinanziellen Ressourcen wie menschlichen, organisatorischen, intellektuellen und religiösen Ressourcen zusammen. Um Finanzressourcen wesentlich zu vergrößern, ist ein weltweiter Klimafonds ein wichtiges Instrument, wie ihn die Schweizer Regierung und andere vorgeschlagen haben. Die Besteuerung von CO_2-Emissionen reduziert diese und bringt Finanzmittel für die Verringerung und Anpassung.

2. *Prävention* zielt durch frühes Handeln auf das Verhindern von Klimaopfern. Prävention berücksichtigt das Ziel, die Anzahl der Opfer zu minimieren und unterstützt die Generationsgerechtigkeit, z.B. durch Vermeidung zukünftiger Opfer. Sie hat – ebenso wie die Verringerung – ethisch betrachtet eine höhere Priorität als die Anpassung, weil sie Opfer vermeidet, statt sie zu kurieren oder ihre Anzahl zu vermindern. Die Maßnahmen der Prävention sind mehr als effizient, weil die Kosten geringer sind als die der Anpassung.

3. *Verringerung* zielt auf die Reduzierung bereits vorhandener negativer Folgen des Klimawandels und eine Verlangsamung der sich hieraus ergebenden Entwicklungen und Opferzahlen. Es besteht kein Zweifel daran, dass die Verringerung zunehmend wichtiger wird, da der Klimawandel bereits vonstatten geht.

4. *Anpassung* zielt ab auf die Akzeptanz neuer Klimabedingungen und das Anpassen des eigenen Lebensraums (inklusive der etwaigen Notwendigkeit, zu emigrieren oder Immigration zu akzeptieren), des Lebensstils, der Produktion, von Technologien, der geistigen Heimat, des gewaltfreien Konfliktmanagements etc. Gerechtigkeit im Zusammenhang mit Fähigkeit, Leistungsfähigkeit sowie Bedürfnissen wird neu interpretiert werden: Fähigkeit wird zunehmend die Fähigkeit zur Anpassung an neue Herausforderungen beinhalten. Die Fähigkeit zur Anpassung wird als bessere Leistungsfähigkeit bewertet werden. Die Bedürfnisse werden wie bisher grundsätzliche menschliche Bedürfnisse implizieren, jedoch zusätzlich das Bedürfnis nach Anpassungsfähigkeit mit einschließen.

Instrumente der Prävention, Verringerung und Anpassung sind oft *miteinander verflochten*. Bäume zu pflanzen oder die CO2-Emissionen zu reduzieren, indem man den Verbrauch fossiler Brennstoffe verringert, sind vorbeugende Maßnahmen und nützen zur selben Zeit der Eindämmung sowie der Anpassung. Die Gefahr besteht darin, dass die internationale Gemeinschaft zunehmend in kurative Maßnahmen wie Katastrophenhilfe investiert und immer weniger Ressourcen für vorbeugende Maßnahmen, wie langfristige Entwicklungszusammenarbeit und technische Innovationen im Dienste der Prävention von Klimaveränderungen, zur Verfügung stellt.

5. *Das Verursacherprinzip* bedeutet, dass der Verursacher von Emissionen für den von ihm angerichteten Schaden bezahlen muss. Das Prinzip ist in der Umweltethik weit verbreitet und wird auf bestimmten Gebieten, wie der Abfallwirtschaft, in vielen Ländern praktiziert. In Bezug auf die Klimaverantwortlichkeit wurde dieses Prinzip aus dem offensichtlichen Grund noch nicht implementiert, weil die Verursacher von klimarelevanten Emissionen starke finanzielle Belastungen befürchten. Um das Prinzip ernst zu nehmen, müssen die (klimabezogenen) Steuern auf fossile Brennstoffe vervielfacht werden.

6. *Das Prinzip der Beitragsfähigkeit* bedeutet, dass die Verantwortung nicht nur an die Verursacher der Umweltverschmutzung selbst gekoppelt ist, sondern auch an die wirtschaftliche und strukturelle Fähigkeit, zu einer Lösung beizutragen. Diese Fähigkeit beinhaltet nicht nur Finanzleistungen, sondern auch einen Beitrag zur Forschung, zu struktureller und politischer Unterstützung, geistiger Orientierung und Ermutigung etc. Verantwortung bezieht sich nicht nur auf direkte Folgen einer Handlung, sondern auch auf die Befähigung zur Problemlösung. Eine Medizinerin/ ein Mediziner ist verpflichtet und dafür verantwortlich, in einem Flugzeug einem Patienten/ einer Patientin unabhängig von seiner/ihrer Beziehung zu ihm/ihr zu helfen. Der *Responsibility and Capability Index RCI*[6] ist ein äußerst hilfreiches Messinstrument, welches mit dem Verursacherprinzip ebenso wie mit dem Prinzip der Beitragsfähigkeit korrespondiert. Der RCI kombiniert die kumulierten CO_2-Emissionen eines Landes, seine Kaufkraft-Parität und seine Vermögensverteilung. Deshalb müssen die Industriestaaten den größten Anteil zahlen, während Entwicklungs- und Schwellenländer, die über Kaufkraft und eine wohlhabende Elite verfügen, aufgerufen sind, sich entsprechend zu beteiligen. Dieser Länderindex weist den Weg zu einem klimabedingten Lastenausgleich. Dies ist ethisch gesehen eine ernsthafte Bemühung, Klimagerechtigkeit messbar und politisch umsetzbar zu machen.

7. *Die Kombination positiver und negativer Sanktionen.* Gerechtigkeit im Allgemeinen, ebenso wie Klimagerechtigkeit, kann durch positive Sanktionen (wie Leistungsprämien, Rückerstattungen, Auszeichnungen, erleichtertem Zugang zu Serviceleistungen) und negative Sanktionen (Steuern und andere Belastungen, Strafmaßnahmen, Gericht) verstärkt werden. Positive Sanktionen sind ethisch vorzuziehen, weil sie das richtige Verhalten fördern. Doch negative Sanktionen hin zur Einführung der Strafjustiz sind ebenfalls oft

---

6 Dieser wurde als Teil der ‚Greenhouse Development Rights' (GDR), vor allem in Großbritannien von Entwicklungsagenturen wie ‚Christian Aid', entwickelt und wird von anderen unterstützt, wie ‚Brot für alle'/ ‚Fastenopfer"in der Schweiz. Siehe: www.ecoequity.org.GDRs.

notwendig, um das Verhalten ‚schwarzer Schafe' zu ändern, die nicht auf positive Sanktionen reagieren. Beide Mechanismen setzen voraus, dass CO2-Emissionen als ernstes, unethisches Fehlverhalten betrachtet werden.

8. *Effizienz und Transparenz* sind die Schlüsselfaktoren eines verantwortungsvollen Umgangs mit begrenzten Ressourcen. Der effiziente Einsatz von Ressourcen (Energie, Kapital, organisatorische Strukturen, geistige Kreativität etc.) erlaubt es uns, Kosten zu senken, mehr Menschen zu helfen und mehr Leben zu retten. Es ist der Ausdruck von Verantwortungsbewusstsein und Nachhaltigkeit gegenüber zukünftigen Generationen. Transparenz unterstützt den effizienten Gebrauch begrenzter Ressourcen, indem sie Korruption, Missbrauch und falsche Investitionen verringert. Transparenz und Effizienz sind wichtige Aspekte der Verfahrensgerechtigkeit.

9. *Marktinstrumente.* Der internationale freie Marktmechanismus trägt wesentlich zum allgemeinen Wirtschaftswachstum und zu einem weltweiten Zusammenspiel und zum Frieden bei. Konferenzen wie „Financing for Climate – Innovative Solutions and New Markets"[7] versuchen den privaten Sektor dafür zu gewinnen, den Klimawandel als Geschäftsgelegenheit zu betrachten. Ohne private Investitionen werden die Finanzmittel im Zusammenhang mit dem Klimawandel nicht ausreichen. Doch marktbedingte Instrumente alleine könnten und können die drei Hauptprobleme nicht lösen, verschlimmerten diese sogar: Bekämpfung der Armut, faire Verteilung und Stabilisierung des Klimas. Der Klimawandel kann heute als größtes Marktversagen der Menschheitsgeschichte betrachtet werden.[8] Kann dann gerade der Markt eine Lösungsmöglichkeit bieten? Vom ethischen Standpunkt aus kann die Antwort in dem Kriterium für Klimagerechtigkeit gefunden werden: Sollte der Marktmechanismus die verschiedenen oben genannten Arten von Klimagerechtigkeit verstärken, muss er unterstützt werden. Sollte er die verschiedenen Arten von Klimagerechtigkeit schwächen oder verletzen, muss der freie Markt ersetzt oder von verbindlichen, regulierenden Instrumenten wie marktregulierenden Sozial- und Umweltrechten begleitet werden. Viele ermutigende Beispiele zeigen, dass Unternehmen durch Maßnahmen zur Reduzierung klimarelevanter Emissionen Profit und Anerkennung erhalten.[9] Aus ethischer Perspektive ist der Handel mit CO2-Zertifikaten eine spezifische Form von

---

7 Titel einer Konferenz des Staatssekretariats für Wirtschaft der Schweizer Regierung, der ‚International Finance Corporation' (IFC) und der ‚Swiss Re', 11.-12. September 2008 in Zürich.

8 Dies ist die Ansicht des Stern-Reports: *Stern Review on the Economics of Climate Change*, HM Treasury, UK 2006. www.hm-treasury.gov.uk/independent_reviews.

9 Vgl. Swiss Re (2008a): *Pioneering Climate Solutions*, Zürich. Swiss Re (2008b), Corporate Responsibility Report. Committted to sustainable value creation, Zürich.

positiven und negativen Sanktionen, die auf dem Marktmechanismus basieren. Solange sie tatsächlich zur Reduzierung weltweiter CO_2-Emissionen und Klimagerechtigkeit beitragen, sind sie ethisch betrachtet positiv. Werden sie jedoch missbraucht, um in einem Land rechtliche Beschränkungen zu umgehen, um eine Neuorientierung hinsichtlich Maßnahmen zur Klimagerechtigkeit zu vermeiden und sich lediglich moralisch ‚reinzuwaschen' und Nachsicht zu ernten, müssen sie aus ethischer Sicht abgelehnt werden.

10. *Fürsorge für die Schwächsten.* „Solidarität mit den Opfern des Klimawandels" war der programmatische Titel einer wichtigen Erklärung des Weltkirchenrats im Jahr 2002.[10] Sich in Notfällen um die gefährdetsten Menschengruppen zu kümmern, entspricht dem menschlichen Ethos vieler Kulturen, insbesondere dem des jüdisch-christlichen Wertesystems. ‚Die Option für die Armen', wie sie in der Befreiungstheologie formuliert wurde, ist Ausdruck dessen. Die Fürsorge für die Opfer und die Schwächsten unter ihnen bietet auch hinsichtlich der Klimagerechtigkeit eine Richtlinie für die Entscheidungsfindung. Doch in konkreten Fällen resultieren daraus zur selben Zeit eine Menge Fragen: Wer sind die Opfer? Wer sind die Schwächsten unter ihnen? Die Kinder und Frauen auf den Fidji-Inseln, die ihre Landwirtschaftsflächen verlieren, oder die alten Leute in einem Pariser Vorort, die an der Hitze sterben? Und erfordert Gerechtigkeit in Form von Gleichbehandlung nicht, dass alle Menschen in Gefahr die gleiche Behandlung erfahren? Und da es viel mehr Menschen gibt, die Unterstützung bei der Eindämmung und Anpassung benötigen, als tatsächlich Ressourcen vorhanden sind, welches sind die zusätzlichen Auswahlkriterien: Politische Einstellungen und Berechnungen, wie es tatsächlich oft der Fall ist? Wirtschaftsbedingungen? Oder dort, wo es am Wahrscheinlichsten ist, dass Empowerment schwacher Menschengruppen zu effizienten Lösungen und zum Gebrauch von knappen Mitteln? Der erste Schritt ist es, ehrlich anzuerkennen, dass Unterstützung oft nicht den Schwächsten zugedacht wird, auch wenn man dies als ethisches Kriterium annimmt. Ein zweiter Schritt ist es, für den Fall, dass einige der oben erwähnten Aspekte der Gerechtigkeit miteinander konkurrieren, nach Präferenzregeln zu suchen. Es mag provozierend klingen: Den Schwächsten die Priorität einzuräumen mag der bedürfnisbezogenen Gerechtigkeit entsprechen, ist jedoch nicht in jedem Fall die ethisch beste Entscheidung, da andere Aspekte der Gerechtigkeit nicht in Betracht gezogen werden. In einigen Fällen mögen mehr Leben gerettet werden, wenn man denjenigen die Priorität verleiht, die über eine effiziente, gut ausgeführte Art der Nutzung begrenzter Ressourcen verfügen und deshalb andere dabei unterstützen

---

10 *Solidarity with the Victims of Climate Change, Reflections on the World Council of Churches' Response to Climate Change*, Januar und November 2002, Genf, 25f.

können, zu überleben. Deshalb mag *eine ethisch bevorzugte Regel* besagen: Grundsätzlich haben die Schwächsten Priorität. Im Falle eines Einzelnen oder einer Gruppe von Menschen, die nicht zu den Schwächsten gehören, jedoch zu jenen, die mehr leisten und die begrenzten Ressourcen effektiver nutzen, um mehr Menschen zu retten, muss allerdings jenen die Priorität gelten. Die Rechtfertigung für diese Präferenzregel liegt in der Anzahl der Leben begründet, die letztendlich gerettet werden.

11. *Institutionalisierte Solidarität:* Solidarität erfordert freiwillige Fürsorge und Wohltätigkeit. Solidarität muss zur selben Zeit in verbindlichen institutionalisierten Instrumenten verankert sein. Neue Arten klimabezogener Versicherungen sind Arten institutionalisierter Solidarität. Versicherungen gegen Dürre und Flut für Kleinbauern in armen Ländern sind, ähnlich wie Mikrokredite, ebenso wie kombiniert mit denselben, ein Beispiel dafür.[11]

12. *Dringende Gesetzgebung:* Die Geschwindigkeit des voranschreitenden Klimawandels zeigt, dass verbindliche Maßnahmen zur Vorbeugung, Eindämmung und Anpassung viel schneller ergriffen werden müssen als es in den letzten zwanzig Jahren geschehen ist. Die Gründe für den zu langsamen Prozess liegen einerseits im fehlenden politischen Willen begründet, andererseits auch im langsamen demokratischen Entscheidungsfindungsprozess. In der Schweiz sucht das Parlament seit zehn Jahren nach einem Kompromiss für ein CO_2-Gesetz. Zeit-Gerechtigkeit ist ausschlaggebend, um die Zahl der Opfer zu verringern. Eine Dringlichkeits-Gesetzgebung seitens der Regierungen für Maßnahmen zur CO_2-Reduzierung mag notwendig und ethisch gerechtfertigt sein, auch wenn diese möglicherweise die Mitbestimmungsgerechtigkeit einschränkt. In Notfällen hat das Recht auf Essen, Trinken und Überleben Priorität vor dem Mitbestimmungsrecht (und der Mitwirkung, rasche Entscheidungen zu verhindern).

IV Globale und kontextuelle Steuergerechtigkeit

Steuereinnahmen sind für jeden Staat essentiell, um seine eigenen Pflichten, ebenso wie die Aufgaben zur Vorbeugung, Eindämmung und Anpassung des Klimawandels zu erfüllen. Eine Erhöhung der Steuereinnahmen ist eines der Kernziele der internationalen Gemeinschaft,[12] um zusätzlich zur entwicklungs-

---

11 Siehe Empfehlungen am Runden Tisch *„Sind die richtigen Risiken versichert?"* auf dem Global Humanitarian Forum vom 24. Juni 2008, www.ghf-ge.org.
12 Wie auf der UN-Konferenz bzgl. der Finanzierung der Entwicklungshilfe in Monterrey/Mexico im März 2002 definiert. Siehe auch: Boadway, Robin, *National Taxation, Fiscal Federalism and Global Taxation*, in Atkinson, A.B. (Hrsg.), *New Sources of Development Finance*, New York, Oxford University Press, 2005, 210-237.

bezogenen Handels- und Entwicklungshilfe neue Quellen zur Finanzierung zu finden. Auf seiner 24. Generalversammlung 2004 in Accra nahm der Reformierte Weltbund folgende Empfehlungen für seine Mitgliedskirchen in seinen Bericht des Ausschusses für öffentliche Angelegenheiten auf: *„ Als Verpflichtung aufgrund des „Bekenntnisses unseres Glaubens angesichts wirtschaftlicher Ungerechtigkeit und ökologischer Zerstörung"* [...] *empfiehlt die 24. Generalversammlung des RWB* [...]*:*

(2.2) Regierungen in ihrem Bemühen zu unterstützen, faire und ausreichende Steuereinnahmen zu erzielen, um die Grundbedürfnisse der Bevölkerung zu befriedigen und ihr ein Leben in Würde zu ermöglichen, die Entwicklungsziele des UN-Milleniums zu erreichen und ihrer Verantwortung für soziale Gerechtigkeit nachzukommen; [...] *(2.6) bestehende Gesetze einzuhalten – und neue Gesetze zu schaffen – die der Bekämpfung jeglicher Form von kriminellen Wirtschaftsaktivitäten dienen, wie* [...] *Steuerhinterziehung, Geldwäscherei und der illegalen Anstellung armer Menschen, denen ihre Rechte vorenthalten werden.[13]*

Steuergerechtigkeit ist der integrale Wert der Steuerethik. Wie unten erläutert, können die folgenden Grundsätze als globale Grundsätze der Steuergerechtigkeit betrachtet werden, im Wissen, dass ihre Umsetzung noch immer kontextabhängige und verschiedenartige Steuersysteme und sogar bis zu einem gewissen Grad einen Steuerwettbewerb zwischen Staaten und Regionen zulässt. Steuerethik ist und muss bereits in verschiedenen Steuerprinzipien implementiert worden sein, wie sie bekannt sind und sollte in neue Steuergesetze weiter entwickelt werden.

1. *Der Grundsatz der Allgemeinheit:* Jeder steuerpflichtige Bürger /jede steuerpflichtige Bürgerin ist verpflichtet Steuern als einen Ausdruck von Gleichbehandlung und der *Gerechtigkeit als Gleichheit* zu bezahlen.

2. *Der Grundsatz der Leistungsfähigkeit:* Steuerzahler sollten auf Basis ihrer wirtschaftlichen Leistungsfähigkeit und ihrer Erträge besteuert werden. Dies ist Ausdruck der leistungsfähigkeitsbezogenen sowie der ertragsbezogenen Gerechtigkeit. Wohlhabende Menschen sollten nicht nur rein rechnerisch, sondern auch relativ gesehen mehr zu gemeinnützigen Aufgaben beisteuern als arme Menschen.

3. *Der Grundsatz der Ordnung:* Der Staat kann nicht willkürlich Steuern einnehmen, sondern muss basierend auf der Berechenbarkeit besteuern, was Teil der *Verfahrensgerechtigkeit* ist.

4. *Der Grundsatz der Umverteilung:* Die Progression des zu versteuernden Einkommens bzw. der Einkünfte führt zu einer relativ höheren Besteuerung wohlhabender als armer Leute. Dies ist ethisch gerechtfertigt, weil bedürftige Menschen auf Unterstützung angewiesen sind. Bedarfsabhängige Gerechtig-

---

13 Vgl. Accra 2004. Protokoll der 24. Generalversammlung des Reformierten Weltbundes, Genf 2005,.

keit bedeutet Verteilungsgerechtigkeit - auch soziale Gerechtigkeit genannt - welche die Unterschiede der Arbeitsleistung berücksichtigt, während die Bedürfnisse jener, die nicht im gleichen Maße Leistungen erzielen können, wie z.B. die Alten, Armen, Behinderten und Kranken, ausgeglichen werden.

5. *Der Grundsatz der Kohärenz:* Die verschiedenen Arten von Steuern und Strategien müssen kohärent und nicht widersprüchlich sein. Es wäre inkohärent, beispielsweise die Einkommenssteuer für arme Menschen herabzusetzen und ihnen zur selben Zeit zusätzliche Verbrauchssteuern abzuverlangen. Kohärenz ist eine ethische Bedingung für Glaubwürdigkeit und Vertrauen, ebenso wie für eine ganzheitliche Umsetzung einer Werteordnung. Trotzdem ist eine vollständige Kohärenz niemals möglich, da Politik stets ein Schlachtfeld abwägender Interessenskonflikte, Kompromisse und Widersprüche ist.

6. *Der Grundsatz der Transparenz:* Das Steuerrecht, das auch Steuerbefreiung mit einschließt, muss transparent und auf transparente Art umgesetzt werden. Geheimabkommen, z.B. mit reichen Einzelpersonen oder Unternehmen, verletzen dieses Prinzip. Transparenz ist ein Teil gerechter Abläufe und deshalb auch ein Teil der Verfahrensgerechtigkeit.

7. *Der Grundsatz der Umsetzbarkeit:* Eine Steuer muss so strukturiert sein, dass die Steuerzahler sowie die staatliche Verwaltung, deren Durchsetzung effizient und transparent sowie ohne zu großen und kostspieligen Verwaltungsaufwand umsetzen kann. Umsetzbarkeit ist ein Erfordernis der funktionalen Gerechtigkeit, um begrenzte finanzielle und organisatorische Ressourcen am effizientesten zu nutzen.

8. *Der Grundsatz der Demokratie:* Teilnahme bedeutet, dass Steuerzahler indirekt (durch die Wahl eines Parlaments) oder direkt (durch Volksabstimmung) daran teilhaben, den Grad und die Art der zu zahlenden Steuern festzulegen. Ohne diese Teilhabe identifizieren sich die Steuerzahler viel weniger mit den Steuern und tendieren mehr zur Steuerhinterziehung. Dies ist Ausdruck der Partizipationsgerechtigkeit.

9. *Der Grundsatz der generationsübergreifenden Gerechtigkeit:* Das Steuerniveau sollte im Prinzip ausreichen, um die Staatskosten abzudecken. Große Schuldenbelastungen, wie sie sich in vielen Ländern angehäuft haben, verletzen die generationsübergreifende Gerechtigkeit, da zukünftige Generationen für den Mehrverbrauch und die Ausgaben der gegenwärtigen Generation die Rechnung zahlen müssen. Generationsübergreifende Gerechtigkeit führt zu größerer Nachhaltigkeit.

10. *Der Grundsatz des gerechten Steuerwettbewerbs und der Steueranpassung:* Steuerwettbewerb innerhalb eines Landes sowie zwischen verschiedenen Ländern ist Teil des marktwirtschaftlichen Wettbewerbs. Freie Märkte benötigen zur effizienten Ressourcenverteilung ein gewisses Maß an Steuerwettbewerb. Dieser wirkt jedoch oft sehr destruktiv aus, da er das Steueraufkommen bis

zu einem Grad vermindert, dass öffentliche Instanzen ihren Verpflichtungen nicht mehr nachkommen können. Steuerwettbewerb ist ungerecht, wenn dieser nicht auf das Bieten besserer Bedingungen und die Erbringung von Dienstleistungen basiert, sondern auf Protektionismus oder intransparenten Gesetzen, wie es bei Steuerparadiesen, verschiedenen Arten von Offshore-Banking oder Bankgeheimnissen der Fall ist. Ungerechter Steuerwettbewerb regt zu Steuerhinterziehung und Steuerbetrug an. Steueranpassung und Transparenz hinsichtlich des Steuerertrags ist deshalb bis zu einem gewissen Grad vonnöten. Was die Steuergerechtigkeit angeht, ist das Gleichgewicht zwischen Steuerwettbewerb und Steueranpassung notwendig.

11. *Der Grundsatz der gerechten Strafe:* Wie in jedem Lebensbereich kommt es zur Verletzung von ethischen Prinzipien, Gesetzen und Regeln. Deshalb ist die Strafgesetzgebung Bestandteil der Instrumentarien, die Gerechtigkeit fördern, wie dies bei der *punitiven Gerechtigkeit* der Fall ist. In vielen Gesellschaften wird Steuerhinterziehung als Kavaliersdelikt betrachtet. Doch Steuerhinterziehung beraubt öffentliche Einrichtungen ihrer Geldmittel. Protest gegen ungerechte Steuersysteme erfordert – zumindest in demokratischen Gesellschaftsformen – aktiven Widerstand mit demokratischen Mitteln. Steuerhinterziehung als Form des passiven Widerstand ist in diesem Zusammenhang unethisch. Strafende Steuergerechtigkeit erfordert die Gleichbehandlung von Steuerzahlern, die im Gegenzug nicht-korrupte Gerichtssysteme benötigt. Korruption ist das Krebsgeschwür, das die strafende Steuergerechtigkeit untergräbt.

12. *Der Grundsatz der Wiederherstellung:* Steueramnestie ist ein Mittel für Staaten, einen Teil der hinterzogenen Steuern zurückzubekommen. Sie steht im Widerspruch zum Grundsatz der gerechten Strafe, wird jedoch mit dem Bedarf der Regierung nach zusätzlichen Einkünften oft legitimiert und kann (zumindest teilweise) als Versuch einer *restaurativen Gerechtigkeit* gewertet werden. In dem Fall heiligt das Ziel die Mittel. Im Interessenskonflikt zwischen strafender Steuergerechtigkeit und Steuerverteilungsgerechtigkeit darf Steueramnestie nicht in jedem Fall ethisch verurteilt werden. Die Bedingungen, Formen und die Häufigkeit der Steueramnestie müssen hier in Betracht bezogen werden.

13. *Der Grundsatz der Transformation:* Der Begriff der Steuergerechtigkeit entwickelt sich weiter, wie alle Wertesysteme dies tun. Es kann vorkommen, dass eine Handlung wie die Steuerhinterziehung oder der Transfer von Schwarzgeld mehr oder weniger akzeptiert wird und dann, aufgrund internationaler Entwicklungen wie in den OECD-Ländern, als absolut illegales Verbrechen betrachtet wird. Dadurch eröffnet sich eine Grauzone der Unsicherheit, was legal oder illegal ist. In solchen Situationen ist es aus Gründen der Verfahrensgerechtigkeit oft nötig, eine Übergangsperiode der *Transformationsgerechtigkeit*

zu definieren und zu erlauben, welche zu einer *Umgestaltungsgerechtigkeit* mit einem neuen Level an internationaler Steuergerechtigkeit führen kann.

V STEUERGERECHTIGKEIT AUCH FÜR ENTWICKLUNGS- UND SCHWELLENLÄNDER

Die oben angeführten Grundsätze müssen zuallererst *innerhalb* souveräner Staaten angewandt werden, welche die Macht und die Autorität zur Eintreibung von Steuern besitzen. Sie müssen jedoch auch *zwischen* souveränen Staaten Anwendung finden. In einer globalisierten Welt sind die Staaten nicht isoliert, sondern in vielfältiger Hinsicht voneinander abhängig. Deshalb ist die Steuergerechtigkeit ein zwischenstaatliches, regionales und globales Thema. Sie ist ein virulentes Thema, weil die Steuerhinterziehung innerhalb der liberalisierten Finanzmärkte noch immer ansteigt. Bemühungen, Steuerhinterziehung zu senken, sind seit der weltweiten Finanzkrise 2007/2008 extrem verstärkt worden, weil die Staaten dringend mehr Steuereinnahmen benötigen, um ihre finanziellen Verbindlichkeiten zur Überwindung der Krise abzudecken.

Jeder Rechtsstaat hat das Recht auf die Steuern seiner steuerpflichtigen Bevölkerung, um die Dienste an dieser Bevölkerung und an der weltweiten Gemeinschaft leisten zu können. Dies ist der erste Grundsatz der Steuergerechtigkeit. Er schließt die Verpflichtung der Staaten ein, sich gegenseitig in der Bekämpfung von Steuerhinterziehung und –betrug zu unterstützen. Der Grundsatz beruht auf der weltweit anerkannten goldenen Regel der Gegenseitigkeit: Man soll den anderen tun und gewähren, was man selbst von ihnen erwartet. Das gilt für Einzelne wie für Staaten oder Unternehmen.[14] Dieser Grundsatz ist nicht nur gegenüber Ländern wie den USA oder Deutschland, die Druck ausüben können, sondern weltweit – auch gegenüber Entwicklungs-, Transitions- und Schwellenländern. Neben den ethischen Gründen sprechen dafür auch politische und wirtschaftliche Vorteile für die Länder wie die Schweiz, die befürchten, durch die ‚Weißgeld-Strategie' wirtschaftliche Verluste zu erleiden.

Ethische Notwendigkeit: Reduzierung der Armut.
Wirtschaftlich schwache Staaten sind noch mehr als starke auf Steuereinnahmen angewiesen. Die internationalen Bemühungen um neue Wege in der Entwicklungsfinanzierung haben dies immer wieder betont. Für die Armutsbekämpfung und die Millenium-Entwicklungsziele brauchen Entwicklungsländer neben

---

14 Hierzu siehe auch den Artikel von Stückelberger, Christoph, *Weissgeld-Strategie kann unseren Finanzplan stärken. Die Schweiz sollte über Europa hinausblicken*, Neue Zürcher Zeitung am Sonntag, 21. Februar 2010, Hintergrund.

Handel und Hilfe eben höhere und faire Steuereinnahmen. Die Steuerausfälle der Entwicklungsländer wegen Steuerflucht und Steuerhinterziehung im Ausland werden vorsichtig auf jährlich 150 bist 250 Milliarden Franken geschätzt, was die Summe der gesamten Entwicklungshilfeleistungen aller Industrieländer von jährlich 100 Milliarden deutlich übersteigt. Abgesehen von Diktaturen gibt es viele Entwicklungsländer, die als Rechtsstaaten zu bezeichnen sind, für die der Grundsatz der Steuergerechtigkeit anzuwenden ist. Dabei sind gleichzeitig ihre Steuersysteme zu stärken. Die Schweiz sollte deshalb noch mehr Doppelbesteuerungsabkommen mit Entwicklungsländern abschließen.

Politischer Vorteil: Kooperation mit der Europäischen Union
Die Schweiz scheint in Europa mit dem Rücken zur Wand zu stehen. Doch gerade eine offensive Initiative mit außereuropäischem Ziel könnte der Schweiz neue Koalitionen ermöglichen. Die EU-Kommission beabsichtigt, mit den Entwicklungsländern einen Dialog zur Stärkung ihrer Steuersysteme und zur Bekämpfung der Steuerhinterziehung aufzunehmen. Im „International Tax Compact", einer neuen Initiative des deutschen Bundesministeriums für wirtschaftliche Zusammenarbeit und Entwicklung, beginnen sich Entwicklungs-Akteure von Industrie- und Entwicklungsländern zu koordinieren. Sie nehmen dabei auch Anliegen des „International Tax Justice Network" der Hilfswerke auf. Das EDA sollte sich über die Direktion für Entwicklungszusammenarbeit in solchen Initiativen hörbar einbringen. Dort ist die Schweiz nicht Gegenspieler, sondern Mitspieler mit der EU.

Wirtschaftspolitische Vorteile
Allfällige Mindereinahmen durch weniger – unversteuerte – Vermögen aus Entwicklungsländern könnte die Schweiz mittelfristig durch glaubwürdige, tragfähige Handelsbeziehungen kompensieren. Zu denken ist zum Beispiel an den Abbau von Reputationsrisiken für Unternehmen aus der Schweiz im Verkehr mit wichtigen asiatischen Ländern. Die entschiedene Haltung der Schweiz zur Bekämpfung der Geldwäscherei hat ihr Respekt und wirtschaftspolitische Vorteile eingebracht. Dasselbe kann mit einer neuen Steuergerechtigkeits-Strategie geschehen.

Eine weltweite Weißgeld-Strategie
Sie erlaubt weiterhin einen Steuerwettbewerb zwischen und in den Staaten. Gleichzeitig respektiert sie das rechtmäßige Steuersubstrat anderer Staaten und ermöglicht den fairen Wettbewerb, der auf der unterschiedlichen Leistungsfähigkeit und nicht auf dem Schutz der Steuerhinterziehung beruht. Dazu gehört auch, die Regelungen des „transfer pricing" – also in welchem Land international tätige Unternehmen welchen Anteil ihrer Gewinne versteuern – unter dem Gesichtspunkt der Steuergerechtigkeit zu verbessern. Der Finanzplatz Schweiz

kann aus einer weltweiten Weißgeld-Strategie gestärkt hervorgehen mit seinem Standortvorteil der politischen Stabilität, der hohen Professionalität, Qualität und Effizienz sowie der Innovation seiner Dienstleistungen.

Förderung der freiwilligen Gemeinnützigkeit
Manche Steuerhinterzieher sind großzügig in ihrer Wohltätigkeit. Ihnen fehlt das Vertrauen in die Ausgabenpolitik des Landes, in dem sie steuerpflichtig sind. Viele sind aber durchaus bereit, ihren Beitrag zum Gemeinwohl, zum Beispiel durch Stiftungen im Ausland, zu leisten.
Damit lässt sich Steuerhinterziehung zwar ethisch nicht rechtfertigen, aber das Signal ist positiv aufzunehmen. Dazu sind Steuerabzugsmöglichkeiten für gemeinnützige Zuwendungen und bei der Schaffung von Stiftungen großzügig zu gestalten und grenzüberschreitend anzuerkennen. So werden wichtige freiwillige Leistungen zum Gemeinwohl gefördert.

Christoph Stückelberger *(1951) ist Direktor und Gründer des internationalen Ethiknetzwerks Globethics.net (www.globethics.net) mit Sitz in Genf, Schweiz. Er ist Professor für Ethik mit Schwerpunkt Wirtschaftsethik und Entwicklungsethik an der Universität Basel und regelmäßiger Gastdozent in Asien und Afrika. Er war viele Jahre lang Zentralsekretär für die Schweizer Entwicklungshilfeorganisation ‚Brot für alle' und Autor vieler Bücher über Ethik, die in verschiedene Sprachen übersetzt und publiziert wurden.*

LITURGIE
9

Die Liturgie des Abendmahls und Aspekte der Gerechtigkeit

LINDSAY SCHLUTER, LARKHALL, SCHOTTLAND

"The God of Scripture is not a God of disorder, but surely God's ways are not our ways, nor are God's thoughts our thoughts (Isaiah 55:9). Our Sunday services can become efforts to orchestrate intimacy without contact, to seek encounter without risk. The danger of losing control in our worship is an apparent danger to us but irrelevant to God."[1]

‚Beten heißt das Eintreten in die Höhle des Löwen. Wir treten vor den Heiligen und es ist ungewiss, ob wir lebendig und vernünftig zurückkehren, denn es ist angsteinflössend, in die Hände des lebendigen Gottes zu fallen.[2]

Im Herzen des Gebets, im Herzen des Gottesdienstes steht alles auf dem Spiel, was in unserem Leben von Bedeutung ist. Jeder Aspekt des auf sich selbst bezogenen Lebens gerät ins Wanken, wenn wir zu dem Gott beten, der sich selbst in unsere absolute Selbstbezogenheit hineinbegibt, und wenn wir gebeten werden, Gottes Gabe seiner Selbst mit anderen zu teilen. So verstanden ist Gottesdienst in der Tat ein gefährliches Unterfangen und auch eines, bei dem wir uns fragen, ob wir wirklich daran teilnehmen möchten. Es kann sein, dass wir am Ende eines Gottesdienstes nie mehr dieselben sind, dass wir uns der Gefahr ausgesetzt haben, Gott von Angesicht zu Angesicht zu begegnen und als Folge davon zu

---

1 Vgl. Labberton, Mark, The Dangerous Act of Worship, Downers Grove (Illinois) 2007, 47. (Übersetzung: Der biblische Gott ist kein Gott des Chaos, doch fest steht ‚meine Gedanken sind nicht eure Gedanken, und eure Wege sind nicht meine Wege, spricht der Herr' (Jesaja 55,8!) In unseren Sonntagsgottesdiensten können wir uns darum bemühen, ohne Kontakt Nähe zu inszenieren, ohne Risiko eine Begegnung anzustreben. Die Gefahr, während unseres Gottesdienstes die Kontrolle zu verlieren, stellt eine Gefahr für uns dar, ist jedoch irrelevant für Gott.)
2 Der Ausspruch wird einem unbekannten amerikanischen Prediger zugeschrieben.

entdecken, dass wir diejenigen sind, auf die die leidende Welt als Zeichen Gottes wartet.[3]

Sich am Gottesdienst zu beteiligen, ist gefährlich. Es ist ein tiefgehender Akt der Gegenkultur und zeigt nur zu oft unsere geistliche Selbstzufriedenheit gegenüber einer Welt des Leidens und der Ungerechtigkeit.

Während wir die Gebete vorbereiten, den Wein besorgen, die Zentralheizung einschalten oder den Rotationsplan für diejenigen, die die Kollekte zählen, zusammenstellen – während wir all dies und noch mehr tun, um den Gottesdienst vorzubereiten, müssen wir an der größeren Vision und ihrer gefährlichen Bedeutung festhalten, was es heißt, ein Gott anbetendes Volk zu sein.

All diese Bemühungen, den Gottesdienst zu gestalten, bergen noch eine weitere Gefahr: Gottes Heiliger Geist wird sich dorthin bewegen, wo er will, wohingegen wir nur allzu oft den Wunsch nach Kontrolle hegen, was Gottes Geist erdrücken und behindern kann. Vielleicht besteht darin sogar einer der bewussten oder unbewussten Wünsche, die wir als Liturginnen und Liturgen haben.

Und noch eine weitere Gefahr bleibt unseren Augen nur allzu oft verborgen, wenn wir uns mit der Vorbereitung, Ausführung und Teilnahme am Gottesdienst beschäftigen:

Angefangen in den ersten Kapiteln der Bibel wird die Bereitschaft der Menschen, Lügen über Gott zu glauben und dann sogar zu versuchen, diese Lügen auf Gott abzuwälzen, offensichtlich. Wieder und wieder versucht das Volk Israel, Gott mitzuteilen, dass es auf Seiner Seite steht und tut, was Gott befohlen hat. Und wieder und wieder machen die Propheten es deutlich: Es ist eine Lüge. Die Annahme, wir könnten uns hinter unserem eigenen anmaßenden Verhalten verstecken, beginnt im Garten Eden und hat im Jahr 2011 nichts von ihrer Anziehungskraft verloren. Dann noch Öl ins Feuer zu schütten, indem man andere beschuldigt – ‚Die Frau, die du mir zugesellt hast...' (Gen 3,12), wird nicht funktionieren. Wir mögen es schaffen, uns selbst zu betrügen, nicht aber Gott. Wir sind dazu aufgerufen, Gott im Geiste sowie in Wahrheit zu verehren, doch wie *Labberton* schon sagt: Es existiert nur *eine* Gemeinschaft, in der nicht gelogen wird: die dreieine Gemeinschaft Gottes des Vater, des Sohnes und des Heiligen Geistes.[4]

„Was nennt ihr mich aber Herr, Herr, und tut nicht, was ich euch sage?" (Lk 6,46) Die Diskrepanz zwischen unseren Gottesdiensten und unserer christlichen Lebensweise kann groß sein.

"We confess 'Jesus is Lord' […] but only submit to the part of Christ's authority that fits our grand personal designs, doesn't cause pain, […] doesn't draw us across

---

3 Röm 8,19: „Denn das ängstliche Harren der Kreatur wartet darauf, dass die Kinder Gottes offenbar werden."

4 Vgl. Labberton, a.a.O., 70.

ethnic or racial division, doesn't add the pressure of too much guilt, doesn't mean forgiving as we have been forgiven, doesn't ask for more than a check (sic) to show compassion. We "sing psalms and hymns and spiritual songs" [...] expressing our desire to know Jesus, but the Jesus we want to know is the sanitized (sic) Jesus that looks a lot like us when we think we are at our best. Despite God's Word to the contrary, we think we can say we love God and yet hate our neighbour, neglect the widow, forget the orphan, fail to visit the prisoner, ignore the oppressed."[5]

Soviel sei gesagt, um den Kontext dieses Aufsatzes darzustellen, dessen Hauptanliegen darin besteht, Fragen der Liturgie des Abendmahls im Verhältnis zu Aspekten der Gerechtigkeit zu behandeln.
Ich war von meiner eigenen Kirche der Church of Scotland gebeten worden, im März 2009 an einer die Generalversammlung in Grand Rapids 2010 vorbereitenden Konferenz in Zürich teilzunehmen. Die Hauptqualifikation, weswegen ich wahrscheinlich ausgewählt worden war, bestand darin, dass eine der auf der Konferenz gesprochenen Sprachen Deutsch war, eine Sprache, derer ich mächtig bin. Das Thema der Konferenz – die historische Entwicklung innerhalb des RÖR sowie des RWB, besonders hinsichtlich des Bekenntnisses von Accra – war bis zu diesem Zeitpunkt eine von Ferne kommende Information gewesen, welche gelegentlich auf meinem Schreibtisch gelandet war, zusammen mit weiterer Post, die die große Spannweite der Angelegenheiten umfasst, mit denen sich eine Gemeindpfarrerin der Church of Scotland herumschlagen muss, wenn sie sich nicht mit den aufbrausenden Gemütern der Gemeindeleitung wegen nicht funktionierender Zentralheizungen auseinandersetzen muss oder gerade nicht der besonderen Genüsse der Teilnahme an Stadtratssitzungen wegen des rechtoder unrechtmäßigen Parkens vor Kirchengrundstücken frönt.
Nachdem ich gleichsam wie die „Unschuld vom Ausland" auf der Konferenz eingetroffen war, nicht nur was die Feinheiten des Schweizer öffentlichen Verkehrssystems betrifft, das mich zum Konferenzzentrum bringen sollte, sondern

5   Vgl. Labberton, a.a.O., 71. (Übersetzung: Wir bezeugen, dass „Jesus der Herr ist"...
    doch unterwerfen wir uns nur dem Teil der Autorität Christi, der zu unseren großen
    persönlichen Lebensentwürfen passt, keinen Schmerz hervorruft, [...] uns nicht über
    ethnische oder rassische Trennungslinien zieht, uns nicht mit zuviel Schuld unter
    Druck setzt, nicht impliziert, zu vergeben, wo uns vergeben wurde, uns nicht mehr
    als einen Scheck (sic) abverlangt, um Mitgefühl zu zeigen. Wir „singen Psalmen und
    Hymnen und geistliche Lieder" [...], die unseren Wunsch ausdrücken, Jesus kennen zu
    lernen, doch der Jesus, den wir kennen lernen möchten, ist der sterile (sic) Jesus, der
    uns dann sehr gleicht, wenn wir meinen, gerade am besten auszusehen. Obwohl das
    Wort Gottes das Gegenteil besagt, glauben wir, behaupten zu können, dass wir Gott
    lieben und trotzdem unseren Nächsten hassen, die Witwe vernachlässigen, die Waisen
    vergessen, den Gefangenen nicht besuchen, die Unterdrückten ignorieren können.)

auch im Hinblick auf die Thematik selbst und obwohl ich mich in jedes Dokument vertieft hatte, das ich in die Hände bekommen konnte, fand ich mich schließlich in der heiklen Lage wieder, innerhalb der ersten halben Stunde nach meiner Ankunft gefragt zu werden, ob ich in Betracht ziehen könnte, einen Gottesdienst abzuhalten. Morgen.

Dieser spezielle Gottesdienst ist der Grund dafür, warum ich auf die Liste der zu dieser Veröffentlichung Beitragenden hinzugefügt wurde. Eine Analyse dieses speziellen Gottesdienstes kann in der Retrospektive nicht mehr geboten werden, da die diesbezüglichen Aufzeichnungen nicht mehr vorhanden sind. Während mir einige der übergreifenden Betrachtungen, welche dem Verfassen dieses speziellen Gottesdienstes zugrunde liegen, noch im Gedächtnis sind, soll dieser Beitrag eher weiter gefasste Aspekte der Liturgie des Abendmahls im Allgemeinen reflektieren als diese spezielle Liturgie, auf die sich die Anfrage der Herausgeber bezogen hatte. Ich schreibe als Gemeindepfarrerin wie auch als theologisch reflektierende Praktikerin. Ich schreibe ebenfalls aus einem speziellen kulturellen Kontext sowie einem speziellen theologischen Hintergrund heraus, was einigen Leserinnen und Lesern aufgrund ihres speziellen kulturellen, kirchlichen oder theologischen Kontexts eventuell eine Übersetzung, Modifizierung oder gar einen Widerspruch abverlangt. Eine Hintergrundinformation die sich vielleicht - vielleicht aber auch nicht - als nützlich erweist: Die Autorin ist eine ordinierte Pfarrerin der (presbyterianischen) Church of Scotland, die in einer der sozial und wirtschaftlich benachteiligteren Gegenden des Landes tätig ist. Würde man die Autorin nach ihrer theologischen Orientierung fragen, würde sie sich von ihrer allgemeinen Neigung her als Calvinistin bezeichnen, obwohl sie, und dies hoffentlich nicht unkritisch, eine lutherische Kindheit, sowie während ihrer Studienjahre ein Eintauchen in den römisch-katholischen Glauben genoss.

Bund. Gerechtigkeit. Gemeinschaft. Liturgie. Ein jedes dieser Themen verdient eigene Aufmerksamkeit, doch die Bitte war ausgesprochen worden, basierend auf der Erfahrung dieses Gottesdienstes, den die Autorin gemeinsam mit einem irischen Kollegen im Rahmen der oben erwähnten Konferenz leitete, über Liturgie und Gemeinschaft, Liturgie und Gerechtigkeit, das Abendmahl und Gerechtigkeit zu reflektieren.

Nachdem ich die örtliche Universitätsbibliothek aufgesucht hatte – wobei mir im Hinblick auf diese Themen seitens der akademischen Welt ein eher magerer Erfolg beschieden war – wandte ich mich Rat suchend an Pfarramtskolleginnen und -kollegen. Es stellte sich heraus, dass besonders die beiden Paare ‚Liturgie und Gerechtigkeit' und ‚Abendmahl und Gerechtigkeit' keineswegs natürliche theologische Gefährten sind oder als solche betrachtet werden können.

Anstatt zu versuchen, diese Lücke mittels einer akademischen theologischen Schrift zu überbrücken, schlage ich vor, für die oben genannten Themen Überlegungen anzubieten, die sich von diesem speziellen Gottesdienst auf der Konferenz über allgemeine Betrachtungen, die im Laufe vieler Jahre im Gemeindepfarramt gesammelt wurden, hin zu biblischen theologischen Überlegungen und auch pastoralen Betrachtungen erstrecken.

Die Liturgie, die für die oben erwähnte Konferenz vorbereitet worden war, war unter der nachteiligen Voraussetzung ausgearbeitet worden, so kurzfristig verlangt worden zu sein und allein mit der Bibel als Nachschlagewerk. Mit Hilfe eines irischen Kollegen wurde eine Liturgie geschaffen, die von Elementen aus dem ‚Book of Common Order' der Church of Scotland präsent waren. Des Weiteren wurden Inhalte verwendet, welche seitens der ‚Iona Community' in das Leben meiner Kirche Einzug gehalten hatten. Von ihrem Ansatz her basierte sie durch und durch auf der Bibel, wobei noch verstärkt Wert darauf gelegt wurde, dass diese auch jenen zugänglich war, für die Englisch weder Muttersprache, noch Zweitsprache, sondern eher die Dritt- oder Viertsprache darstellte.

Während der Vorbereitung wurde über Aspekte des liturgischen Ablaufs nachgesonnen: In welcher Form würden Brot und Wein geteilt werden? Fragen zu der Theologie des Abendmahls wurden berührt. Konnte man annehmen, dass alle Anwesenden in der calvinistischen Theologie der tatsächlichen Anwesenheit Christi verankert waren? In jener Phase der Konferenz hatten wir uns kaum gegenseitig mit Namen kennen gelernt, geschweige denn im Hinblick auf unsere jeweiligen theologischen Hintergründe. Waren irgendwelche Zwinglianer unter uns? Irgendwelche heimlichen Lutheraner?

Dann war da noch der Gegenstand der Gerechtigkeit: Es fand zwar kein bewusster Umgang damit statt, doch war er bei der Vorbereitung der Liturgie ein ständiger Begleiter, was die Umstände von Gerechtigkeit und potenzieller Ungerechtigkeit angeht, die man ansprechen musste.

Die Konferenz war im Rahmen des Themenkreises ‚Communion and Justice' einberufen worden und Abgesandte aus ganz Europa waren angereist, um daran teilzunehmen. Doch eine der ersten Beobachtungen, die seitens eines Delegierten gemacht wurden, war die Tatsache, dass im Konferenzprogramm nirgendwo die Gelegenheit für die Begehung eines Gottesdienstes mit Abendmahl eingeplant worden war. So wurde kurzfristig Platz für einen dementsprechenden Gottesdienst geschaffen.

Dass kein solcher Gottesdienst eingeplant worden war, mag tatsächlich versehentlich geschehen sein. Doch stellte diese Tatsache an sich eine Ungerechtigkeit dar, vielleicht sogar eine sehr reformierte Ungerechtigkeit.

Wir mögen behaupten, dass die Verkündigung des Wortes Gottes und das Spenden der Sakramente die *notae ecclesiae* darstellen. Doch in der reformierten Praxis verhält es sich geschichtlich betrachtet so, dass der Schwerpunkt mehr beim Predigen des Wortes Gottes als beim Feiern des Abendmahls liegt. Wenn wir uns zwischen den beiden entscheiden müssen, geht unsere natürliche Neigung nicht in Richtung des Sakraments. Wagt jemand zu behaupten, dass innerhalb unseres reformierten Denkgebäudes und reformierter Spiritualität eine Tendenz besteht, der Bedeutung des Sakraments des Abendmahls Unrecht zu tun, indem es als zweitrangige anstatt gleichrangige *nota ecclesiae* behandelt wird? Ungerechtigkeit zeigte ihr Gesicht auch auf andere Arten, sei es auch noch so flüchtig. Die einzige ordinierte Frau, die bei der Konferenz anwesend war, wurde ausgewählt, um diesen Gottesdienst vorzubereiten und zu leiten. Der Grund dafür lag offensichtlich darin, dass dies die Rolle ordinierter Frauen innerhalb der reformierten Familie stärken würde. Zumindest beiläufig kann die Frage nicht vermieden werden, warum eine reformierte ordinierte Frau noch immer solch eine Seltenheit ist, dass sie nicht aufgrund ihrer eigenen Verdienste ausgewählt wird, sondern als symbolische Vertreterin ihres Geschlechts.

Die diesbezügliche Ungerechtigkeit lag nicht nur im Ungleichgewicht der Geschlechter, sondern auch in der Rolle der Liturgin und des Liturgen. Da es keine vorgeschriebene Liturgie gibt, haben die Reformierten traditionsgemäß hohe Erwartungen an die Liturgin und den Liturgen, was die Vorbereitung der Liturgie angeht - und dies zu Recht. Die reformierte Gemeinde erwartet, dass sie bzw. er der Liturgie des Abendmahls Gerechtigkeit widerfahren lässt, denn indem sie bzw. er dies tut, erfahren hoffentlich auch jene Gerechtigkeit, die in Verehrung Gottes daran teilnehmen, sowie der Eine, dem diese Verehrung gilt. Eine Liturgie, die kurzfristig und ohne zur Verfügung stehende Ressourcen vorbereitet wird, kann diese Erwartungen erfüllen, doch geht die Arbeit unter größerem Druck vonstatten. Ein Liturg mag gelegentlich unter solchem Druck arbeiten müssen, wenn sich die Umstände gegen ihn, die Gemeinde und die Kirche verschwören, doch im Normalfall wird man aus Gründen der Gerechtigkeit gegenüber der Liturgin, der Liturgie, der versammelnden Gemeinde sowie gegenüber Gott versuchen, adäquaten Raum zur Vorbereitung sicherzustellen.

So müssen bereits bei der Vorbereitung selbst Aspekte der Gerechtigkeit angesprochen werden. Bei einer Gemeinde mit einem hohen Anteil ehemaliger Alkoholiker bedarf es Überlegungen im Hinblick auf ihre Bedürfnisse, wenn es darum geht, nicht nur das Brot, sondern auch den Wein zu teilen. Man muss sich der Frage annehmen, welche Art Brot man verwendet und woher man es bezieht. Soll es sich um einen ungesunden, billigen Laib Brot handeln, dessen Massenproduktion die unter fürchterlichen Bedingungen tätigen Arbeiterinnen und Arbeiter ausbeutet, das jedoch das Brot der Armen ist und daher als Ausdruck der Solidarität mit ihnen verstanden werden könnte, obwohl es Teil der Ausbeutung genau derselben Gruppe Menschen ist? Oder soll es ein selbstgebackenes, glutenfreies Vollkornbrot sein – und damit ein der Mehrheit der Gemeinde völlig fremdes Nahrungsmittel? Und inwiefern begünstigen wir die Ungerechtigkeit, was die Aspekte und Effekte des Klimawandels angeht, indem wir über weite Entfernungen Wein importieren, nur weil wir nicht in einem Land leben, das keinen Wein produziert?

In der Liturgie des Abendmahls wird das Drama der Erlösung erinnert und die versammelte Gemeinde erlebt dieses als aktiv teilnehmende Gruppe und nicht als passive Rezipienten, denen eine Handlung widerfährt. Wenn der theologische Aspekt der tatsächlichen Präsenz Christi im Sakrament weiterhin Gültigkeit haben soll, ist er für jene real, die sich zu dieser Handlung versammeln. Jede individuelle Geste, jedes individuelle Wort, Lesung, Gebet und Hymne ist damit Teil des Erlebens dieses Dramas der Erlösung.

Zu diesem Drama der Erlösung versammeln wir uns, wie es die ersten Jünger in der Gemeinschaft der nicht Gerechten taten. Der einzig Gerechte in diesem Geschehen ist Christus. Betrüger, Ehebrecher, Kinderschänder, Lügner, Verräter, Aufsteiger, gierige Bankiers, herzlose Alte und nachlässige Pfarrer – große und kleine Sünder stehen um diese Tafel versammelt und wissen, dass sie nicht gerecht sind, vertrauen jedoch darauf, in Christus Gerechtigkeit zu erfahren.

Diese Versammlung der Ungerechten um den Tisch herum ist Zeichen und Symbol einer neuen Realität in Christus, welche eines Tages ihre Erfüllung und ihren Abschluss finden wird, jedoch noch nicht jetzt.

Zeichen und Symbol sowie Teilnahme an dem Drama erfordern jedoch, dass jene, die sich um den Tisch herum versammelt haben, danach streben, diese zukünftige Realität bereits heute auszudrücken und beginnen, die ethischen Konsequenzen, die sich aus dem Drama der Erlösung für das Leben ergeben, nicht nur im Kontext der Liturgie darzustellen, sondern auch jenseits davon. Das bedeutet, das diejenigen, die von sich selbst wissen, dass sie ungerecht sind, jedoch in Christus Gerechtigkeit erfahren, danach streben, die Gerechtigkeit Gottes zu leben, die sie selbst erfahren haben; und dass sie dies nicht auf eine privatisierte, individualisierte Art und Weise tun, sondern als Kirchengemeinde ebenso wie in Bezug auf die Weltgemeinschaft.

In der Gemeinde in Korinth waren es jene, die aßen und tranken, ohne mit den ärmeren Mitgliedern derselben Gemeinde zu teilen, die die zukünftige Realität im Hier und Jetzt nicht zum Ausdruck brachten.[6] Weil sie ihre Bäuche füllten, ohne den ärmeren Gemeindegliedern dieselbe Möglichkeit dazu zu bieten, und

---

6   Vgl. 1.Kor 11,17-34. Die Reichen, denen reichlich gemeinsame Zeit blieb, begannen bereits mit dem so genannten Agapemahl, bevor ihre ärmeren Mitchristinnen und Christen vom Dienst bei ihren Herren kamen. Es scheint, dass dieses Agapemahl, das vor dem ‚richtigen' Abendmahl begangen wurde, nicht als wichtig erachtet wurde. Es scheint, dass das ‚richtige' Abendmahl als der Akt verstanden wurde, in welchem Christi Opfertod am Kreuz gedacht wurde und dass das Agapemahl lediglich als geselliges Essen betrachtet wurde. Dei Kritik des Paulus an den Reichen bestand darin, dass ihr Benehmen jenseits des ‚richtigen' Abendmahls die ganze Bedeutung desselben korrumpierte. Um es metaphorisch auszudrücken, ist gemäß Paulus' Verständnis die horizontale Beziehung zwischen den Armen und den Reichen ebenso bedeutend wie die vertikale Beziehung zwischen Christus und den korinthischen Gemeindegliedern.

da sie Brot und Wein in der Liturgie an sich offensichtlich als ein sich selbst genügendes Symbol erachteten ohne ethische Konsequenzen im Hinblick auf ein gerechtes Lebens, musste die Gemeinde in Korinth von Paulus an die Untrennbarkeit und die ethischen Konsequenzen erinnert werden, die das Sakrament des Abendmahls in sich trägt.

Man kann argumentieren, dass die wenigsten Gemeinden in derselben Weise schwelgen würden wie einige in der Gemeinde in Korinth und doch gibt es in der weltweiten Kirche jene, die sich weiterhin den Bauch füllen und jene, die das nicht können: Es gibt weiterhin jene, die dies nicht als Ungerechtigkeit empfinden, die es erforderlich macht, direkt aus der Liturgie des Abendmahls heraus angesprochen zu werden. Sie erkennen nicht, dass das Teilen der Elemente und die lebendige Präsenz Christi in eben diesem Teilen es erforderlich machen, dass das Drama der Erlösung sich auch jenseits der Grenzen der Liturgie abspielt – dass die Darsteller dieses Dramas ‚das Stück in die Welt hinaustragen.'

Weitere Aspekte der Ungerechtigkeit im Kontext des Abendmahls mögen leichter zu identifizieren sein, sie mögen im Vergleich wesentlich kleiner erscheinen, doch wenn man es unterlässt, sie anzusprechen, haben sie möglicherweise weit reichende Auswirkungen im Hinblick auf die Integrität des Lebens und des Glaubens der Gottesdienstgemeinschaft.

Was sagt es über das gerechte Leben jener aus, die durch Christus gerechtfertigt wurden, wenn eine Person beinahe immer die erste ist, die bedient wird, besonders wenn diese Person wahrscheinlich der hochrangige Älteste oder der einflussreiche Schatzmeister ist, anstatt des Mannes, dessen Kampf gegen die Drogensucht noch nicht erfolgreich war?[7] In der liturgischen Praxis wird man versuchen, sich einer solchen Situation anzunehmen, indem man sicherstellt, dass möglicherweise eine festgelegte Rotation derjenigen, die zuerst an die Reihe kommen, eingeführt wird; ebenso könnten Gemeinden der Gefahr, einzelne Individuen auszuwählen, durch die Aufnahme der Praxis des wortwörtlichen miteinander Essens und Trinkens begegnen, indem man wartet, bis jeder einzelne etwas bekommen hat.

Was sagt es über das gerechte Leben jener aus, die durch Christus gerechtfertigt wurden, wenn ein gewisses Alter erreicht werden muss, bevor die Einbeziehung aller Getauften in Betracht gezogen werden kann? Was sagt es aus, wenn es wie im schottischen Kontext der Fall ist, die getauften Kinder und jungen Menschen aus den Räumlichkeiten der den Gottesdienst feiernden Gemeinde entfernt wer-

---

7 In verschiedenen Gemeinden werden unterschiedliche Arten des Austeilens und Teilens stattfinden; das Hauptargument liegt darin begründet, dass man jedem Umstand Aufmerksamkeit widmen muss, der potenzielle Gefahren für eventuell nutzlose Botschaften im Hinblick auf Gerechtigkeit und/oder Ungerechtigkeit während des Austeilens und Teilens in dieser speziellen liturgischen Handlung offenbart.

den, bevor das Sakrament des Abendmahls geteilt wird? Was sagt es über das gerechte Leben jener aus, die durch Christus gerechtfertigt wurden, wenn das Geschlecht darüber bestimmt, wer Brot und Wein austeilen darf oder wenn die Hautfarbe darüber bestimmt, wer die Einsetzungsworte vorlesen darf. Was sagt es über das gerechte Leben jener aus, die durch Christus gerechtfertigt wurden, wenn die Sprache der Liturgie unverständlich, ausgrenzend, vernachlässigend oder all dies zusammen ist? Was sagt es über das gerechte Leben jener aus, die durch Christus gerechtfertigt wurden, wenn wir um den Abendmahlstisch gemeinsam den Friedensgruß sprechen, es jedoch nicht schaffen, jenseits davon wertschätzend miteinander umzugehen?

Was sagt es aus, wenn wir die Reichtümer des Himmels umsonst erhalten und dann andere für die Güter bezahlen lassen, die wir für unseren täglichen Bedarf einfordern?

Deshalb müssen wir uns der Tatsache äußerst bewusst sein, dass all unsere liturgische Interaktion eine Bedeutung hat, die gegen unsere Interaktion als Gläubige auch jenseits der Liturgie aufgewogen wird.

Die kleinste Geste wird nicht nur anderen, sondern auch uns selbst Auskunft geben über das Maß an Integrität, mit dem wir leben wollen.

Was sagt es aus, wenn das übrig gebliebene Brot der Abendmahlsfeier einfach im Müll landet? Was sagt es aus, wenn der Liturg den Kelch nicht hoch genug hält, damit alle ihn sehen können? Sind dies liturgische Details? Unbedeutend? Oder sind sie beabsichtigt oder unbeabsichtigt von Bedeutung?

Die Liturgie des Abendmahls erzählt uns, wer wir sind, wem gehören und wie wir leben sollen. Die Liturgie des Abendmahls und der Aspekt der Gerechtigkeit sind aus dem einfachen Grund untrennbar miteinander verbunden, weil wir Jesus als Herrn anerkennen. Doch ist es Gottes Gerechtigkeit mit der wir konfrontiert werden und diese hat zunächst mehr über uns selbst zu sagen, als wir über andere zu sagen haben.

Im Herzen von Gottes Gerechtigkeit liegt die Anerkennung und das Bekenntnis unserer Ungerechtigkeit: *unserer* Ungerechtigkeit, nicht die anderer. ‚Die Frau, die du mir zugesellt hast...' - mit dem Finger auf andere zu zeigen, reicht nicht aus.

Deshalb ist es wichtig anzumerken, dass es hinsichtlich des Abendmahls und des Aspekts der Gerechtigkeit in allererster Linie Gottes Gerechtigkeit ist, mit der wir es zu tun haben und danach erst mit unserer Ungerechtigkeit. Das hieraus folgende Interesse an Gerechtigkeit resultiert aus der primären Erkenntnis, dass die Gerechtigkeit nicht unsere, sondern Gottes Gerechtigkeit ist, die uns als Geschenk und barmherzige Gnade gegeben wird. Diese darf sich nicht auf unsere private Erlösung beschränken, sondern muss zur Erlösung der gesamten Schöpfung geteilt werden.

Im Zentrum der Liturgie erkennen wir Jesus als Herrn an und Gott als den Schöpfer der Gerechtigkeit, der göttlichen Gerechtigkeit. Und wir bekennen unsere

Ungerechtigkeit im Vertrauen darauf, durch Christus gerechtfertigt zu werden. In der liturgischen Geschichte der Kirche ist dies während der Vorbereitung für das Empfangen und Teilen des Abendmahls im *agnus dei* in besonderer Weise zum Ausdruck gekommen.

Die Interaktion in Form der kurzen Sätze zwischen dem Liturgen und der Gemeinde ist Ausdruck der Wechselbeziehung zwischen Gottes gnädiger Gerechtigkeit und unserer Ungerechtigkeit und genau an dieser Stelle soll man sein Augenmerk auf eine liturgische Entwicklung richten, die in der reformierten Tradition Schottlands stattgefunden, jedoch auch ähnliche Ausdrucksformen in anderen Zweigen der reformierten Kirchenfamilie gefunden hat. Ursprünglich als liturgische Interaktion zwischen dem Liturgen und der Gemeinde gedacht, wurden solche Erwiderungen, wie sie im *agnus dei* angezeigt werden, allmählich dem Liturgen zur alleinigen Ausübung zugeschrieben – vielleicht aus einer fehlgeleiteten Angst heraus, als zu römisch-katholisch oder bischöflich angesehen zu werden. Dadurch zwängte man die Gemeinde in die Rolle passiver Empfänger statt aktiver Teilnehmer an der Liturgie und dem Drama der Erlösung, nicht nur das Abendmahl betreffend, dort jedoch im Besonderen.[8]

Des Weiteren erweist sich die Veränderung der Sprache, welcher einige dieser Sätze unterzogen wurden, in einigen Zusammenhängen für einzelne Gemeindemitglieder als unzugänglich und unverständlich. Sätze wie ‚Lamm Gottes, das hinwegnimmt die Sünde der Welt' - auch wenn sie in ihren Grundfesten auf der Bibel basieren – erweisen sich in einigen Fällen als modernes Äquivalent des mittelalterlichen Lateins der Liturgie, welches die Reformatoren kritisiert hatten. Ungerechtigkeit wurde und wird weiterhin begangen, indem man die Teilnahme der Gemeinde unterdrückt und das Verstehen seitens der Gemeinde außen vor lässt.

Eine weitere, möglicherweise speziell schottische Ungerechtigkeit im Zusammenhang mit der Liturgie des Abendmahls besteht in der Unterscheidung zwischen den sogenannten ‚formalen' und ‚informalen' Abendmahlsfeiern. Erstere beziehen sich auf die oft noch immer quartalsweise oder zweimal im Jahr stattfindenden Abendmahlsfeiern oder gar Abendmahls-Zeiten, letztere auf kurze Abendmahlsfeiern, die im Anschluss an den Hauptteil der Frühmes-

---

8 Einen Eindruck über den langen Prozess der Wiedereinführung solcher liturgischen Interaktionen kann man beim Übergang von der Ausgabe des ‚Book of Common Order of the Church of Scotland' von 1979 hin zum Nachfolgewerk von 1994 gewinnen. Während die Ausgabe von 1979 lediglich auf die Möglichkeit einer liturgischen Interaktion zwischen Liturgen und Gemeinde hinweist, ist die Ausgabe von 1994 diesbezüglich eindeutig. Da das ‚Book of Common Order' nicht verpflichtend ist und vorausgehende Ausgaben noch in Gebrauch sind, mag es einige Generationen mehr bedürfen, bevor eine liturgische Interaktion dieser Art zur allgemeinen Praxis in diesem Zweig der reformierten Kirche wird.

se gefeiert werden, der oft nur eine kleine Gruppe Mitglieder beiwohnt, die für diese Feier noch zurückbleibt. Die anlässlich dieser Gelegenheiten erfolgte Abtrennung des Abendmahl als ‚zusätzliches Extra' wiederum bedeutet, dass das Sakrament des Abendmahls gegenüber der Predigt des Wortes als nicht gleichgestellt angesehen wird, wodurch ein Ungleichgewicht hinsichtlich ihrer Bedeutung angedeutet wird, dessen ungerechte Neigung zu Ungunsten der Feier des Abendmahls ausfällt.

Es handelt sich ursprünglich um eine Praxis, die aus dem Bedürfnis heraus entstanden ist, eine häufigere Feier dieses Sakraments in das Gemeindeleben zu integrieren. Dies hat jedoch in zu vielen Fällen nicht zur völligen Integration in die bestehende Gottesdienstpraxis der gesamten Gemeinde geführt, sondern im Gegenteil zu einer ziemlich ungesunden Praxis der Trennung des Sakraments vom Hauptteil des Gottesdienstes.

Ähnlich führt in vielen Gemeinden die Praxis im Abendmahlsgottesdienst, lediglich spezielle Abendmahlslieder zu singen und spezielle Abendmahlstexte zu lesen zur Beschränkung auf das Predigen lediglich spezieller Abendmahls-Themen. Im schottischen Kontext führt dies in vielen Fällen zu einem recht verzerrten Verständnis des Gottesdienstes unter denjenigen, die diese lediglich an den Abendmahls-Sonntagen besuchen.[9]

Mag sein, dass sich andere Zweige der reformierten Kirchenfamilie nicht mit derartigen historischen Ausprägungen abmühen müssen, die seitens der Mitglieder wie seitens der Geistlichen zugleich zu einem Mangel an Verständnis für der Vernetzung aller Aspekte der Liturgie geführt hat. Das Abendmahl ist ein integraler Bestandteil, der mit dem fortlaufenden Gottesdienst der Kirche und ihrer Mitglieder interagiert und informiert.

Indem man diese Probleme eher beibehält, anstatt sie anzugehen, tut man nicht nur der Liturgie und der Stellung des Abendmahls selbst Unrecht, sondern auch der am Gottesdienst teilnehmenden Gemeinde, die der Reichtümer und Wohltaten dieses Sakraments beraubt wird. Dies mag besonders für jene relevant sein, die zu der oft recht intellektuellen Herangehensweise in der reformierten Tradition nicht leicht Zugang finden und ihr folgen können. Sie empfinden es als viel einfacher, anhand von Symbolen und symbolischen Handlungen zu reagieren und sich zu engagieren. Dies mag in besonderem Maße, wenn auch nicht ausschließlich, auf kleine Kinder und Erwachsene mit Lernschwierigkeiten zutreffen. Darüber hinaus bietet das Abendmahl vielleicht all jenen Mitgliedern tief greifende und lebensverändernde Möglichkeiten und Herausforderungen, wenn sie sich in der Situation wiederfinden, den Kelch demjenigen zu reichen, den sie

---

9   Dies mag ein spezieller Aspekt des schottischen Kontexts sein, wo es besonders der Besuch des Gottesdienstes am Abendmahls-Sonntag ist, welcher einem garantiert, dass man als Mitglied der Gemeinde im Verzeichnis geführt wird.

am meisten verabscheuen oder dem Ehepartner den Friedensgruß zu geben, mit dem sie gerade große Schwierigkeiten haben. Einer Gemeinde solch regelmäßige Chancen vorzuenthalten, mag eine der Ungerechtigkeiten sein, die besonders auf die schottisch-presbyterianische Tradition zutrifft.

Indem man diese und ähnliche Probleme, die möglicherweise auch in anderen reformierten Kirchen entstanden sind, wird auch Gott Unrecht getan, der uns durch dieses Sakrament die Möglichkeit bietet, zu lernen miteinander in Gerechtigkeit zu leben. Denn im Abendmahl findet man eine der einfachsten und gleichzeitig möglicherweise profundesten Bekundungen von Gottes Gerechtigkeit in der simplen Tatsache, dass jeder und jede dasselbe erhält: ein Stück Brot und einen Schluck Wein. Nicht mehr und nicht weniger. Und damit erhält ein jeder und eine jede auch dasselbe: dem Sünder und der Sünderin, dem Ungerechten und der Ungerechten wird Gottes Gerechtigkeit zugesprochen, die ihren Ausdruck in der Gnade findet, dass der und die Unrechte gerechtfertigt wird. Nicht mehr und nicht weniger.

Mit welcher Leidenschaft wir uns für Gerechtigkeit einsetzen, welchen Erfolg oder Misserfolg wir in unserem Streben nach Gerechtigkeit auch erfahren mögen, müssen wir uns daran erinnern, dass, egal welchem gerechtem Streben wir auch nachgehen, wir dieses als Ungerechte tun, die durch Christus gerechtfertigt wurden. Gerechtigkeit bleibt die Sache Gottes und wird in ihrer Gänze durch Gott und in der von Gott gesetzten Zeit kommen.

‚Ich werde von nun an nicht trinken von dem Gewächs des Weinstocks, bis das Reich Gottes kommt‘ (Lk 22,18). Dies ist der Verweis darauf, was dem Herzen der Liturgie des Abendmahls zugrunde liegt, in dem wir eingeladen werden, einen prophetischen Anteil an Gottes Gerechtigkeit zu haben und an dem teilzuhaben, was letztendlich Gott allein herbeiführen wird. Die eschatologische Dimension befreit uns nicht von dem Bemühen, Teil von Gottes Gerechtigkeit zu werden, wie mühevoll und schwierig sich dieses Streben auch erweisen mag. Denn wenn wir diese eschatologische Realität so ausüben, wie wir die Liturgie des Abendmahls feiern und inszenieren, können wir uns der Forderung nach Integrität von Glauben und Leben nicht entziehen und streben danach, diese Realität jenseits der Liturgie fortzusetzen in einer Welt, die auf Zeichen Gottes auf Erden wartet und danach strebt, dass sie in uns, den Kindern Gottes, offenbar werden.[10]

‚Beten heißt das Eintreten in die Höhle des Löwen. Wir treten vor den Heiligen und es ist ungewiss, ob wir lebendig und vernünftig zurückkehren, denn es ist angsteinflössend, in die Hände des lebendigen Gottes zu fallen.[11]

10 Vgl. Röm 8,19
11 Siehe Anmerkung 2.

Es ist nicht nur das Gebet, das uns in die Höhle des Löwen führt. Dies trifft auf unseren gesamten Gottesdienst inklusive der Liturgie des Abendmahls zu. Es ist in der Tat ungewiss, ob wir lebendig und gesund zurückkehren, denn es ist angsteinflössend, in die Hände des lebendigen Gottes zu fallen. Dies mag der Grund dafür sein, weshalb viele sich weigern, an dem angsteinflössenden Geschehen des Gottesdienstes in allen seinen Facetten teilzunehmen, einschließlich des Abendmahls. Das mag auch der Grund dafür sein, warum wir uns sorgfältig bemühen, den Gottesdienst auf solche Art und Weise zu inszenieren, dass wir ohne Kontakt Innigkeit herstellen, wo wir persönliche Befriedigung anstreben, sowie die Erfüllung unserer Erwartungen, ohne das Risiko einzugehen, von der Anwesenheit Gottes ergriffen und verändert zu werden. Und plötzlich sehen wir uns auf eine Art angesprochen, der wir normalerweise aus Angst davor, der Wahrheit über unser innerstes Wesen ins Gesicht sehen zu müssen, aus dem Weg gehen würden. Wir mögen deshalb danach streben, Gott auf wohlüberlegte Art und zu unseren Bedingungen zu begegnen, weil die Gefahr des Kontrollverlusts größer ist, als wir das wollen – wer weiß, welche Wahrheiten über Gott, die Welt und uns selbst darauf warten, entdeckt zu werden; Wahrheiten, die eine Änderung der Weltsicht, eine komplette und radikale Neuorientierung unseres Lebens erfordern.

Die Liturgie des Abendmahls, die für diese im März 2009 stattfindende Konferenz vorbereitet und durchgeführt wurde, wurde in vielerlei Hinsicht für einen Kontext vorbereitet, der sich von jenem einer Gemeinde unterschied. Sie wurde jedoch unter den kontextabhängigen Besonderheiten und Schwierigkeiten erarbeitet, wie dies, wenn auch auf andere Art und Weise, auch bei Feiern im Umfeld einer jeden Gemeinde der Fall ist.

Die Bedingungen, unter denen diese spezielle Liturgie vorbereitet worden war, war etwas nervenaufreibender gewesen. Für diejenigen, die ein Feingefühl für die englische Sprache sowie für die Traditionen der schottischen und irischen Kirchen haben, mag ein leicht keltisch-christlicher Unterton erkennbar gewesen sein, obwohl auch ein Lied aus Lateinamerika integriert worden war. Sorgfalt in sprachlichen Details, eine frische Ausdrucksweise und Klarheit bei symbolischen Worten und Taten waren einige der Kennzeichen, ebenso wie die Verankerung in der biblischen Tradition, jedoch nicht im Biblizismus.

Die Einladung machte deutlich, dass alle willkommen waren. Unsere allgemeine Stellung als menschliche Wesen im Angesicht Gottes wurde dargelegt und Gottes gnädiges und großzügiges Angebot an uns wurde ebenfalls transparent gemacht. Die Gebete und Lieder wurden mit Rücksicht auf die speziellen Bedürfnisse der multilingualen Gruppe in Angriff genommen. Das Vaterunser wurde in einer Vielzahl von Sprachen gesprochen und das Teilen von Brot und Wein wurde von Worten in der Muttersprache eines jeden Teilnehmers begleitet. Das ‚Heilig, Heilig, Heilig' wurde von allen gesungen als von einem gesprochen. Die

Einsetzungsworte wurden von einem ordinierten Pfarrer und einer ordinierten Pfarrerin und der Friedensgruß von allen gemeinsam gesprochen.[12]

Dies allein bietet jedoch keine Erklärung dafür, weshalb sie die Herzen und Gemüter der Anwesenden berührte. Die Schönheit und Poesie der Worte, die sorgfältige Aufmerksamkeit in der Vorbereitung und der Verankerung in biblischen Grundsätzen allein genügen nicht, um solch einen Raum der Ergriffenheit zu schaffen.

Aus einer Situation des potenziellen Chaos' heraus, aus dem Bedürfnis nach einer Ordnung, in der reformierte Christen aus allen Teilen Europas, die mehr als eine Sprache sprechen, in der Lage sind daran teilzunehmen, war eine Liturgie des Abendmahls erarbeitet worden - mit der Liebe zum Detail, der Sorge um die Einbeziehung aller und einer Klarheit der Sprache und des Ausdrucks im Hinblick auf das biblische Verständnis von Gerechtigkeit und der Rechtfertigung der Ungerechten.

"The God of Scripture is not a God of disorder, but surely God's ways are not our ways, nor are God's thoughts our thoughts."[13]

In dieser Liturgie war eine Ordnung geschaffen worden, doch in diese Ordnung brach der Eine ein, auf den all unsere Anbetung ausgerichtet ist. Dies ist der Eine, dessen wilder und überschäumender Geist jenseits unserer Kontrolle liegt, den wir oft fürchten und in die Gegenrichtung dessen umzulenken versuchen, was wir zu schnell als Chaos und Unordnung wahrnehmen.

Es hatte nicht in der Macht der Liturgen gelegen, diesen Geist zu kontrollieren oder zu lenken, nicht einmal mithilfe der ausgezeichneten Liturgie des Abendmahls. Es hätte auch das genaue Gegenteil der Fall sein können: dass nämlich der Geist uns nicht verwandelt, bewegt oder erfasst hätte – ebenso wie die versammelte Gemeinde sich ebenfalls hätte weigern können, sich zu öffnen, nicht nur hinsichtlich der Worte der Liturgie, sondern der Aufforderung des Geistes.

"Our Sunday services can become efforts to orchestrate intimacy without contact, to seek encounter without risk. The danger of losing control in our worship is an apparent danger to us but irrelevant to God."[14]

---

12 Während die Originalaufzeichnungen dieser Liturgie nicht mehr vorhanden sind, können ähnliche Einsetzungsworte, Gebete, Hymnen und liturgische Handlungen in den Publikationen der ‚Iona Community', wie sie in der Bibliografie und ebenso im ‚Book of Common Order of the Church of Scotland' stehen, zu Rate gezogen werden.

13 Vgl. Labberton, a.a.O., 47. (Übersetzung: Der biblische Gott ist kein Gott des Chaos, doch fest steht „meine Gedanken sind nicht eure Gedanken, und eure Wege sind nicht meine Wege, spricht der Herr")

14 Ebd. (Deutsche Übersetzung: In unseren Sonntagsgottesdiensten können wir uns darum bemühen, ohne Kontakt Innigkeit zu inszenieren, ohne Risiko eine Begegnung anzustreben. Die Gefahr, während unseres Gottesdienstes die Kontrolle zu verlieren, stellt eine Gefahr für uns dar, ist jedoch irrelevant für Gott.)

Es scheint, dass während dieser besonderen Gelegenheit die Intimität, die durch die Schaffung der Liturgie gesucht wurde, zu einem offen Kontakt mit Gott führte. Und die Begegnung, auf die gehofft und für die gebetet wurde, hatte durch den Rahmen der Liturgie stattgefunden.

Den Rahmen der Liturgie kann sich die Autorin als Verdienst anrechen, den Kontakt, die Begegnung, die vertraute Gemeinschaft mit Gott jedoch nicht. Der Schöpfer all dessen ist für immer und ewig Gottes Heiliger Geist allein, der sich bewegt wohin er will und wie er will.

Bibliografie:

Book of Common Order of the Church of Scotland, Edinburgh 1994.

The Book of Common Order, Edinburgh 1979.

Iona Abbey Worship Book, (Hg. v.: Iona Community), Glasgow 2001.

A Wee Worship Book, (Hg. v.: Wildgoose Resource Group), Glasgow 1999.

Dawn, Marva, Reaching out without Dumbing Down, Grand Rapids 1995.

Gaddy, C.W., The Gift of Worship, Nashville 1992.

Labberton, M., The Dangerous Act of Worship, Downers Grove (Illinois) 2007.

Lindsay Schluter (1964) ist seit 1995 Pfarrerin der ‚Trinity Parish Church of Scotland' im schottischen Larkhall. Sie studierte an den Universitäten von Frankfurt/M., Heidelberg, Edinburgh und Glasgow Theologie. Bevor sie ihr geistliches Amt antrat, war sie in der Whisky-Industrie im Nordosten Schottlands tätig. Zurzeit ist sie stellvertretende Vorsitzende des Ausschusses für ökumenische Beziehungen der Kirche Schottlands und schließt zurzeit an der Glasgow University ihre Promotion zu einem Thema der Kirchengeschichte des frühen Mittelalters ab.

PROJEKTE

10

Europas Bund für wirtschaftliche und ökologische Gerechtigkeit

MARTIN ENGELS

DIE PROJEKTE

Die in den folgenden Kapiteln vorgestellten Projekte illustrieren jeweils beispielhaft die Bemühungen der europäischen Kirchen, Globalisierung zu gestalten und mit ihren Folgen umzugehen. Hier finden sich konkrete Ansätze, wie Menschen in den Gemeinden vor Ort mit in den von Accra ausgehenden gemeinsamen Prozess des „Bundes für wirtschaftliche und ökologische Gerechtigkeit" eingebunden werden können. Neben den vorangegangen grundlegenden theoretischen Reflexionen bildet dieser zweite Teil zugleich die zweite ‚Herzkammer' des gesamten Prozesses. Es handelt sich um eine kleine Auswahl von Projekten, die aus zahlreichen Rückmeldungen der einzelnen europäischen Mitgliedskirchen der Weltgemeinschaft Reformierter Kirchen ausgewählt wurde.

Das erste vorgestellte Projekt geht ein drängendes Problem in der Mitte Europas an: Menschenhandel und sexuelle Ausbeutung von Frauen und der Missbrauch von Kindern in der Deutsch-Tschechischen Grenzregion. In einem gemeinsamen Projekt haben sich die Evangelische Kirche in Deutschland und die Evangelische Kirche der Böhmischen Brüder dieser menschlichen Tragödie angenommen, die gesellschaftlich und politisch weitgehend vernachlässigt wird. Der Abschlussbericht der gemeinsamen Fachkommission gibt eine klare Analyse der Situation und lotet dann Handlungsmöglichkeiten für die kirchliche Praxis aus.

Das Globalisierungs-Projekt der Evangelisch-reformierten Kirche aus Deutschland und der Uniting Reformed Church in Southern Africa zeigt, wie anfängliche Spannungen, die sich aus der Erklärung von Accra ergeben haben, fruchtbar gemacht werden können. Auf der Ebene der Kirchenleitung hat es intensive Beratungen im deutschen wie im südafrikanischen Kontext gegeben, die sich mit den Hauptanliegen der Erklärung von Accra auseinandergesetzt haben. Wesentliche Probleme werden zunächst benannt, Perspektiven einer Kirche aus dem ‚global-North' mit den Perspektiven einer Kirche aus dem ‚global-South' ins Gespräch gebracht und schließlich ein gemeinsamer Lösungsweg gefunden. Für den Gebrauch in den Gemeinden ist der sodann folgende Ausschnitt einer Handreichung gedacht. Sie ist das Ergebnis eines gemeinsamen ökumenischen Projekts der United Reformed Church, das sich mit dem Thema des Klimawandels beschäftigt. Die massiven Folgen der Klimaerwärmung für jetzige und zukünftige Generationen werden in den Horizont der biblischen Botschaft und des christlichen Glaubens gestellt. Es ist das Ziel aufzuzeigen, welche ethischen Konsequenzen aus dieser globalen Problematik für Menschen in der Nachfolge Christi in einem hoch entwickelten Industriestaat zu ziehen sind.

Als viertes wird das Thema der so genannten illegalen Immigration aus den nordafrikanischen Staaten nach Europa aufgegriffen. In einem Interview mit Maria Bonafede, der Moderatorin der Waldenserkirche in Italien, wird über die Bemühungen der kleinen Minderheitenkirche berichtet, die politisch um einen menschenwürdigen Umgang mit Flüchtlingen an den südlichen Grenzen der Europäischen Union ringt sowie um die Integration der Migrantinnen und Migranten in die einzelnen Gemeinden.

Wie kann das Thema ‚Gerechtigkeit' an die nachfolgende Generation weitergegeben werden? Kann man Gerechtigkeit lernen? Ein Projekt der Protestantischen Kirche der Niederlande richtet das Augenmerk auf den pädagogischen Zugang zum Thema Gerechtigkeit im Kontext der Globalisierung. Unterrichtsvorschläge werden erarbeitet, die Kinder und Jugendliche für wirtschaftliche und ökologische Gerechtigkeit in ihrem Lebensumfeld sensibilisieren sollen.

Hieran schließt sich eine Zusammenfassung einer Veröffentlichung der Schweizerischen Evangelischen Kirche an. Aus christlicher Perspektive formuliert sie Handlungsvorschläge für Kirchengemeinden, Regierungen und Privatwirtschaft vor dem Hintergrund der Frage, wie Globalisierung allen Menschen dienen kann.

Bei dem abschließenden Projekt wird der Fokus erneut auf die nachwachsende Generation gelegt: In Deutschland, Europas größter Volkswirtschaft, ist in den letzten Jahren die ‚Kinderarmut' ein virulentes Thema geworden. Die von der Evangelischen Kirche von Westfalen ins Leben gerufene Kampagne „Lasst uns nicht hängen" bringt dieses verborgene Thema ans Licht und legt damit den Finger in die skandalöse Wunde des deutschen Sozialstaats, in dem die Zahl der von Armut bedrohten Kinder und Jugendlichen kontinuierlich steigt.

DIALOG

11

Das Globalisierungsprojekt der Uniting Reformed Church in Southern Africa und der Evangelisch-reformierten Kirche aus Deutschland

AHLERICH OSTENDORP, LEER, DEUTSCHLAND

ANLASS DES GEMEINSAMEN GLOBALISIERUNGSPROJEKTS

Das „Bekenntnis von Accra" sorgte für Wirbel! Der Reformierte Weltbund (WARC) verwarf unzweideutig – zwar nicht die Globalisierung – wohl aber die wirtschaftliche Globalisierung unter dem Diktat der neoliberalen Ideologie.

Viele Kirchen und Christinnen und Christen aus den Ländern des Südens sind dankbar für diese theologische Erklärung des Reformierten Weltbunds (WARC) aus dem Jahr 2004. Für sie, die sich zu Recht als Opfer des Neoliberalismus sehen, bringt dieses „Bekenntnis" zum Ausdruck, was sie als Kirchen und Christen in der Nachfolge Jesu in ihrem politischen und ökonomischen Kontext glauben: Gott ist ein Gott der Gerechtigkeit und der Befreiung; er solidarisiert sich mit den Ausgebeuteten und Unterdrückten.

Manche Kirchen und Christinnen und Christen aus den Ländern des Nordens sind durch das „Bekenntnis von Accra" irritiert, manche auch verärgert, viele verunsichert. Sie spüren, ihre Art Kirche Jesu Christi im Bereich des „Imperiums" zu sein, wird in Frage gestellt.

In dieser spannungsreichen und spannenden Situation entschlossen sich die Evangelisch-reformierte Kirche aus Deutschland (ERK) und die Uniting Reformed Church in Southern Africa (URCSA) zu einem gemeinsamen Projekt, das mittlerweile unter der Bezeichnung „Das Globalisierungsprojekt" bekannt geworden ist. In diesem auf drei Jahre angelegten Projekt wurden bereits vorhandene politische und ökonomische Analysen diskutiert und eigene Analysen erarbeitet, beides mit dem Ziel, zu einer gemeinsamen theologisch begründeten Stellungnahme zur neoliberalen Globalisierung zu kommen. Das „Bekenntnis von Accra" wurde dabei nicht in Frage gestellt, sondern als Ausgangspunkt genommen.

Das gemeinsame Unternehmen war erfolgreich! Geholfen hat uns dabei sehr die gute Partnerschaft, die beide Kirchen seit den Zeiten des Kampfes gegen die Apartheid in Südafrika verbindet. Der Glaube an Christus und das gewachsene Vertrauen zwischen beiden Kirchen war die Basis, auf der wir diesen höchst interessanten und erfolgreichen, aber auch spannungsreichen Weg miteinander gehen konnten.

ORGANISATION DER GEMEINSAMEN ARBEIT

In beiden Kirchen wurden Globalisierungsausschüsse gebildet. Gemeinsam wurden die Teilbereiche der Globalisierung festgelegt, die bearbeitet werden sollten. Mitglieder der beiden Ausschüsse erarbeiteten dann Analysen und Positionen zu den verabredeten Themen oder baten externe Experten und Expertinnen um Mitarbeit zu einzelnen Themen. Viel Raum nahm die Diskussion verschiedener theologischer Fragestellungen ein, die das „Bekenntnis von Accra" aufwirft, z.B. Status Confessionis, Imperium, Gottes Option für die Armen. Von den anderen Themen, die bearbeitet wurden, seien exemplarisch genannt: die Geschichte der Ungleichheit; die Politik der Globalisierung; Internationale Finanzmärkte und Entwicklung; Welthandel und Entwicklung; Weltweite Nahrungsmittelkrise; Gender und Globalisierung; Militarisierung und Globalisierung; Demokratie und Globalisierung; Ökologische Gerechtigkeit. Alle diese Themen und einige mehr finden sich auch im gemeinsamen Schlussdokument der beiden Kirchen. Zu diesen Themen haben sich dann in den circa drei Jahren die beiden Globalisierungsausschüsse der URCSA und der ERK zu drei intensiven Arbeitstagungen getroffen.

GRUNDZÜGE DER GEMEINSAMEN POSITION
ZUR WIRTSCHAFTLICHEN GLOBALISIERUNG

Wir sind uns einig, „dass die Frage der globalen wirtschaftlichen Gerechtigkeit eine für die Integrität unseres Gottesglaubens und unsere Nachfolgegemeinschaft als Christinnen und Christen grundlegende Frage ist" (Accra, These 16) und dass die Frage der ökologischen Gerechtigkeit damit untrennbar verbunden ist. Gerade auch in der Auseinandersetzung mit der Ideologie des Neoliberalismus wird deutlich, wie aktuell die Theologische Erklärung von Barmen aus dem Jahr 1934 noch immer ist. Dort heißt es in These II: „Wir verwerfen die falsche Lehre, als gäbe es Bereiche unseres Lebens, in denen wir nicht Jesus Christus, sondern anderen Herren zu eigen wären, Bereiche in denen wir nicht der Rechtfertigung und Heiligung durch ihn bedürfen."

Im Geiste der Theologischen Erklärung von Accra oder wie viele lieber sagen: Im Geiste des „Bekenntnisses von Accra" sind wir der festen Überzeugung, dass Gottes Option für die Armen die Kirchen bindet, dass sie also von ihrem Herrn an die Seite der Armen und Entrechteten gestellt ist, damit sie sich miteinander für eine bessere Gerechtigkeit engagieren. Und weil wir glauben, dass die Erde von Gott geschaffen und der Menschheit anvertraut wurde, eint uns das Streben um die Bewahrung der Schöpfung auf der Grundlage einer ökologischen Gerechtigkeit.

Bemerkenswert erscheint mir, dass wir uns an einer entscheidenden Stelle für den Menschenrechtsansatz entschieden haben. Ausgehend von der skizzierten theologischen Grundlegung verstehen wir die Menschenwürde als unveräußerliche Gabe Gottes an jeden Menschen, unabhängig von Geschlecht, Volkszugehörigkeit, Hautfarbe, Fähigkeit, Religionszugehörigkeit, politischer Überzeugung. Und aus der von Gott gegebenen Menschenwürde wird dann die Gültigkeit der Menschenrechte für jeden Menschen abgeleitet. Zu den Menschenrechten gehören die Allgemeine Erklärung der Menschenrechte von 1948, der Internationale Pakt über bürgerliche und politische Rechte von 1966 und der Internationale Pakt über wirtschaftliche, soziale und kulturelle Rechte von 1966. Die Entscheidung für den Menschenrechtsansatz ist deshalb bedeutsam, weil er dem bewussten und unbewussten Paternalismus in den Beziehungen zwischen Reich und Arm überwinden kann. Die Armen, so der Ansatz, sind nicht die Empfänger der barmherzigen Zuwendungen der Reichen, für die die Armen dankbar zu sein haben; sondern die Armen haben ein Recht auf politische und wirtschaftliche Gerechtigkeit und ein Recht auf ein menschenwürdiges Leben, in dem z.B. das Recht auf ausreichende und gesunde Nahrung, auf eine angemessene Unterkunft, auf Bildung und auf politische Partizipation verwirklicht ist.

Auf dieser Grundlage werden dann die ethischen Konsequenzen zu wichtigen Teilaspekten der wirtschaftlichen Globalisierung entfaltet. Schlagwortartig lassen sich die konkreten Forderungen an Politik und Wirtschaft folgendermaßen skizzieren:

- Die Durchsetzung und Bewahrung der Menschenrechte der Ärmsten ist das Kriterium, an dem wir Politik und Wirtschaft messen.
- Umweltschutz und eine gerechte und nachhaltige Entwicklung müssen Vorrang haben vor Profitinteressen.
- Der Primat der Politik muss gegenüber den global handelnden Finanz- und Wirtschaftsunternehmen zurückgewonnen werden.

- Menschenwürde und Gerechtigkeit erfordern die demokratische Partizipation aller an den Entscheidungsprozessen, die sie betreffen.
- Die Finanzmärkte und Warenmärkte benötigen nicht Liberalisierung und Deregulierung, sondern gesetzliche Regeln, die eine menschenwürdige und ökologisch gerechte Entwicklung fördern.

Wie nicht anders zu erwarten, erwies sich die Debatte um das „Imperium" als äußerst schwierig. Für die Vertreter und Vertreterinnen der Uniting Reformed Church in Southern Africa konnte es kein gemeinsames Dokument ohne Bezug auf das im „Bekenntnis von Accra" genannte „Imperium" geben. Einige Vertreter und Vertreterinnen der Evangelisch-reformierten Kirche hingegen wollten am liebsten auf den Begriff „Imperium" verzichten. Mir ist sehr deutlich geworden: Im Streit um den Begriff „Imperium" treffen unterschiedliche Erfahrungen mit der Globalisierung aufeinander. Wenn ich das richtig verstanden habe, kann man sagen: Menschen in den Ländern des Südens machen die Erfahrung, dass sie zuerst und vor allem Opfer der neoliberalen wirtschaftlichen Globalisierung sind. Ausbeutung und Unterdrückung erfahren sie als ein Machtbündnis („Imperium") zwischen global agierenden Konzernen und den Staaten des reichen Nordens zum Zwecke der Sicherung der eigenen Macht und des eigenen Wohlstands gegen die Armen. Menschen in den Ländern des Nordens haben zumindest bis zur gegenwärtigen Weltwirtschaftskrise unterschiedliche Erfahrungen gemacht. Viele profitieren von der wirtschaftlichen Globalisierung; viele, und zwar gerade die Armen in diesen reichen Ländern, sind aber auch Opfer der neoliberalen Politik. Hinzu kommt, dass die Kirchen in der Bundesrepublik Deutschland gesellschaftlich, politisch und wirtschaftlich in dem politischen und ökonomischen System der westlichen Welt integriert sind. Das schließt politische Kritik am System nicht aus, aber das macht viele Kirchenvertreter und -vertreterinnen aus Deutschland vorsichtig und auch misstrauisch gegenüber einer Fundamentalkritik. Bei aller berechtigten Kritik an dieser Verflochtenheit der deutschen Kirchen mit dem wirtschaftlichen und politischen System sollte nicht vergessen werden, dass diese Verflochtenheit die Kirchen in die Lage versetzt, im eigenen Land und in der Ökumene viele gute Projekte zugunsten der Armen zu unterstützen. Trotzdem müssen die deutschen Kirchen immer wieder darauf hin befragt werden, ob sie noch die nötige kritische Distanz zum System des Kapitalismus haben. Letztlich, so vermute ich, geht es in dem Streit um den Begriff „Imperium" um grundlegende ekklesiologische Fragen: Es geht um die Frage nach dem Verhältnis von Kirche und Staat, um die Frage nach dem Verhältnis von Kirche und wirtschaftlicher Macht, um die Frage, wie man Kirche sein kann und muss im real existierenden Kapitalismus. Mit anderen Worten: Jedes Mal, wenn das Thema „Imperium" von den Kirchen des Südens auf die Tagesordnung gesetzt wird, haben viele Kirchenvertreter und Kirchenvertreterinnen aus Deutschland den Eindruck, ihr Kirchesein werde grundsätzlich in

Frage gestellt. Ich bin der Überzeugung, wir müssen in der Ökumene unter dem Gesichtspunkt des „Imperiums" die Ekklesiologie neu diskutieren.

Im gemeinsamen Globalisierungsprojekt der URCSA und der ERK haben wir uns entschlossen, das Thema nicht ins Zentrum zu rücken, es aber auch nicht zu übergehen. In kontroversen Debatten gelang es uns, eine für alle akzeptable Definition von „Imperium" zu entwickeln. Der Moderator des Reformierten Bundes in Deutschland, *Peter Bukowski,* schreibt als außenstehender Beobachter: „Schließlich sei [...] angemerkt, dass die Diskussion über den Imperiumsbegriff dank der gelungenen und darum wegweisenden theologischen Zusammenarbeit von ERK und URCSA einen entscheidenden Schritt vorangekommen ist. Imperium wird jetzt als theologische Kategorie verstanden, als das, was *Karl Barth* als ‚herrenlose Gewalt' beschrieben hat [...]. So gefüllt beschreibt Imperium einen gefährlichen und gefährdenden Mechanismus sich gegenseitig verstärkender Mächte und Strebungen, der am Ende zur Vergötzung von Macht und Geld führt: ‚Imperium' wird also zur kritischen Rückfrage an alle, anstatt als vermeintlich empirischer Begriff einen Staat oder Wirtschaftsraum zu etikettieren."[1] Ob diese Definition auf der Basis des Begriffs von den „herrenlosen (lordless) Gewalten" wirklich weiterhilft, wird sich zeigen. Meiner Meinung nach, müssen wir neben der ekklesiologischen Debatte auch noch einmal darüber diskutieren, ob wir mit dieser Definition nicht Gefahr laufen, apokalyptisch und damit falsch verstanden zu werden. Wenn wir den Begriff „Imperium" im Kontext der biblisch apokalyptischen Begriffe verstehen, könnte der falsche Eindruck entstehen, die neoliberale Globalisierung sei die Verkörperung des Bösen, geradezu ein unbesiegbarer Dämon, dem man ohnmächtig ausgeliefert sei. Die Folge wäre Resignation und nicht, wie beabsichtigt, Ermutigung zum politischen Engagement gegen das neoliberale Modell der Globalisierung. Eine theologische Definition von „Imperium" sollte außerhalb der Kirche auch politisch relevant und hilfreich sein.

FAZIT UND AUSBLICK

Das gemeinsame Globalisierungsprojekt von URCSA und ERK war ein einzigartiges Projekt. Es war ein ermutigendes und hoffentlich auch zukunftsweisendes Projekt. Wir haben miteinander geredet und nicht übereinander. Wir haben geschwisterlich und freundschaftlich miteinander gestritten. Die verbindende Kraft des Evangeliums hat uns durch alle Unterschiede und Differenzen getragen.

Wir hoffen, dass unsere Zusammenarbeit über kulturelle und soziale Grenzen hinweg Nachahmer und Nachahmerinnen findet.

1   Peter Bukowski in: die-reformierten.upd@te 09.3, 14.

Wir hoffen, dass wir mit unseren Ergebnissen der weltweiten reformierten Kirchenfamilie einen guten Dienst erweisen, der uns miteinander weiterbringt.

Ahlerich Ostendorp *(1951) ist Pastor der Evangelisch-reformierten Kirche in Deutschland. Er hat als Gemeindepfarrer in einer ländlich geprägten Gemeinde im Nordwesten Deutschlands gearbeitet und unterrichtet an einer weiterführenden Schule. Von Februar 2007 bis Januar 2010 arbeitete er als Geschäftsführer des Globalisierungsausschusses der ERK an dem Dialogprojekt mit. Seit 2009 ist er Vorsitzender der deutschen Regionalversammlung der Vereinten Evangelischen Mission.*

Gemeinsam für eine andere Welt

EINE ERKLÄRUNG DER UNITING REFORMED CHURCH IN SOUTHERN

AFRICA UND DER EVANGELISCH-REFORMIERTEN KIRCHE

Gemeinsam aus Nord und Süd erkennen wir die Zeichen der Zeit. Wir hören die Klagen der Menschen und sehen die Wunden der Schöpfung.

Weltweite Ungerechtigkeit und ökologische Zerstörung erschrecken uns. Menschen erzählen von Unterdrückung und Gewalt. Wir erleben, dass insbesondere Minderheiten marginalisiert und ausgegrenzt werden. Wir haben Menschenhandel und moderne Sklaverei vor Augen; Erfahrungen von Menschen, die verletzt und vernachlässigt werden, keinen Zugang zu Bildung, Arbeit und zu medizinischer Versorgung haben. Ihre persönliche Sicherheit ist gefährdet, ihre Menschenwürde wird missachtet. Davon sind vor allem Frauen und Kinder betroffen. Wir hören vom Klimawandel; Vorhersagen lokaler Katastrophen und Berichte über Umweltverschmutzung warnen uns: Korallenriffe werden zerstört, Wüsten breiten sich aus, Luftver-

Gemeinsam für eine andere Welt
Globalisierung und Gerechtigkeit für Mensch und Erde
Die Herausforderungen des Bekenntnisses von Accra für die Kirchen

Redaktion
Allan Boesak, Johann Weusmann, Charles Amjad-Ali

schmutzung nimmt zu und Gletscher schmelzen ab. Die Zukunft unserer Kinder und Kindeskinder ist bedroht. Trinkwasservorräte schwinden, Bodenschätze werden ausgebeutet. Militarismus, Gewalt und Krieg haben verheerende Folgen. Unfairer Handel und ein außer Kontrolle geratenes Finanzsystem verstärken die Armut weltweit. Statistiken, die unsere Epoche und unsere Wirklichkeit beschreiben, beschämen uns.
Vor diesem Hintergrund beobachten wir eine Verbindung wirtschaftlicher, kultureller, politischer und militärischer Macht zu einem Herrschaftssystem, dem scheinbar alles unterworfen ist. Wir erleben es als ein allgegenwärtiges System, das von Eigennutz und Gier, Vergötzung von Geld, Gut und Eigentum getragen wird; als ein System, das keine barmherzige Gerechtigkeit kennt und das Leben

und die Schöpfung missachtet. Wir begreifen dieses System als eine Bedrohung unseres täglichen Lebens, das den Interessen mächtiger Konzerne, Nationen, Eliten und privilegierter Personen dient, während es in Kauf nimmt, dass dies auf Kosten von Mensch und Schöpfung geschieht. Wir hören sogar, dass Konsum wie ein Evangelium gepredigt wird, unterstützt durch mächtige Propaganda, geglaubt und angenommen von vielen, die dieses System wie eine Religion verbreiten und rechtfertigen. Wir spüren die verführerische Macht des Götzendienstes und die Gefahr, unsere Seele zu verlieren.

Darum klagen wir – herausgefordert durch die Schreie der geplagten Menschen und die Wunden der leidenden Schöpfung.

Gemeinsam aus Nord und Süd finden wir Trost im Evangelium, im Glauben, den wir teilen und in der Tradition, in der wir stehen. Das Wirken von Gottes Wort und Geist verbindet uns.

Uns tröstet die Erkenntnis, dass unsere Welt Gott gehört, die Gewissheit, dass wir uns nicht selbst gehören, und die Verheißung, dass Jesus Christus der Herr ist. Diese Überzeugungen bekennen wir als Kern unseres Glaubens und unserer Tradition.

Wir erinnern uns an unsere Mütter und Väter, die die falsche Lehre verwarfen, es gäbe Bereiche unseres Lebens, in denen wir nicht Jesus Christus, sondern anderen Herren zu eigen wären; es gäbe Bereiche, in denen wir nicht der Rechtfertigung und Heiligung durch ihn bedürften. Wir rufen uns ihr Glaubenszeugnis in Erinnerung, das sie angesichts der Umstände und des Geistes ihrer Zeit, angesichts der herrenlosen Gewalten und Ideologien ihrer Tage und angesichts der Herausforderungen und Versuchungen der geschichtlichen Ereignisse formulierten. Wir bekennen mit ihnen, dass Gott sich selbst als der Eine geoffenbart hat, der Gerechtigkeit und wahren Frieden auf Erden herbeiführen will. Wir bekennen mit ihnen, dass Gott in einer Welt voller Ungerechtigkeit und Feindschaft sich in besonderer Weise den Notleidenden, Armen und Entrechteten zuwendet, und dass er seine Kirche aufruft, ihm darin zu folgen. Wir bekennen mit ihnen, dass Gott den Unterdrückten Recht schafft und den Hungrigen Brot gibt; dass er die Gefangenen befreit und die Blinden sehend macht; dass er die Bedrängten unterstützt; dass er die Fremden beschützt; dass er den Witwen und Waisen hilft und den Weg der Gottlosen versperrt; dass reiner und unbefleckter Gottesdienst für ihn heißt, den Witwen und Waisen in ihrem Leid beizustehen; dass er sein Volk anleiten will, Gutes zu tun und nach Recht zu streben.

Mit ihnen sind wir überzeugt, dass die Kirche leidenden und bedürftigen Menschen beistehen muss und darum auch gegen jede Form von Ungerechtigkeit Zeugnis ablegen und streiten soll, damit das Recht ströme wie Wasser und die Gerechtigkeit wie ein nie versiegender Strom; dass die Kirche als Eigentum Gottes dort stehen muss, wo Gott selbst steht, nämlich an der Seite der Entrechteten gegen alle Formen der Ungerechtigkeit; dass die Kirche in der Nachfolge Christi Zeugnis ablegen muss gegen Mächtige und Privilegierte, die selbstsüchtig ihre eigenen Interessen verfolgen und dabei über andere verfügen und sie benachteiligen.

Diese Überzeugungen verbinden uns auch in unserer heutigen bedrohten Welt. Gemeinsam widerstehen wir der Ideologie, es gäbe keine Alternative, und gemeinsam verwerfen wir den Götzendienst mit seiner Missachtung des Lebens und der Gaben der Schöpfung.

Gemeinsam aus Nord und Süd hören wir den Zuspruch von Gottes Wort und Geist. Wir stellen uns dem Anspruch dieser Botschaft heute.

Wir erklären, dass Jesus Christus Gottes Zuspruch der Vergebung und Gottes kräftiger Anspruch auf unser ganzes Leben ist; durch ihn widerfährt uns frohe Befreiung aus den gottlosen Bindungen dieser Welt zu freiem, dankbarem Dienst an seinen Geschöpfen heute. Gemeinsam rufen wir uns das Gesetz Gottes in Erinnerung, das uns lehrt, Gerechtigkeit, Barmherzigkeit und Wahrheit zu suchen. Wir rufen uns die Worte der Propheten in Erinnerung, die uns mahnen, Gerechtigkeit zu üben, Barmherzigkeit zu lieben und demütig zu sein vor unserem Gott. Wir rufen uns Gottes Verheißungen durch Lobpreis und Gottesdienst in Erinnerung. Sie verleihen uns die Kraft, uns nach dem Tag zu sehen, an dem Gerechtigkeit und Friede sich küssen. Wir rufen uns die vielen Berichte von Errettung und Erlösung, von Befreiung aus der Knechtschaft in Erinnerung, die von der errettenden Gegenwart Gottes erzählen – an all dies erinnern wir uns gerade auch heute.

Wir halten unbeirrt daran fest, dass unser ganzes Leben, da wir nicht uns selbst gehören, darauf ausgerichtet sein soll, dass Gerechtigkeit geschieht - auch in unserer gemeinsamen Welt heute.

Wir fühlen uns von denen ermutigt, die uns gelehrt haben, dass wahre Frömmigkeit und Liebe zur Gerechtigkeit zusammengehören, dass Wort und Tat nicht getrennt werden können, dass Gott wahrhaft erkannt wird, wo Menschlichkeit gedeiht, dass wir im Armen, im Verachteten und im letzten Fremdling auf Erden wie in einem Spiegel sowohl Gottes Ebenbild als auch unser eigenes Fleisch erkennen. Wir glauben, dass all das in unserer tief gespaltenen und ungerechten Welt wahr bleibt bis heute.

Wir gedenken der Mütter und Väter, die in Gottes Schöpfung den Schauplatz seiner Herrlichkeit erkannten; was uns zu Andacht und Staunen, zu Dankbarkeit und Ehrfurcht, zu guter Haushalterschaft und Wahrnehmung von Verantwortung führt - auch in unserer bedrohten Welt heute.

Uns ist bewusst, dass wir miteinander in Gemeinschaft leben – als Glieder Christi und Teilhaber seiner Gaben. Als Glieder eines Leibes sollen auch alle ihre Gaben willig und mit Freuden zum Wohl und Heil der anderen gebrauchen. Wir sind auf Gottes Namen getauft und gehören in die Gemeinschaft seiner Gemeinde. Wir sind berufen zu Christi priesterlichem, königlichem und prophetischem Amt: Zum priesterlichen Amt, um seine Rechtfertigung anzunehmen und zu verkündigen und um an seinem Dienst, an seiner Liebe und an seiner Fürbitte für die Welt teilzuhaben. Zum königlichen Amt, um an seinem Kampf gegen die Mächte, an seiner Heiligung der Welt und an seinem Sieg über jede Form von Sünde und Zerstörung mitzuwirken. Zum prophetischen Amt, um seine Wahrheit öffentlich zu verkündigen, die Wahrheit von Versöhnung und Gerechtigkeit, die Wahrheit, die frei macht.

Gemeinsam werden wir bewegt durch diese Erinnerungen und von diesem Anspruch auf unser ganzes Leben.

Aus dem Süden und dem Norden, vereint in Gemeinschaft, sehnen wir uns nach einer anderen Welt.

Gottes Anspruch auf unser Leben lässt uns gemeinsam nach seinem Reich der Gerechtigkeit und des Friedens, nach seiner Gegenwart und nach seiner Erlösung trachten - nach Befreiung von diesen beängstigenden Realitäten, diesen extremen Ungleichheiten, dieser kulturellen Dominanz, diesen abgrundtiefen Gegensätzen, dieser Ungerechtigkeit, dieser zerstörerischen Kraft. Wir sehnen uns nach dem von Gott verheißenen Frieden. Wir rufen und bitten, wir seufzen und beten gemeinsam für unsere bedrohte Welt.

Im Gebet verbunden, verpflichten wir uns, fürsorglich mit Gottes Geschöpfen und seiner Schöpfung umzugehen. Wir wollen dabei mit denen zusammenarbeiten, die nach alternativen Wegen suchen, mit denen, die über Erkenntnis und Wissen verfügen oder besondere Gaben und Fähigkeiten haben oder aufgrund ihrer Leitungsfunktionen in besonderer Verantwortung stehen. Wir suchen keine einfachen Antworten. Wir wollen unsere Ohren nicht vor dem verschließen, was uns die Leidenden erzählen, und unser Denken nicht vor den Erkenntnissen aus Wissenschaft und Forschung. Wir wollen unsere Augen nicht vor der Realität verschließen, die uns nah und fern umgibt, und unsere Herzen nicht vor Elend und Leid. Wir wollen unsere Hände nicht unwillig in den Schoß legen, wo wir an Veränderungen mitwirken können. Vielmehr verpflichten wir uns, für einen sorgsamen sparsamen Energieverbrauch zu sorgen, für den Schutz der Artenvielfalt, den Kampf gegen die Ausdehnung der Wüsten, für den sparsamen achtsamen Umgang mit Trinkwasser und vorbeugende Maßnahmen gegen die Verschmutzung der Umwelt. Dies geschieht in Ehrfurcht vor dem Werk seiner Hände, im Staunen über seine Schöpfung, in Freude am Wunder des Lebens und an Gottes reichen, gesegneten Gaben.

Wir schließen einen Bund, mit dem wir uns verpflichten, gemeinsam zu glauben, zu hoffen und zu lieben, um neue Wege des Gehorsams zu finden, lebendige Gemeinschaft zu ermöglichen und in der Einen Welt Zeugnis abzulegen. Wir wollen miteinander reden und voneinander lernen, um uns gemeinsam auf die Suche nach Lösungen zu machen, unser Bewusstsein zu schärfen, mit anderen Augen zu sehen und umzukehren und uns zu verändern, Ursachen zu bekämpfen und uns auf einen neuen Lebensstil einzulassen. Wir wollen in Solidarität mit den Opfern leben, unsere Stimme für die Sprachlosen erheben und an die erinnern, die schnell vergessen werden. Wir folgen dem Ruf nach prophetischem Handeln, nach Aufklärung und Auseinandersetzung, nach Herausforderung und Kritik, nach Analyse und Planung, nach Umgestaltung und Verweigerung. Wir wollen eine Spiritualität des Widerstands und einen Lebensstil der Nachfolge erlernen und einüben – als Zeugen der barmherzigen Gerechtigkeit Gottes für eine andere Welt.

DIE WEITERENTWICKLUNG DES BEGRIFFS ,IMPERIUM' – EINE LESEHILFE

PETER BUKOWSKI, WUPPERTAL, DEUTSCHLAND

Die Erklärung von Johannesburg „Globaler Dialog zum Accra-Bekenntnis" (Sept. 2009) nimmt positiv die Weiterentwicklung des Imperiumbegriffs auf, die in der Zusammenarbeit von URCSA und ERK entstanden ist. Und in der Tat: den beiden Kirchen – aus Südafrika die eine, aus Nordeuropa die andere – ist es in ihrem die Kontinente überschreitenden gemeinsamen Globalisierungsprojekt gelungen, zu einem Verständnis von *Imperium* zu gelangen, das geeignet ist, alte Frontstellungen hinter sich zu lassen, das auf große Akzeptanz stößt und in der Sache weiter führt. Dies soll durch einen Kommentar des entscheidenden Zitates verdeutlicht werden.

Zunächst das Zitat als Ganzes:

*„Wir sprechen von **Imperium**, weil wir feststellen, dass es in unserer heutigen Welt eine Zusammenballung wirtschaftlicher, kultureller, politischer und militärischer Macht gibt, Geist und Wirklichkeit einer ,herrenlosen Gewalt', von Menschenhand geschaffen. Es ist ein allumfassendes, globales System, das den Interessen mächtiger Konzerne, Nationen, Eliten und privilegierter Personen dient, sie schützt und verteidigt, während es die Schöpfung ausbeutet und Menschlichkeit verhindert, missachtet und sogar opfert. Es ist ein allgegenwärtiges System, das von Eigennutz und Gier, Vergötzung von Geld, Gut und Eigentum getragen wird; in diesem System wird Konsum wie ein Evangelium gepredigt, durch eine mächtige Propaganda verbreitet, wie eine Religion gerechtfertigt, geglaubt und angenommen. Es vereinnahmt Denken, Werte und Vorstellungen durch Herrschaftslogik; ein System, das keine barmherzige Gerechtigkeit kennt und das Leben und die Gaben der Schöpfung verachtet."*[2]

Auf den ersten Blick ist es nicht ganz leicht, den Erkenntnisgewinn dieser neuen Definition zu erkennen, denn wie es bei Kommissionstexten (leider) üblich ist,

---

2 Gemeinsam für eine andere Welt. Globalisierung und Gerechtigkeit für Mensch und Erde. Die Herausforderungen des Bekenntnisses von Accra für die Kirchen, hg. von der Evangelisch-reformierten Kirche und der Uniting Reformed Church in Southern Afrika (Redaktion: Allan Boesak, Johann Weusmann, Charles Amjad-Ali) 2009,2.

ist ein nicht eben leserfreundliches Satzungetüm entstanden – in der deutschen Übersetzung noch unzugänglicher als im englischen Original. Deshalb zitiere ich noch einmal indem ich den Text in Abschnitte gliedere, die dann einzeln ‚angeschaut' werden sollen:

> *(1) Wir sprechen von **Imperium**, weil wir feststellen, dass es in unserer heutigen Welt eine Zusammenballung wirtschaftlicher, kultureller, politischer und militärischer Macht gibt,*
>
> *(2) Geist und Wirklichkeit einer ‚herrenlosen Gewalt', von Menschenhand geschaffen.*
>
> *(3) Es ist ein allumfassendes, globales System, das den Interessen mächtiger Konzerne, Nationen, Eliten und privilegierter Personen dient, sie schützt und verteidigt, während es die Schöpfung ausbeutet und Menschlichkeit verhindert, missachtet und sogar opfert.*
>
> *(4) Es ist ein allgegenwärtiges System, das von Eigennutz und Gier, Vergötzung von Geld, Gut und Eigentum getragen wird; in diesem System wird Konsum wie ein Evangelium gepredigt, durch eine mächtige Propaganda verbreitet, wie eine Religion gerechtfertigt, geglaubt und angenommen. Es vereinnahmt Denken, Werte und Vorstellungen durch Herrschaftslogik; ein System, das keine barmherzige Gerechtigkeit kennt und das Leben und die Gaben der Schöpfung verachtet."*

(1) DAS IMPERIUM – EINE POLITISCH-GESELLSCHAFTLICHE REALITÄT.

Der erste Abschnitt hält fest, dass der Begriff *Imperium* eine gesellschaftlich-politische Realität charakterisiert. Diese wird gekennzeichnet als *Zusammenballung wirtschaftlicher, kultureller, politischer und militärischer Macht*. Dass es solche Zusammenballung gibt, liegt auf der Hand. Indem sie mit *einem* Begriff charakterisiert wird, soll deutlich werden, dass das gegenwärtig erlittene Unrecht nicht auf einen Faktor reduziert werden kann, sondern nur als Ergebnis eben jenes multifaktoriellen Zusammenspiels recht verstanden werden kann. Das bedeutet auch: Das Ganze jener sich manifestierenden Macht ist mehr, als die Summe ihrer Teile und man würde ihre komplexe Realität verfehlen, wenn man meinte es bei der Analyse (oder der Veränderung) nur eines seiner Faktoren belassen zu können. Die Finanzkrise samt ihren verheerenden Auswirkungen hat uns einmal mehr bestätigt, wie sinnvoll eine solche ganzheitliche Sicht der Zusammenhänge ist: Der Ruf nach einem stärkeren staatlichen Eingreifen alleine verkennt die Eigenmacht der Finanzmärkte, wie umgekehrt eine einseitige Schuldzuschreibung in Richtung des Marktes die Mittäterschaft der Politik übersieht; und beides konnte und kann auch deshalb zu katastrophalen Zuständen führen, weil es eingebettet ist in eine allgemeine Unkultur der Gier usw.

Dieser erste Teil der Definition ist im Grunde nicht neu, er nimmt auf, was in der Accraerklärung Absatz 11 zum *Imperium* gesagt worden war. Allerdings wird schon hier eine entscheidende Weiche gestellt. In Accra wird *Imperium* als Subjekt eingeführt: Die Welt(un)ordnung, heißt es da, wird von (einem) *Imperium* verteidigt; und: das Imperiumssystem steht unter der Herrschaft mächtiger Nationen. Dies führte in der Folge zu der Rückfrage, ob Imperium ungebrochen mit einer bestimmten Region – etwa Europa und Nordamerika – in eins gesetzt werden könnte: Führt das nicht zu einer allzu simplen Scheidung von Opfern und Tätern? Außerdem: Lassen sich diese Regionen auf solche Charakterisierung reduzieren? Was ist mit den dort - Gott sei Dank - auch zu findenden Gegenkräften? Ganz zu schweigen davon, dass jedes einzelne politische oder wirtschaftliche Phänomen einen ambivalenten Charakter trägt. Es geht jetzt nicht so sehr darum, ob die kritischen Rückfragen der Intention der Accraerklärung gerecht werden oder nicht. Jedenfalls wurden sie durch die dort gewählten Formulierungen provoziert und führten zu anhaltendem Dissens.

Dem gegenüber ist die neue Definition nicht etwa weniger deutlich oder weniger profiliert, aber sie hilft, ein reduktionistisches Missverständnis von Imperium zu vermeiden. Indem sie den Mechanismus als solchen charakterisiert, nötigt sie jeden sich zu fragen, *wie* und *in welchem Maße* der Ort an dem er lebt vom Imperium infiziert ist. Und wie der Einzelne selbst zu stehen kommt: Gehört er mehr auf die Opfer- oder auf die Täterseite oder ist er mal das eine, mal das andere? Und ich denke auch, ein Christ und eine Christin aus dem Süden wird sich von der Imperiumsdefinition angesprochen wissen: sicher zunächst als Glied einer Region, die unter der hier beschriebenen Machtzusammenballung leidet, und sich zu Recht als ihr Opfer sieht. Dann aber vielleicht auch als jemand, der erkennen muss, dass die unheilvolle Verquickung von Macht *auch* ein Problem *innerhalb* des eigenen Kontextes darstellt. Nicht von ungefähr wird der dritte Abschnitt von dem *allumfassenden, globalen System, das den Interessen mächtiger Konzerne, Nationen, Eliten und privilegierter Personen dient, sie schützt und verteidigt,* reden.

Solche Ausweitung und Tiefung des Verständnisses von *Imperium* wird deutlicher, wenn wir uns nun dem zweiten Abschnitt der Definition zuwenden. Hier stoßen wir auf das Herzstück der neu gewonnenen Erkenntnis.

(2) DAS IMPERIUM ALS „HERRENLOSE GEWALT" – DIE THEOLOGIE DES IMPERIUMBEGRIFFS.

Das ist der wichtigste Zugewinn der neuen Bestimmung, dass sie *Imperium theologisch* fundiert, und zwar unter Rückgriff auf *Karl Barths* Lehre von den „herrenlosen Gewalten". Dieser Bezug wird im Englischen Text unmittelbar ersichtlich, weil er *Barths* Terminologie übernimmt und vom Imperium als einer *„lordless domination"* spricht. Die deutsche Übersetzung hatte ursprünglich diesen Bezug verunklart, weil sie (vielleicht in Unkenntnis dieses Bezuges) *„lordless domination"* mit *einer niemand gegenüber rechenschaftspflichtigen Herrschaft* übersetzt hatte – hier ist es gut, dass die *Barthsche* Terminologie aufgegriffen wurde und also von der „herrenlosen Gewalt" geredet wird. Worum geht es nun in der Sache?

Immer wieder ist dem Imperiumbegriff vorgeworfen worden, er sei ideologischschwammig. Er mache nichts wirklich klar. Er sei nicht anschlussfähig an eine wissenschaftlich analysierende Betrachtungsweise. Und dies vor allem deshalb, weil er sich in mythologische Redeweise versteige.

Nun war es *Karl Barth* der im letzten Kapitel seiner Kirchlichen Dogmatik (KD IV,4, Fragment, §78) ein energisches Plädoyer für diese biblische „mythologische" Redeweise gehalten hat, indem er ihren *theologischen Erkenntniszuwachs* herausgearbeitet: Jenseits von Eden, also in der Abkehr von Gott lebend, machen Menschen die Erfahrung, dass sich ihr Planen, Wollen und Tun gegen sie kehrt. Ihre besten menschlichen Fähigkeiten: sich zu einem komplexen Gemeinwesen zu organisieren, wirtschaftliche Austauschprozesse in Gang zu setzen, aber auch die Entwicklung von Recht, von Kultur, von Wissenschaft und Technik – all dies gerät, korrumpiert durch die menschliche Sünde, wie im Gedicht vom Zauberlehrling aus dem Ruder. Am Ende bekommen die Menschen was sie da geplant und ins Werk gesetzt haben nicht mehr in den Griff, es entwickelt eine Eigendynamik, die sich gegen sie kehrt und sich, obwohl von ihnen gemacht, der Beherrschbarkeit entzieht. Barth charakterisiert eben diese Mächte als „herrenlosen Gewalten" und nennt „Imperium", „Mammon", „Ideologie". Er schreibt: Das Neue Testament „sieht und versteht die Menschen als Schiebende nicht nur, sondern auch als Geschobene – als Treibende nicht nur, sondern als Getriebene […] Ohne deren Verantwortlichkeit und Schuld in Frage zu stellen, sieht es hinter und über jenen […] jene unangreifbaren, aber höchst wirksamen Potenzen, Faktoren und Agenten, jene imaginären, aber gerade in ihrem imaginären Charakter erstaunlich aktiven ‚Götter' und ‚Herren'". (371)

Genau diesen Gedanken nimmt die neue Definition auf, indem sie vom *Imperium* sagt, es sei *von Menschenhand geschaffen,* die ihre Urheber wiederum in ihre Knechtschaft zwingt. Erst diese theologische „Tiefenbohrung" wehrt aller Simplifizierung (und ist im Übrigen anschlussfähig zu basalen Einsichten der System-theorie). Denn jetzt wird klar, dass einerseits niemand sich herausreden kann: Es bleibt dabei, die Machtzusammenballung ist von Menschen geschaffen. Gleich-zeitig wird deutlich, dass und warum die Täter sogleich auch geknechtete ihres Tuns sind (*Karl Marx* konnte schon davon reden, dass die „Proprieteure", wie er sie nannte, „befreit" werden müssen!). Deshalb werden wir allzu einfachen und einseitigen Schuldzuweisungen oder Politikrezepten nicht auf den Leim gehen. Vor allem aber wird deutlich, dass der Kampf gegen das *Imperium* allererst eine *geistliche* Herausforderung darstellt: Nur indem wir zurückfinden zum eigentli-chen Herren, zum Schöpfer Himmels und der Erden, zum Vater Jesu Christi, werden wir in der Lage sein, die falschen Herren als solche zu entlarven und ihnen die Stirn zu bieten: Mit Mt 6, 24-32 gesprochen: Das Trachten nach dem Reich Gottes schafft Befreiung vom Mammonismus.

(3) Politische Konturen des Imperiums

Im dritten Abschnitt wird, an den ersten anknüpfend, die theologische Betrach-tung sogleich wieder „geerdet". Was seine Wurzel in einer geistlichen Fehlpolung als Hinkehr zu den falschen Herren hat, bleibt kein geistiges Phänomen, son-dern wird zur bitteren und leidvollen Realität: die „herrenlose Gewalt" *Imperium* - ähnlich wie die Gewalt des „Mammon" – manifestiert sich als ein *allumfassen-des, globales System, das den Interessen mächtiger Konzerne, Nationen, Eliten und privilegierter Personen dient, sie schützt und verteidigt, während es die Schöpfung ausbeutet und Menschlichkeit verhindert, missachtet und sogar opfert.* Die Zeilen sprechen für sich: eindringlich beschreiben sie, wie verhängnisvoll sich die „her-renlosen Gewalten" auswirken: Sie bedrohen und beschädigen Mensch und Schöpfung. Und sie überschreiten alle räumlichen und zeitlichen Schranken: *Global* sind sie am Werk und nicht nur die Gegenwart, auch die *Zukunft* droht unter ihrem Zugriff zu verkommen. Dieser Rückbezug der Theologie auf die Gegebenheiten macht deutlich, dass Theologie und Analyse wohl unterschie-den, aber nie getrennt werden dürfen. Sie gehören zusammen wie Kontemplati-on und Kampf (*Roger Schütz*).

(4) Geistliche Konturen des Imperiums

Der soeben betonte Zusammenhang wird im letzten Abschnitt noch einmal von der anderen Seite her in den Blick genommen. Es wäre nämlich zu kurz ge-griffen, wollte man nach der theologischen Charakterisierung der „herrenlosen Gewalten" lediglich deren realpolitische Auswüchse in den Blick nehmen, wie es in (3) geschah. Gewiss, sie müssen bewusst gemacht werden und sie werden wohl als erste genannt, weil sie ja unmittelbar zu Tage liegen und nach Erlösung schreien. Aber doch sind sie nur die augenfällige Außenseite einer *inneren Störung*, auf die eindringlich hinzuweisen das besondere Verdienst der neuen Imperiumsbestimmung ist. Denn hier kommt – ohne die gesellschaftlichen Zusammenhänge aus dem Blick zu verlieren! – jeder einzelne in den Blick: In jedem von uns nistet ein *ein allgegenwärtiges System, das von Eigennutz und Gier, Vergötzung von Geld, Gut und Eigentum getragen wird.* Deshalb keine Trennung von geistlich und politisch! Die politische Aktion muss begleitet sein von geistlicher Introspektion. Von der Frage also, wo ich selbst in meiner Ichbezogenheit und Gier der „herrenlosen Gewalt" erlegen bin. Und diese Frage muss sich jede und jeder stellen. Wohl gibt es solche, die primär „Täter" und andere, die primär „Opfer" sind. Und auch das Maß an Schuld ist sehr unterschiedlich verteilt. Aber die von der „herrenlosen Gewalt" angefachte Sünde macht vor niemandem halt. Auch vor dem „Opfer" nicht – sonst fänden sich nicht immer wieder solche, die sich von den Mächten des *Imperium* korrumpieren lassen und zur Mittäterschaft bereit sind. Es wird in Zukunft nicht zuletzt darum gehen, wie es uns gelingt dies *beides* zu sehen ohne das eine gegen das andere auszuspielen. Zuletzt wird auch die gesellschaftliche, kulturelle und politische „Großwetterlage" noch einmal geistlich betrachtet. Hier entfaltet die neue Imperiumsbestimmung ihr *religionskritisches Potential*. Das, was als Zusammenballung von Macht daher kommt (vgl. Absatz 1), ist im Grunde eine Gegenreligion: Sie verkündet das *Evangelium des Konsumismus*, macht unser Denken, unsere Werte und unsere Sprache gefügig für die Logik der Unbarmherzigkeit und die Missachtung des Lebens. Durchschaut haben wir die „herrenlosen Gewalten" erst, wenn wir ihren *religiösen Machtcharakter* begriffen haben. Wie Götter spielen sie sich unter uns auf und fordern ihren Tribut. Ihre Sprache ist verräterisch genug: Kriegsopfer, Wirtschaftsopfer, Opfer von Hasstiraden, Verkehrsopfer. Je mehr wir dies durchschauen und uns im Gebet zum lebendigen Gott flüchten, werden wir auch befähigt, uns dem Zugriff der Mächte zu entwinden. Wir lernen, unseren Verstand und unsere Wissenschaft nicht weiter zur Optimierung des Götzendienstes zu gebrauchen, sondern dazu, Wege aus der Sklaverei zu suchen und Schritte in die Freiheit zu tun.

Fazit: Als Ergebnis einer intensiven Weiterarbeit an der Accraerklärung bietet die neue Bestimmung von *Imperium* eine hilfreiche Orientierung auf dem weiteren Weg der Reformierten Gemeinschaft.

Peter Bukowski (1950) studierte Theologie und Musik in Berlin, Bonn und Köln. Er ist Direktor des „Seminars für pastorale Aus- und Weiterbildung" in Wuppertal und unterrichtet Homiletik und Seelsorge; Seit 1990 ist er Moderator des Reformierten Bundes und ist Mitglied im Exekutivausschuss der WGRK.

AUSBEUTUNG

12

Mitten in Europa: Menschenhandel, sexuelle Ausbeutung von Frauen und Missbrauch von Kindern in der Deutsch-Tschechischen Grenzregion.

Ein Projekt der Evangelischen Kirche in Deutschland und der Evangelischen Kirche der Böhmischen Brüder

ABSTRACT:

Im Jahr 2008 haben die Synoden der Evangelischen Kirche der Böhmischen Brüder (EKBB) und die Evangelische Kirche in Deutschland eine gemeinsame Kundgebung zum Thema „Sexuelle Ausbeutung von Frauen und Kindern im tschechisch-deutschen Grenzgebiet" verabschiedet. Dieser Kundgebung hat sich die Generalsynode der Evangelischen Kirchen in Österreich angeschlossen. Gemäß den Empfehlungen der Kundgebung ist im Laufe des Jahres 2009 unter dem Dach der EKBB-Diakonie eine vielseitige Arbeit aufgebaut worden, die Aufklärungs- und Präventionsmaßnahmen mit aktueller Krisenhilfe verbindet und dabei mit vielen Partnern zusammenarbeitet. Diese Arbeit steht jedoch erst am Anfang und es gilt nun, die geknüpften Partnerschaften, das erworbene Know-how, die erstellten Hilfsmittel zu nutzen und die Arbeit in diesem Bereich fortzuführen und auf Nachhaltigkeit auszurichten. Dazu gehören drei Arbeitsbereiche: Direkte Arbeit mit Betroffenen, Präventionsarbeit an Schulen und in niederschwelligen Einrichtungen sowie Aktivitäten in der Kirche, sowohl gesamtkirchlich als ich in den Gemeinden, um das Problem kirchlich zu verankern, zu begleiten und zu inspirieren. Konzeptionell hat das Projekt stets den breiteren gesellschaftlichen Kontext im Blick und ordnet die Problematik in den Zusammenhang von Menschenhandel und Ausbeutung allgemein ein.

Die Projektbeschreibung soll zur Information über die aktuelle Situation in der Grenzregion dienen und Handlungskonsequenzen für die Kirchen aufzeigen. Darüber hinaus soll dazu beigetragen werden, die kirchliche wie nichtkirchliche Öffentlichkeit in Tschechien und in Deutschland für den Skandal der Verbrechen des Menschenhandels, der sexuellen Ausbeutung von Frauen und des Missbrauchs von Kindern an unserer gemeinsamen Grenze mitten in Europa zu sensibilisieren.

SITUATIONSBESCHREIBUNG

Zwischen 700.000 und 2.000.000 Menschen werden jährlich rund um die Welt gehandelt. Die weltweiten Gewinne beim Menschenhandel werden auf ca. 12 Milliarden Euro jährlich geschätzt. Ein großer Teil dieses Geschäftes mit dem Menschenhandel dient dem Zweck der sexuellen Ausbeutung von Frauen und Kindern in der Sexindustrie.[1] Der große Anstieg von Prostitution und Menschenhandel in der Tschechischen Republik vollzog sich unmittelbar nach dem Fall des Eisernen

Zwangstprostitution.

Vorhangs und wurde durch die speziellen Migrationsumstände jener Zeit Anfang der 90er Jahre geprägt. Vor allem Frauen aus Osteuropa wurden zur begehrten Ware auf den Märkten der westlichen Staaten, darunter auch viele Tschechinnen. In Tschechien sind ca. 30.000 Personen in der Sexindustrie tätig. Darunter befinden sich allerdings ca. 70% Ausländerinnen. Mit der Osterweiterung der Europäischen Union hat sich die Tschechische Republik zugleich zu einem Hauptzielland für Frauen entwickelt, die aus den Ländern jenseits der Ostgrenze der Europäischen Union hierher gehandelt werden. Die tschechische Polizei beobachtet seit dieser Zeit einen bemerkenswerten Anstieg von jungen Frauen aus osteuropäischen Ländern wie auch aus Asien, die nach Tschechien

---

1   "It is not easy to express statistically the exact scope of this problem, and therefore the estimates of the number of victims vary significantly. Various international studies indicate that 700,000 – 2,000,000 persons are traded annually around the world, while 300,000 – 500,000 persons are traded annually within Europe. It is estimated that the global annual proceeds from human trafficking are € 8,500 – 12,000 billion." Ministry of the Interior, National Strategy of the Fight against Trafficking in Human Beings, 2005-2007, Prague 2005; 7 (http://aplikace.mvcr.cz/archiv2008/dokument/2005/strategie. pdf last access 12.5.2009; vgl. auch http://aplikace.mvcr.cz/archiv2008/dokument/2006/ komercni06.pdf last access 12.5.2009) mit Verweis auf u.a. International Organisation for Migration, the US Department of State, the Europol, ebd. 7, Anm. 2.

in die Prostitution gezwungen und vielfach von hier aus noch weiter über ganz Europa gehandelt werden. Und es sind Männer aus westlichen Ländern, vor allem aus Deutschland und Österreich, die sich dieses Marktes als so genannte Sextouristen oder als Kunden in ihrem Heimatland bedienen. Kinder und junge Frauen aus sozial benachteiligten Familien und Randgruppen der tschechischen Gesellschaft geraten unter dem sozialen Druck ihrer erbarmungswürdigen Lebensverhältnisse in den Sog des Sexmarktes, der das tschechische Grenzgebiet zu Deutschland und Österreich beherrscht. Insgesamt erscheint nicht wenigen Frauen aus diesen sozial schwachen Schichten das Geschäft mit dem käuflichen Sex in Clubs, Bars und Bordellen als der ultimative Ausweg aus verarmten Lebensverhältnissen ohne Perspektiven. In den Grenzgebieten bietet dieses Geschäft Arbeit und scheinbar lukrative Bedingungen. Dem kommt ein Wandel der öffentlichen Meinung in Bezug auf Sexualmoral und Prostitution entgegen. In diesen Gebieten sind Erotikclubs und der große Markt an Sexdiensten zur alltäglichen Normalität geworden.

Der Menschenhandel zur Prostitution wird sowohl von Gruppen organisierter Kriminalität wie auch von Einzeltätern betrieben. Die Menschenhändler stammen aus den GUS-Ländern, dem ehemaligen Jugoslawien, Albanien oder aus Bulgarien, der Slowakei, China, Vietnam oder weiteren Ländern und natürlich aus Tschechien. Sie alle agieren in der gesamten Tschechischen Republik mit eindeutigen Schwerpunkten in den Grenzgebieten zu Deutschland bzw. zu Österreich. Ein weiterer Schwerpunkt liegt in Prag.

Daneben steigt die Zahl der Menschenhändler tschechischer Nationalität, die in erster Linie aus Gruppen der Bevölkerung stammen, die von gesellschaftlicher Ausgrenzung bedroht sind. Sie betreiben vorrangig Handel mit Frauen aus dem Kreis der Familie oder des engeren Freundes- und Bekanntenkreises. Als Beispiel sind hier einige Roma-Sippen in den Regionen Chomutov oder Westböhmen zu nennen, die den Handel der Familien mit ihren Frauen organisieren und kontrollieren. Opfer dieses von den Sippen streng überwachten Handels sind zum Teil auch Frauen, die selbst keine Roma sind.

Die Menschenhändler bedienen sich zur Anwerbung von Frauen sehr vielfältiger Methoden. Beliebt ist die informelle Kontaktaufnahme über Freunde oder Verwandte der Opfer. Aber auch die formale Methode, Frauen in Anzeigen oder über scheinbar seriöse Agenturen anzusprechen, die vorgeben, Arbeit, Heirat oder Reisen zu vermitteln, dienen den Händlern dazu, das Vertrauen der Frauen zu erschleichen und sie dann in ihrer Situation der Schwäche auszubeuten. Die un-

you looked so pretty. I thought maybe you were a model.

bekannte Umwelt, fehlende Sprachkenntnis, Verlust von Geld und Dokumenten sowie die Furcht vor Polizei und Ämtern gibt ihnen das Gefühl der völligen Ohnmacht. Vielen Frauen werden auch hoch bezahlte Jobs als Models, Barfrauen, Tänzerinnen, Animierdamen oder Hostessen versprochen, die sich später jedoch als Sexdienste in den grenznahen Clubs und Bordellen unter sklavenhalterischen Bedingungen herausstellen. Die Frauen werden künstlich in dem Glauben gehalten, hohe fiktive Schulden zu haben: Vermittlungs- und Schleuserkosten, Ablösesummen unter den Händlern, Verpflegung, Kleidung oder Zimmermiete (obwohl sehr oft nur ein Zimmer als „Arbeitsplatz" zum Empfang der Kunden, und auch als Wohnung für die Frau mit ihren Kindern dient).

Für viele Männer aus Österreich und Deutschland, aber mittlerweile auch aus vielen anderen europäischen Ländern, liegt der Reiz des sexuellen Abenteuers gerade jenseits der tschechischen Grenze. Das große Angebot, das Exotische und die Anonymität locken sie an. Frauen mit einer scheinbar unkomplizierten Einstellung zu ihren Kunden sind hier billig zu haben. Sie sehen nicht, dass sowohl der Preis wie auch die „Qualität des Services" erzwungen sind durch die ökonomische Situation der Frauen und die Situation des Landes. Sie wissen und ahnen nicht, dass kaum eine dieser Frauen die Prostitution freiwillig betreibt.

Die Prostitution im Grenzgebiet erstreckt sich sowohl auf die Straßenprostitution am Rand der großen Fernstraßen, die das benachbarte Ausland mit der Tschechischen Republik verbinden, als auch auf unzählige Saunaclubs, Bordelle, Massagesalons oder Wohnungen in kleinen grenznahen Orten. Es gibt mittlerweile Ortschaften, die fast ausschließlich aus einer Ansammlung solcher Etablissements bestehen. Hier entsteht durch das Milieu eine spezifische Infrastruktur, von der die Kommunen in einer ansonsten äußerst strukturschwachen Region profitieren. Daher sind Behörden wie Bürger oft zu einer kritischen Beurteilung der Situation und zur Lösung des Problems nicht bereit.

Aspekte der Nachfrage

Was sind das für Männer, die so gern in die Prostitutionsszene jenseits der Grenze abtauchen und was macht für sie die große Faszination dieser Welt aus? Aus den wenigen Untersuchungen[2], die über die Kunden von Prostitution in

---

2 Dieter Kleiber/Doris Velten, Prostitutionskunden. Eine Untersuchung über soziale und psychologische Charakteristika von Besuchern weiblicher Prostituierter in Zeiten von AIDS, 1994; Dieter Kleiber/Martin Wilke, AIDS, Sex und Tourismus. Ergebnisse einer Befragung deutscher Urlauber und Sextouristen, 1995; Hydra, Freier. Das heimliche Treiben der Männer, Hamburg 2000; Tamara Domentat, Lass dich verwöhnen. Prostitution in Deutschland, Berlin 2004; die qualitative Studie über Kunden von ausländischen Prostituierten von Christiane Howe ist bis heute nicht erschienen, erste Ergebnisse in: Christiane Howe, Zwielichtiges. Bilderwelten-Innenwelten, Dokumentation der Fachtagung über Prostitutionskunden von context e.V., November 2003.

Deutschland angestellt wurden, weiß man, dass es Männer aus allen Schichten der Bevölkerung sind, die sich Sex kaufen. Dies gilt auch für die Freier im tschechisch-deutschen Grenzgebiet und dies gilt vor allem für ihre gemeinsame Affinität zu dem Milieu hier: Die Region gilt als der erotische Supermarkt mit entsprechenden Preisvorteilen und „Schnäppchen". Das „Angebot" ist vielfältig und schließt dabei sogar den Missbrauch von Kindern ein, der in Deutschland von der Polizei zunehmend intensiv verfolgt wird. Zudem ist der „tabulose Sex" in dieser wenig kontrollierten und undurchschaubaren Szene, die von psychischem Druck und physischer Gewalt gegen die Frauen geprägt ist, vermutlich eher zu haben als in der professionellen Bordellszene in Deutschland. Doch für diesen Kausalzusammenhang sind die meisten Freier blind. Sie sind überzeugt, dass die Osteuropäerinnen eine Frauenrolle leben, die dem Mann angeblich entgegenkommt und die so gänzlich anders zu sein scheint als das, was man von den emanzipierten Frauen in Deutschland zu kennen meint.

Männer sind verantwortlich

Aus den Berichten der betroffenen Frauen weiß man, dass vor allem ältere Männer aus Deutschland und Österreich zu den Problemgruppen der Kunden gehören. Sie seien oft aggressiv, versuchten den Preis zu drücken oder gar nicht zu zahlen, ließen den nötigen Respekt fehlen, forderten häufig den Verkehr ohne Kondom oder gewaltsame Sexualpraktiken. Ob die Männer als Kunden der Prostitution im Grenzgebiet auf die vielfache Not der Frauen ansprechbar sind, ist auch unter den Mitarbeiterinnen der Beratungsstellen vor Ort umstritten[3]. Dies ist gewiss im Hinblick auf die Gruppe derjenigen, die die besondere Situation dieser Region eben gerade für ihre speziellen Bedürfnisse ausnutzen, klar zu verneinen. Andere könnten möglicher Weise noch durch gesonderte Aufklärungskampagnen erreicht werden.

Jeder Kunde im Sexgeschäft muss sich im Klaren sein, dass er mit seiner Nachfrage nach käuflichem Sex genau den Markt schafft, der sich ohne Skrupel des Menschenhandels bedient. Doch die Kunden können Verantwortung zeigen, indem sie der Gewalt im Milieu entgegen treten und Szenen meiden, die Menschenhandel vermuten lassen. Das mag im Bereich des Grenzgebietes schwierig sein, doch sollte niemand in Unkenntnis darüber bleiben, dass er gerade mit seinem Besuch in dieser Szene ein Umfeld schafft, in dem Ausbeutung, Gewalt und Entwürdigung gedeihen. Die gesellschaftliche Bewertung der Prostitution und ihrer Inanspruchnahme ist schwierig und geschieht auch im kirchlich-diakonischen Kontext mit unterschiedlichen Akzenten. Doch ein allgemeingültiger Konsens

---

3   IOM, Report on the Project "Pilot Research among Customers of Commercial Sex Services in two Border Regions of the Czech Republic", 2005, 31f. (vgl. http://aplikace. mvcr.cz/archiv2008/ rs_atlantic/data/files/iom-clients.pdf last access 12.5.2009)

der Grenzen jeglicher Toleranz bezieht sich auf die Bereiche, in denen Zwang, physische und psychische Gewalt oder sklavenhalterische Bedingungen das Geschäft bestimmen. Dies gilt insbesondere für die Prostitution im Zusammenhang mit Menschenhandel oder gar die Kinderprostitution. Gegenüber Strukturen körperlicher und seelischer Gewalt, Verschleppung und Ausbeutung gibt es kein ethisches Changieren. Die verfassungsrechtlichen und christlichen Grundprinzipien des menschlichen Zusammenlebens ziehen hier eine radikale Grenze. Jeder Freier ist an dieser Stelle verantwortlich zu machen: Im Gegensatz zu vielen Frauen hat er eine Wahl. Es ist eine Frage der Wahrnehmung und der Sensibilität.

Aspekte des Angebots
Woher kommen die Frauen und Mädchen, die sich an den berüchtigten Europastraßen im deutsch-tschechischen Grenzverlauf postieren? Was treibt sie in die Bordelle und Clubs, die sich hier aneinander reihen? Aus welchen Gründen und mit welchem Grad der Freiwilligkeit oder unter welchem Zwang verkaufen sie ihren Körper oder bieten sexuelle Dienstleistungen an?
Es erscheint wichtig, an dieser Stelle eine Unterscheidung zu treffen: Auch wenn das Ausmaß an durch Armut und Existenznot motivierter Prostitution – gerade an den Grenzen zwischen Ost und West - immens sein mag, so ist es doch wichtig, Frauen nicht lediglich als Objekt, als „Ware Frau" darzustellen. Denn es geht vorrangig um Arbeitsmigration (wenn auch mit den zuvor beschriebenen Auswüchsen von Schleusung, Handel und Gewalt) an den Wohlstandsgrenzen von Ost nach West, wie auch von Süden nach Norden. Arbeitsmigration über Grenzen hinweg ist integraler Bestandteil einer globalisierten Wirtschaft. Insbesondere die Bewohnerinnen und Bewohner vieler ost- und mitteleuropäische Länder gehören zu denen, die in die reicheren Staaten Nord- und Westeuropas ziehen, oder bis an deren Grenzen kommen. Indem sie billige Arbeitskräfte rekrutieren, hoffen Unternehmer und Vermittler auf große Profite. Dabei sind Frauen die größte und zugleich auch die gefährdetste Gruppe der Arbeitsmigranten. Ihre Möglichkeiten einer legalen Beschäftigung sind geringer und sie werden zu schlechter bezahlter Arbeit in weitgehend unsichere Segmente des Arbeitsmarktes gedrängt. Dabei handelt es sich oft um riskante Tätigkeiten, die der Sklaverei gleichkommen. Im Resultat enden Frauen häufig als Opfer des Menschenhandels.
Dass Frauen aber ihre verständlichen Gründe haben, sich auf diesen Handel einzulassen, etwa auf das schwer verdiente Geld angewiesen sind, bleibt oft unberücksichtigt. Der Fachkommission scheint es daher wichtig, Frauen in der Prostitution nicht generell als Opfer zu beschreiben, vielmehr muss es auch darum gehen, ihren Entscheidungen mit Verständnis zu begegnen. Das Kernproblem der Arbeitsmigration von Frauen aus Osteuropa ist die schwierige Situation in den Heimatländern in Verbindung mit den ausländerrechtlichen Regelungen

und der Nachfrage in den Zielländern. Diese generelle Einschätzung ändert jedoch nichts am festgestellten Bedarf an Hilfe für eine große Zahl von Frauen und Kindern in der Prostitution oder als Opfer sexuellen Missbrauchs!

Woher kommen die Frauen im Grenzgebiet?

Tschechien kann als Herkunfts-, Ziel- und Transitland zugleich gelten. Überwiegend jedoch stammen erwachsene Frauen, aber auch minderjährige Mädchen (zwischen 15 und 17 Jahren) in der Prostitution zunehmend aus den Ländern Ukraine, Moldawien, Litauen, Weißrussland, Bulgarien und der Slowakei. Eine besonders gefährdete Gruppe sind Angehörige der Roma. Neben sexueller Ausbeutung gibt es weitere Zwecke des Frauenhandels wie Zwangsheirat oder die Ausbeutung von Frauen für Sklavenarbeit in der Hauswirtschaft. Die Situation der Frauen bleibt aussichtslos. Die kriminellen Strukturen des Menschenhandels lassen sie wenig oder gar kein Geld verdienen und ihr Traum von der Unterstützung der Familie daheim bleibt unerfüllt. Als Ausländerinnen ist ihr Aufenthalt oft illegal und sie sind ständig von der Ausweisung bedroht.

Ursachen in den Herkunftsländern

1. Die Arbeitslosigkeit in den Herkunftsländern, speziell von Frauen, ist insgesamt sehr hoch. Sie finden oft keinen Arbeitsplatz oder keine ihrer Ausbildung angemessene Stelle, und selbst wenn sie eine Stelle haben, ist die Bezahlung oft zu niedrig, um davon leben zu können. Das steht im Gegensatz zur steigenden Verantwortung der Frauen für das ökonomische Überleben ihrer Familien. Für viele Frauen ist der Wunsch, ihre Familien zu unterstützen, eines der zentralen Motive für die Aufnahme einer Arbeit in einem fremden Land. Sie sehen darin eine Lösung der familiären Finanzprobleme.
2. Das unzureichende, nicht vorhandene Sozialsystem oder verschwindende Sozialsystem, auch in vielen Ländern Mittel- und Osteuropas, wälzt zunehmend die Verantwortung auf die Schultern der Frauen ab.
3. In manchen Ländern existiert zudem eine Tradition der Arbeitsmigration. Einen Job in einem anderen Land zu suchen oder zu haben, ist hier nichts Ungewöhnliches.
4. Ausbildungen und vor allem gute Ausbildungen kosten zunehmend Geld. Viele junge Frauen glauben, in Deutschland das Geld für ihre eigene Ausbildung, die sie in ihrem Heimatland beginnen möchten, verdienen zu können.
5. Alkoholismus und Gewalt in den Familien sind vielfach ein Grund für Mädchen, von zu Hause zu fliehen. Vor diesem Hintergrund werden sie zu einer leichten Beute von Vermittlern und Geschäftemachern wie Schleuser und Menschenhändler.
6. Zudem existiert in den Köpfen vieler, vor allem junger Frauen ein als „Pretty Woman-Syndrom" umschriebenes Bild: der Traum von Glück und Reich-

tum. Frauen werden als erotische Objekte vorrangig dargestellt und wahrgenommen. Warum also aus der Not nicht eine Tugend machen? Sexarbeit
mag dann als attraktiver Weg zum gesellschaftlichen Aufstieg erscheinen.
7. Zu diesen Faktoren gesellt sich noch der Mythos von Westeuropa, der vermeintlich Freiheit, Wohlstand und Modernität verspricht.

In allen Fällen ist zu unterscheiden zwischen Arbeitsmigration, die Frauen aus
eigenem Willen aufgrund der beschriebenen Notlagen anstreben, und Frauenhandel, bei dem Frauen in eine Situation geraten, die sie nicht mehr selbst bestimmen können. Die Übergänge sind jedoch fließend, da viele Vermittler Frau-
en mit Versprechungen anlocken und sie dann in Arbeitsplätze in der Sexindustrie zwingen. Der Wunsch vieler Frauen in die Länder Westeuropas zu ziehen,
um sich ein besseres Leben aufzubauen, ist ein wichtiger Grund für das Problem
der weltweiten Migration und des Frauenhandels in den Bereichen Haushalt,
Ehe und Prostitution. Wesentlich ist fast überall die steigende Verantwortung
der Frauen für das wirtschaftliche Überleben ihrer Familien. So schicken nicht
wenige, die in Westeuropa ankommen und denen es gelingt, etwas Geld zu verdienen, den Großteil ihres Verdienstes in die Heimatländer zurück.

Sexueller Missbrauch von Kindern

„Armut und der Mangel an Ausbildungs- und beruflichen Perspektiven machen es Menschenhändlern leicht, Frauen und Kinder für die Prostitution zu
rekrutieren"[4] Die 3. Medizinische Fakultät der Karls-Universität in Prag hat im
Jahr 2004 eine zweite deskriptive Studie [5] über Stellungnahmen von Kindern zur
Prostitution unter Schülern des 2., 6. und 9. Jahrgangs an Grundschulen in Prag
und Cheb durchgeführt. 42,8 % der befragten Kinder in Cheb haben Prostitution als eine Verdienstmöglichkeit für Leute ohne Ausbildung bezeichnet. In Prag
hingegen waren es 4,6 % der Kinder[6].

Dieses Ergebnis ist alarmierend. In Gegenden mit einem Mangel an Arbeits-
stellen und mit einer hohen Arbeitslosigkeit, wo die Perspektive einer persönlichen Entwicklung sehr niedrig ist und wo Prostitution allgemein verbreitet
ist, kann die Bevölkerung der Prostitution tolerant und sogar wohlwollend
gegenüber stehen. Die Grenze zwischen dem, was wünschenswert, annehmbar
und inakzeptabel ist, wird deutlich verschoben. In sozial schwachen Familien
und Gebieten, wo die Nachfrage nach sexuellen Dienstleistungen relativ groß
ist, können Kinder auf den Druck der sozialen Umgebung (inklusive der ihnen
nahestehenden Menschen) und der Konsumenten reagieren und so eine Beute

---

4   Cathrin Schauer, Jeder holt sich, was er will. In: Mythos Europa; Osteuropa, Jg. 56,
    6/2006; 240.
5   Eva Vaníčková, Dětská prostituce, Praha 2005, ²2007: Grada.
6   Es wurden 1585 Kinder gefragt, ihnen wurden 23 Fragen gestellt.

von Kupplern und Menschenhändlern werden. Mangelnde Zukunftsaussichten und instabile Familienverhältnisse spielen demnach eine dominante Rolle bei Kinderprostitution und Kinderhandel. Obwohl dieser Zusammenhang sich bei Kindern und Jugendlichen nicht sehr viel anders darstellt als bei erwachsenen Opfern von Menschenhandel, ist hier noch eine weitere Grenze überschritten: die Verletzlichkeit von Kindern, die keine Wahl haben, wird in außerordentlich herabwürdigender Weise ausgenützt. An dieser Stelle ist auch das Instrument des Strafrechts in besonderer Weise gefordert.

Die Roma

Im Zusammenhang mit dem Menschenhandel in Grenzgebieten ist es notwendig, der sogenannten Roma-Frage eine besondere Aufmerksamkeit zu widmen. Aufgrund der Tatsache, dass es keine Statistiken über die tschechischen Roma gibt, sind Aussagen über ihre zahlenmäßige Präsenz innerhalb der Prostitutions- und Kinderprostitutionsszene spekulativ. Ausgangspunkt der weiteren Überlegungen können daher lediglich Erfahrungswerte sein, die sich auf die Beobachtungen vor Ort stützen. Mitarbeiter und Mitarbeiterinnen sozialer Dienste vor Ort berichten von geschlossenen Wohngebieten und ganzen Orten, in denen Roma-Sippen leben, zum Beispiel in den Regionen Westböhmen, Chomutov oder bei Teplice. Hier existieren Gebiete, in denen ausschließlich sozial ausgegrenzte Bevölkerungsgruppen leben. Eine Reihe von diesen Romafamilien lebt von der Prostitution ihrer sehr jungen Frauen, die zum Teil unter 18 Jahre alt, in manchen Fällen auch viel jünger sein können. Es existiert in diesem undurchsichtigen Umfeld das Angebot der Kinderprostitution. Dieser kriminelle Markt agiert allerdings verdeckt, da er zudem sehr stark mit der Erpressung von Kunden der minderjährigen Prostituierten verbunden ist. Diese problematische Situation ist das Resultat eines völlig gescheiterten Reintegrationsversuches gegenüber den Roma in der zweiten Hälfte des 20. Jahrhunderts in Tschechien. Die Roma wurden ihrem traditionellen Lebensstil entfremdet, ohne dass ihnen alternative Lebensentwürfe angeboten wurden oder sie neue Perspektiven für ihr Leben entwickeln konnten. In den betroffenen Familien herrscht ein äußerst geringer Bildungsgrad und hohe Arbeitslosigkeit, die sich mit den unterschiedlichsten sozialen Zerfallserscheinungen vermengen. Das Leben ist von Arbeitslosigkeit, Alkoholismus, Kleinkriminalität, häuslicher Gewalt und Bandenbildung geprägt. Fehlende Persönlichkeitsentwicklung und fehlende Veränderungsbereitschaft sind die Folge solcher Verhältnisse. Die Partizipation am Sexgeschäft ist für diese Gruppen akzeptabel und wird mit den finanziellen Bedürfnissen entschuldigt. Die Versuche diesen Problembereichen mit Hilfeangeboten zu begegnen, werden durch die für Außenstehende kaum zu durchdringende kulturelle Verschiedenheit der Lebensweise der Roma erschwert.

Fazit

Die Analyse der Problematik „Sexuelle Ausbeutung von Frauen und Missbrauch von Kindern im deutsch-tschechischen Grenzgebiet" ist notwendigerweise geprägt von unterschiedlichen Sichtweisen, unterschiedlichen politischen und rechtlichen Rahmenbedingungen, aber auch von einer durch Stereotype emotional besetzten Wahrnehmung: *Bei der Prostitutionsmigration von Ost nach West geht es nicht nur um Würde, Menschenrechte oder Wirtschaft. Der Diskurs über Prostitution hat auch eine spannungsgeladene symbolische und politische Dimension. Der Ort, an den die westeuropäischen Gesellschaften die Prostitution verweisen, ähnelt frappierend dem Rang, den „Osteuropa" im westeuropäischen Denken einnimmt. „Osteuropa" und die Prostitution stehen aus der Perspektive der bürgerlichen Gesellschaften für „das Verbotene, das Verruchte, das Ausgelagerte, das Andere, welches Sehnsüchte, geheime Wünsche, ungewollte Phantasien und Ängste auf sich zieht. „Osteuropa" steht für Drogen-, Waffen-, Frauenhandel; für illegale Milliardengeschäfte, Geldwäsche und Korruption; für extreme Armut und extremen Reichtum; für Geld, Sex und Gewalt. Es ist ein Dorado für schwere Jungs und leichte Mädchen.*[7]

Solche Einschätzungen machen klar, dass daher immer auch Zuschreibungen, Vorurteile und gegenseitige Schuldzuweisungen im Raum stehen. Das macht die Thematik in der europäischen und damit auch in der deutsch-tschechischen Zusammenarbeit insgesamt schwierig und erschwert es in der konkreten Arbeit, zu grenzüberschreitenden Lösungsmöglichkeiten zu kommen. Dankbar sind daher alle Initiativen wahrzunehmen, die gerade die Kirchen zur grenzüberschreitenden Zusammenarbeit herausfordern und ihr gemeinsame Handlungsmöglichkeiten aufzeigen.

CHRISTLICH-ETHISCHE ORIENTIERUNG

Sexualität gilt in der jüdisch-christlichen Tradition als wesentlicher und untrennbarer Teil unseres Menschseins. Sie ist von Gott verliehene gute Gabe (Gen 1,27.31) und vermittelt Lebensfreude und Glück. In gegenseitiger Achtung und Verantwortung sind Zärtlichkeit und Sexualität Sprachformen der Liebe. Diese Erkenntnis gehört zum biblischen und christlichen Menschenbild trotz aller Blickverengungen in Geschichte und Gegenwart. Die Sexualität zwischen Mann und Frau wird in der Sprache der Bibel häufig mit dem „Erkennen" des Partners bezeichnet (Gen 4,1 u.v.a.). Das beschreibt eine außergewöhnlich tiefe, ausschließliche und verbindliche Liebesbeziehung, der Gott seinen Segen zugesagt hat.

7   Osteuropa; Heft 6/2006, Editorial, 6.

Sexualität als verbindliche Beziehung zwischen Menschen

Daraus ergibt sich für den christlichen Menschen ein entscheidendes handlungsleitendes Prinzip: Der Geschlechtsverkehr wird vor allem da als Erfüllung menschlichen Glücks erlebt, wo er in das personale Leben eingegliedert ist und zur persönlichen Hingabe wird. Die Sexualität ist also zu sehen als Ausdrucksform einer konkreten Beziehung zwischen Menschen, die die liebende Verantwortung füreinander voraussetzt. Nicht die zufällige Bekanntschaft und die Hingabe an den Reiz des Augenblicks machen das Wesen christlich gelebter Sexualität aus, sondern die verbindliche Bereitschaft, sich aufeinander einzulassen und Liebe in gegenseitiger Achtung zu schenken. Die Freiheit der eigenen Sexualität ist an die Verantwortung gegenüber dem anderen gebunden. Freiheit bedeutet demnach Hingabe in Verbindlichkeit.

Kommerzialisierte Sexualität jedoch missachtet bei den Beteiligten die Würde ihres jeweils individuellen Menschseins. Dies widerspricht einem auf den biblischen Traditionen beruhenden christlichen Verständnis menschlichen Handelns, nach dem ein jeder Verantwortung für die seelische und körperliche Integrität des anderen zu übernehmen hat. Der Warencharakter, den die Prostitution der Sexualität verleiht, wird einem solchen Menschenbild nicht gerecht. Das christliche Verständnis einer ganzheitlich gelebten Sexualität schließt jegliche Form von Gewalt, Entwürdigung und Ausbeutung aus und damit auch den Handel mit sexuellen Dienstleistungen.[8]

Vollkommen verwerflich und nicht akzeptabel sind solche Formen des Sexgeschäftes, in denen es zur Anwendung von Gewalt und zum Missbrauch von Frauen und Kindern kommt. Menschenhandel zum Zweck der sexuellen Ausbeutung widerspricht nicht nur ethischen Geboten, sondern ist auch aus juristischer Sicht ein Verbrechen. Darum sind mit allen strafrechtlichen Mitteln Menschenhandel und der Zwang von Frauen und Kindern zum Sex zu bekämpfen.

Christliche Verantwortung gegenüber einem gesellschaftlichen Problem

Prostitution ist keine Ausdrucksform menschlicher Sexualität, die den ethischen Prinzipien christlichen Handelns entspricht. Dennoch wird die Prostitution als gesellschaftliche Realität auf absehbare Zeit existent bleiben. Dies ist auch bei der theologischen Beurteilung des Problems zu berücksichtigen. So verurteilen die biblischen Schriften zwar die Prostitution als Tat, lehnen aber die Personen, die in die Prostitution verstrickt sind, nicht ab, sondern betonen ihre unverbrüchliche von Gott verliehene Würde. Prostitution entspricht nicht dem Prinzip christlicher Lebensführung, die nach dem Willen Gottes fragt. Das Gebot der

---

8 Die besondere göttliche Wertschätzung des menschlichen Körpers in der Bibel, bei absoluter Gleichwertigkeit von Frau und Mann, siehe u.a. Gen 2,7; Gen 2,22 oder Ps 139,13.

Nächstenliebe macht es selbstverständlich, dass Schwache und Ausgebeutete geschützt werden und energisch gegen die vorgegangen wird, die andere missbrauchen. Die Prostituierten sind weitgehend schutzlos der Ausbeutung ausgeliefert. Zu ihrem rechtlosen Status trägt eine gesellschaftliche Herablassung gegenüber der Ausübung von Prostitution bei, als ob die Frauen in dieser Ausübung allein wären ohne Partner – Kunden oder Konsumenten ihrer sog. Dienste. Diese negative Wertung gewährt Freiern und anderen an der Prostitution Beteiligten ihre Vorteile, während sie den schutz- und rechtlosen Status der Prostituierten noch verfestigt. Die Prostituierten zu stigmatisieren bedeutet, ihre Möglichkeiten, ein menschenwürdiges Leben zu gestalten, einzuengen. Ihnen wird damit die Möglichkeit vorenthalten, Gemeinschaft, Schutz und Solidarität zu finden.[9]

Frauen und Männer sind nach dem Schöpferwillen Gottes absolut gleichwertig und in gleicher Weise zur Verantwortung füreinander gerufen. Zur wirksamen Prävention von Menschenhandel gehört demnach, dass auch Männer sich ihre Verantwortung bewusst machen. Männer spielen unterschiedliche, aber entscheidende Rollen im Sexgeschäft: Als Prostitutionsnutzer bestimmen sie durch ihre Nachfrage das Angebot und den Markt. Als Zuhälter oder Manager organisieren und beherrschen sie das Geschäft. Ihnen fließen die Gewinne zu. Hier besteht ein unausgesprochenes männliches Bündnis zwischen kriminell agierenden Menschenhändlern, Zuhältern und den übrigen Nutznießern der Prostitution. Die Ökonomisierung der Sexualität schafft einen globalen kriminellen Wirtschaftszweig mit immensen Gewinnmargen. Von daher ist es kein Zufall, dass dieses Geschäft oft auch mit Gewalt verbunden ist. Dem Staat kommt hier die Aufgabe zu, das erforderliche Maß der strafrechtlichen Verfolgung der kriminellen Tatbestände zu gewährleisten. Darüber hinaus hat der Staat auch ordnungspolitische Aufgaben, z.B. im Bereich der Gesundheitskontrolle und der Förderung therapeutischer und sozialer Hilfeangebote, wie sie z.B. die Kirchen und andere gesellschaftliche Träger vorhalten.

Die Übergänge von selbst gewählter und erzwungener Prostitution sind unscharf. Daher muss das gesellschaftliche Bewusstsein für die gemeinsame Verantwortung sensibilisiert werden. Wer die Problematik des Sexgeschäftes verharmlost und ihm den Anstrich des „Normalen" verleiht, verschließt letztendlich auch die

---

9   Zur Einschätzung der Prostitution durch die Bibel siehe u.a. Lev 19,29; 1. Kor 6,18;
    1. Thess 4,3; Wie hoch allerdings die Würde der Person geschätzt wird, bringt die
    Erzählung von der Hure Rahab (Josua 2) zum Ausdruck: Ihre Prostitution hat am
    Anfang einen heidnischen Hintergrund, aber sie erweist den Israeliten Barmherzigkeit
    und rettet sie vor den Verfolgern. Sie selbst wird dann gerettet und wird zu einem
    Glied im Stammbaum Jesu (Jos 2 und Mt 1,5). Sie gewinnt ihre Würde zurück und
    erfährt Wertschätzung in Gottes Heilshandeln. So ist es dann auch Jesus, der nicht
    verurteilt, sondern in besonderer Weise die Liebe Gottes und den Weg zu einem
    neuen Leben zusagt (Joh 8,11).

Augen vor den Verbrechen, die Frauen und Kinder zum Sex zwingen. Der Skandal des Missbrauchs und der Entwertung von Menschen, ja sogar Kindern, wie er sich in den Verbrechen des Menschenhandels und der sexuellen Ausbeutung offenbart, muss deutlich benannt werden.

Sexualerziehung und Wertevermittlung
Die Bibel und die christliche Ethik haben vor allem die Würde des Menschen und das Gelingen einer Liebesbeziehung zum Ziel. Darum ist eine Sexualerziehung wichtig, die von der Würde des Menschen ausgeht und Sexualität als integralen Bestandteil einer liebevollen, ganzheitlichen Beziehung in gegenseitiger Achtung und Verantwortung vermittelt. Es geht um eine Sexualität, die die Lust am eigenen Körper und dem des anderen lebt und zugleich die Verantwortung füreinander einschließt.

Zum Ziel gehört es auch, trügerische Frauen- und Männerbilder zu überwinden, die die Kommerzialisierung der Sexualität und somit die Ausbreitung der Prostitution fördern. Daher muss eine entsprechende Sexualerziehung notwendiger Weise gerade die Jungen einbeziehen. Gerade sie brauchen das Leitbild einer männlichen Sexualität, die von Achtsamkeit und persönlicher Beziehung bestimmt ist, statt ausschließlich von Leistung, Erfolg und schneller Befriedigung. Eine solche erfüllte und verantwortliche Sexualität zu leben, setzt eine klare Absage an die Gewalt voraus und bietet die Gewähr für den Schutz seelischer und körperlicher Integrität. Es ist dringend erforderlich damit zu beginnen, diesem vernachlässigten Thema der Sexualität eine angemessene Aufmerksamkeit zu widmen und die Würde eines jeden Menschen, ob Kind, Frau oder Mann, zu stärken sowie das Recht auf die psychische und physische Unversehrtheit jeder Persönlichkeit zu schützen.

Unsere Kirchen betonen ihre Verantwortung für alle Hilfestellungen, die präventiv nötig sind und die Hilfe für die Not der Betroffenen anbieten. Sie sind dankbar für alle Initiativen in diesem Bereich und bieten ihre Unterstützung an.

Handlungsmöglichkeiten für die Kirche
Eine der Hauptaufgaben der Kirchen ist es, in Situationen der Not und des Drucks zu helfen und dort furchtlos einzugreifen, wo Unrecht geschieht. Die Kirchen taten und tun dies mit der freiwilligen Arbeit ihrer Mitglieder, wie auch mittels der professionellen sozialdiakonischen Arbeit.

Die Ausgangspositionen der Kirche im deutschen und tschechischen Raum sind unterschiedlich. In der deutschen Diakonie und Kirche gibt es ein hoch entwickeltes Netz von hauptamtlichen und freiwilligen Mitarbeitern und die Kirche selbst verfügt über eine deutliche moralische Autorität, dank der sie weitere politische und gesellschaftliche Akteure auf den Plan rufen kann. Die Stimme der Kirche in Tschechien ist hingegen politisch und gesellschaftlich wenig be-

deutend, die Gemeinden im deutsch-tschechischen Grenzgebiet sind zahlenmäßig sehr schwach, professionelle diakonische Arbeit ist auf wenige Zentren beschränkt. Diese unterschiedliche Situation darf uns nicht entmutigen. Sie zeigt
vielmehr, dass eine wirkungsvolle kirchliche Aktion die Zusammenarbeit der
tschechischen und deutschen Seite erfordert. Gemeinsame Aufrufe werden ein
deutliches Gewicht haben, gemeinsam kann man wirkungsvoll an allen Fronten
des Problems arbeiten, gemeinsam kann man mehr Mittel für die Finanzierung
fachlicher Hilfe bekommen.

Was ist zu tun angesichts der Übermacht von organisierter Kriminalität und der
großen Anzahl von Frauen, die ihren Versuch, sich aus Armut und Perspektiv-
losigkeit zu befreien, teuer bezahlen? Wie kann der Verantwortungslosigkeit der
Kunden und wie der Gleichgültigkeit großer Teile der Gesellschaft in beiden
Ländern begegnet werden?

Wie soll mit einem so komplexen Problem umgegangen werden? Wo soll man
anfangen? Die Kirchen würden sich übernehmen, wenn sie versuchten, gegen das
organisierte Verbrechen zu kämpfen. Es wäre gleichfalls überflüssig, wenn sie sich
bemühen würden, bereits bestehende soziale Hilfe[10] zu ersetzen. Es ist zu unterscheiden, wo die Kirche ihr spezifisches Potential nützen kann, wo jetzt die Arbeit
von Christinnen und Christen tatsächlich notwendig ist und wo es hingegen ge-
nügt, diejenigen zu unterstützen, die bereits helfen. Worin besteht die Aufgabe?

Enttabuisierung durch die Kirchen
Der erste und wichtigste Schritt ist, dass die Kirchen und ihre Organisationen
sich für dieses oft tabuisierte Thema öffnen und sich ihm zuwenden. Schließlich
handelt es sich beim Menschenhandel immer auch um Fragen, die mit Sexualität, Moral, Partnerschaftsbeziehungen und der Genderthematik zu tun haben.
Über diese Themen wird in den Kirchen jedoch selten offen gesprochen. Die
Hinwendung zu diesen Fragen ist jedoch ohne Alternative. Ein die Würde der
Personen im Prostitutionsmilieu achtender Zugang ist die Voraussetzung für
eine wirksame Arbeit für und mit den Betroffenen.

So gut wie gar nicht angesprochen werden in Kirche und Gesellschaft die Themen Gewalt, Missbrauch und Gefühlsentleerung im Bereich des Sexualverhal-

---

10 Projekte von Kirche und Diakonie: Beratungszentrum ‚Jadwiga' in Hof ;
Beratungsstelle für Kinder und Jugendliche ‚Fluchtpunkt' in Cheb/Eger, die seit
2006 vom Evangelischen Jugendfürsorgewerk (EJF-Lazarus) betrieben wird und
das Projekt Jana in Domažlice. Umfangreiche Hilfe auf dem ganzen Gebiet der
ČR bietet das Projekt ‚Magdala' der Caritas des Erzbistums Prag. Außerdem die
säkularen Organisationen Rozkoš bez Rizika, La Strada - freiwillige Rückkehrer
in ihre Heimatländer, IOM ČR, Šance - Arbeit mit Knaben in Prostitution. Und
des Weiteren die grenzüberschreitende Sozialarbeit von KARO e.V. (Plauen) und
Fachberatungsstelle für Opfer von Menschenhandel KOBRAnet (Zittau und Leipzig).

tens. Gerade diese Themen sind aber entscheidend für das Verständnis des Phänomens Prostitution, für das Verständnis der Situation der Frauen – der Opfer des Sexgeschäfts und der Männer - der Kunden.

Eine Voraussetzung für die Arbeit mit und für Menschen, die von dieser Problematik betroffen sind, ist ein akzeptierender Umgang mit den Menschen im Umfeld der Prostitution. Darum muss bei denen, die helfen können, das Schweigen über Sexualität, Partnerschaftsbeziehungen und Gewalt durchbrochen werden. Es ist notwendig – vor allem für Christen – die Position der moralisch distanzierten Kritik aufzugeben und die Not der Opfer des Sexbusiness zu verstehen.

Wir empfehlen:
- In der Kirche und ihren Gemeinden eine breite Diskussion zu den Themen Partnerschaftsbeziehungen, Familie und menschliche Sexualität zu eröffnen und zu unterstützen. Dazu dienen bereits herausgegebene Materialien für Jugendbildungsarbeit, wie auch für Männer- und Frauenarbeit.[11]
- Sich als Kirchen für eine umfassende Gender- und Sexualerziehung an den Schulen und in der kirchlichen Kinder- und Jugendarbeit einzusetzen. Hier geht es um das Leitbild einer verantwortlich gelebten Sexualität, die von Achtsamkeit und persönlicher Beziehung geprägt ist.

Sensibilisierung der Öffentlichkeit
Es ist wichtig, die kirchliche und gesellschaftliche Öffentlichkeit über diese massenhafte und maßlose Verletzung von Menschenrechten aufzuklären, die der Menschenhandel darstellt. Dabei sind auch Hintergründe und Zusammenhänge zu verdeutlichen. An dieser Stelle ist es auch notwendig, das Ausmaß der Not darzustellen - einschließlich des benötigten Hilfe- und Unterstützungsbedarfs, für den es in beiden Ländern keine ausreichende finanzielle Förderung gibt.

In diesem Zusammenhang gibt es schon gelungene Beispiele wirkungsvoller Öffentlichkeitsarbeit. Dazu gehört die Vorreiterinitiative der Caritas in der Tschechischen Republik, ebenso wie die Öffentlichkeitsarbeit des Diakonischen Werks der EKD, die kurze TV-Spots, Plakate, Postkarten und ein Flugblatt für die Öffentlichkeit herausgibt. Kirchengemeinden können diese Materialien anfordern und sich um die Verbreitung in den Gemeinden kümmern.[12]

---

11 So z.B.: Männer und der Sex. Die Artisten im Bett, männerforum, Zeitschrift der Männerarbeit der EKD, Nr.25, Oktober 2001; Hansfried Boll, Männer und Sexualität, in: Martin Rosowski/Andreas Ruffing, Ermutigung zum Mannsein. Ein ökumenisches Praxishandbuch für Männerarbeit, Kassel 2002; Frauen-Leben, ein Positionspapier des Präsidiums der Ev. Frauenarbeit in Deutschland zu Lebensformen von Frauen, Mai 2005; Prostitution, Tagungsdokumentation zum Studientag der EFD, Mai 2001. Die letzte sexualethische Denkschrift der EKD stammt allerdings aus dem Jahr 1971.

12 Vgl. www.stoppt-zwangsprostitution.de, www.diakonie-menschenhandel.de; www. magdala.cz.

Dabei geht es in erster Linie darum, aufzuklären und die ideelle Unterstützung für diese Arbeit zu gewinnen. Ein weiteres Ziel dieser Öffentlichkeitsarbeit ist es, die professionelle Sozialarbeit um das freiwillige soziale Engagement der Gemeindeglieder zu erweitern. Öffentlichkeitsarbeit zielt auch darauf ab, zusätzliche Finanzmittel für diese chronisch unterfinanzierte Arbeit in Form von Spenden zu erschließen – zur Unterstützung der Opfer des Menschenhandels.

Wir empfehlen:
- Eine flächendeckende Kampagne zu organisieren, um die Öffentlichkeit über das Phänomen des Menschenhandels im Rahmen der kommerziellen Sexindustrie aufzuklären und über die Folgen für die Entwicklung von Kindern und der ganzen Gesellschaft zu informieren.
- Auf tschechischer Seite ökumenische Unterstützung für eine stärkere Stimme der Kirche im Kampf gegen den Menschenhandel zu suchen, um das Interesse der Medien und der Politik zu wecken.

Hilfen für Opfer des Menschenhandels
Von sexueller Ausbeutung betroffene Kinder und Frauen brauchen Schutz, eine gesicherte Unterbringung, die Ausstattung mit dem Notwendigsten und kompetente Begleitung, wenn es zu einem Prozess gegen die Menschenhändler kommt. Sie benötigen fachkundige Beratung bei der Entwicklung einer neuen Lebensperspektive. Nicht zuletzt brauchen sie die Unterstützung bei der Rückkehr in ihr Herkunftsland, denn zumeist können sie nicht im sog. Aufgriffsland bleiben. Ehrenamtliche Arbeit ist nicht ausreichend. Vielmehr sind zusätzlich spezialisierte Beratungsstellen nötig, welche mit entsprechend ausgebildeten Fachkräften das notwendige Krisenmanagement qualifiziert übernehmen können. Diese Arbeit geschieht bereits an vielen Orten[13] und gleichzeitig werden weitere Kräfte für diese Arbeit gesucht.
Für die Arbeit im Grenzgebiet ist es von großer Bedeutung, dass die Probleme als gemeinsame Probleme (deutsch-tschechische) erkannt und in Kooperation bearbeitet werden. Das gilt auch für die finanzielle Absicherung dieser Arbeit. Neben Spenden und weiteren Unterstützungsgeldern für diese Arbeit wird auch die Unterstützung von Kirche und Diakonie in beiden Ländern benötigt, vor allem wenn es darum geht, bei den Landesregierungen ein Verständnis für die regelhafte Finanzierung dieser Dienste zu erreichen. So sollen die kirchlichen Entscheidungsträgerinnen und Entscheidungsträger ihren Einfluss nutzen, um in den jeweiligen Zusammenhängen auf Unterstützung im politischen Raum hinzuwirken.
Ein schwieriger Moment für Frauen, die sich entscheiden, aus der Szene aus-

13 Vgl. Fußnote 11.

zusteigen, ist der Anfang einer neuen Lebensweise an einem neuen Ort, wo sie gewöhnlich niemanden kennen. Das kirchliche Netz von Gemeinden kann hier viel anbieten: Unterstützung bei diesen Anfängen, Übergangswohnungen, Gemeinschaft.

Wir empfehlen:
- Die Entstehung gemeinsamer tschechisch-deutscher Hilfsangebote für Opfer und die Arbeit von Beratungszentren zu unterstützen.
- In tschechischen und deutschen Gemeinden in regelmäßigen Abständen eine Kollekte für diese notwendige Arbeit auszuschreiben – nicht nur in den grenznahen Regionen. Deswegen ist die Aufnahme in den Kollektenplan wünschenswert.
- Den Gemeinden im Grenzgebiet grundsätzliche Informationen über die Situation der Opfer des Menschenhandels und Kontakte an Hilfsorganisationen zur Verfügung zu stellen.
- Alle tschechischen Gemeinden zur Aufnahme und Unterstützung sozial Ausgeschlossener aufzufordern und ihnen geeignete methodische Hilfe zu gewähren.
- Personen, die das Milieu der Sexindustrie verlassen und spezialisierte Integrationsprogramme absolviert haben, in Gemeinden Hilfe in Form von billiger Unterkunft in kirchlichen Gebäuden, sowie Stütze und Gemeinschaft zu bieten.
- Erfahrene ältere Frauen und Männer in den Gemeinden können den Frauen bei der Sorge um die Kinder helfen. Sie können zu einem gewissen Maß die verlorenen oder nie vorhanden gewesenen Familienbeziehungen ersetzen.

Prävention
Die Bekämpfung des Menschenhandels kann nicht nur eine Sache der Strafverfolgung, d.h. von Polizei, Richtern und Staatsanwälten sein. Vielmehr gilt es hier auch vorbeugend zu arbeiten.
Die Beschränkung der Arbeit von Kirche und Diakonie auf die „reine Opferhilfe", ohne die Ursachen in den Blick zu nehmen und an deren Veränderung zu arbeiten, greift zu kurz und widerspricht dem Selbstverständnis von sozialer Arbeit, der es immer auch um Verbesserung von Verhältnissen und Rahmenbedingungen geht. Zur Frage der Vorbeugung des Menschenhandels bzw. der sexuellen Ausbeutung von Kindern und Frauen empfiehlt die Fachkommission drei Ansatzpunkte:

1. Prävention durch Aufklärung. Von besonderer Wichtigkeit bleibt die Aufklärung über mögliche Gefahren im Ausland gegenüber jungen Mädchen und Frauen in den Herkunftsländern. Sie sollen, wenn sie denn als Au-pairs, Studentinnen oder als Erwerbstätige in die nord- und westeuropäischen Länder reisen, aufgeklärt und damit gewarnt werden, um so weniger anfällig zu sein, den falschen Versprechungen von Menschenhändlern zu folgen. Hier sind gute Ansätze bekannt, insbesondere aus der Arbeit des Vereins für internationale Jugendarbeit, der durch die Vermittlung der Au-pair-Arbeit über vielfältige Kontakte in die mittel- und osteuropäischen Länder verfügt und dort verschiedentlich Präventionsprojekte unterstützt. Diese Arbeit wird ebenfalls durch die Aktionen „Hoffnung für Osteuropa" oder „Kirchen-helfen-Kirchen" im Diakonischen Werk der EKD unterstützt. Auch dafür werden, neben der ideellen Unterstützung, dringend Geldmittel benötigt.

2. Vermittlung von Perspektiven. Anspruchsvoller und weitergehender als die bloße Aufklärung über Gefahren ist die Entwicklung einer individuellen und kollektiven Zukunftsperspektive für junge Menschen in ihren Herkunftsländern. Junge Frauen brechen auf, weil sie keine Chancen auf Ausbildung und Arbeit in ihren Herkunftsländern haben. Durch die desolate wirtschaftliche Situation in vielen Ländern Osteuropas werden die Menschenhändler daher weiterhin Heerscharen enttäuschter junger Frauen finden, die jedes Risiko eingehen, um der Armut zu entfliehen. Hier sind bereits beeindruckende Beispiele und gute Ansätze von Arbeit mit jungen Menschen in ihren Ländern bekannt, die darauf abzielen, eine Zukunftsperspektive im eigenen Land zu entwickeln. Es gilt, die bestehende Projektarbeit auch unter diesem Aspekt systematischer aufzubauen und finanziell zu unterstützen.

3. Sensibilisierung von Männern. Da es bekanntermaßen die „Nachfrager" sind, die den Markt mit all den Erscheinungsformen schaffen, muss sich eine präventive Arbeit im Sinne von Aufklärung nicht nur an Frauen und Mädchen in den Herkunftsländern, sondern auch an Männer als Kunden in den jeweiligen Ländern wenden. Etwa eine Million Männer, so die bekannte und umstrittene Schätzzahl, sollen täglich in der Bundesrepublik Deutschland „Dienstleistungen" von Prostituierten in Anspruch nehmen. Wie viele dieser Frauen mögen diese Dienste – sowohl in Tschechien als auch in Deutschland – gezwungenermaßen und unter unwürdigen Bedingungen leisten? Nur wenn es gelingt, die Männer als potentielle Prostitutionskunden anzusprechen und auf eine Verhaltensänderung hinzuwirken, kann der Menschenhandel wirkungsvoll eingedämmt werden. Dass Männer ansprechbar sind, zeigen Erfahrungen aus Italien, wo mittlerweile deutlich mehr Opfer des Menschenhandels über Hinweise und Anzeigen von Freiern identifiziert werden, als über die Ermittlungsarbeit der Polizei. Die Evangelische Frauenarbeit in Deutschland, die Männerarbeit der EKD und das Diakonische Werk der EKD haben im Jahr 2006 anlässlich der FIFA-Weltmeisterschaft in bundesweiten Öffentlichkeitsaktionen begonnen,

Freier anzusprechen und das Problem der Zwangsprostitution öffentlichkeitswirksam bekannt zu machen. In diesem Zusammenhang ist es wichtig, Männer auch in der Rolle als Freier nicht für den Kauf von sexuellen Dienstleistungen zu verdammen, sondern von ihnen ein Eintreten für Menschlichkeit und Gewaltlosigkeit im Sexgeschäft zu fordern.

Wir empfehlen:
- Die Organisation und Unterstützung von Präventionsprogrammen in den Herkunftsländern der Opfer des Menschenhandels sowohl in kurzfristiger (Aufklärungsarbeit für Mädchen) als auch in langfristiger (Entwicklung von Zukunftsperspektiven, Ausbildungsprojekte u.ä.) Hinsicht.
- Eine flächendeckende Kampagne mit dem Ziel, Kunden des Sexbusiness anzusprechen, sie auf das Phänomen des modernen Sklaventums und Menschenhandels (vor allem mit Frauen und Kindern) aufmerksam zu machen – und so die Nachfrage zu verringern.

Anwaltschaft und Vernetzung
Die ausreichende und angemessene Hilfe und Unterstützung für von sexueller Ausbeutung betroffene Kinder und Frauen wie auch die wirksame Bekämpfung des Menschenhandels erfordern ein grenzüberschreitendes Netzwerk von Personen und Institutionen. Dazu zählen neben Polizei und Justiz die verschiedenen Einrichtungen und Angebote der Hilfeinfrastruktur, aber auch bestehende Arbeitsbereiche in Kirche und Diakonie, die mit der Thematik in Berührung kommen könnten. Dazu zählen die Erwachsenen- und Jugendarbeit, die Arbeit mit Straffälligen, die Arbeit im Bereich von Aids-Prävention, die Menschenrechtsarbeit und vieles andere mehr. Die Kirche selbst verfügt bereits über ein großes Netzwerk, das es im Sinne einer politischen Lobbyarbeit zu nutzen gilt. Seine Kraft kann im gesellschaftlichen und politischen Umfeld eingesetzt werden, wenn es um die Durchsetzung von Forderungen zur Bekämpfung des Menschenhandels und Hilfen geht.[14]
Die Arbeitsgemeinschaft im Diakonischen Werk der EKD zu Prostitution und Menschenhandel ist ebenfalls ein gutes Beispiel für die bereichsübergreifende und interdisziplinäre Zusammenarbeit.
Gute und erprobte Ansätze der Information und Vernetzung gehen von Caritas Europa und Eurodiaconia zusammen mit der Churches Commission for Migrants in Europe (CCME) aus. Das dort seit 1999 angesiedelte Projekt „CAT" sucht mit einer grenzüberschreitenden Zusammenarbeit der Beratungsdienste die Situation

---

14 Einen Überblick über die wichtigsten Forderungen vermittelt das Papier „Frauenhandel bekämpfen – Opfer schützen und unterstützen" der Evangelischen Frauenarbeit in Deutschland, Oktober 2005.

von betroffenen Frauen und Mädchen zu verbessern. Die Fachkommission plädiert dafür, diese Arbeit dauerhaft fortzuführen und wenn möglich, zu intensivieren. Dagegen ist es noch nicht gelungen, eine konkrete Zusammenarbeit im grenzüberschreitenden deutsch-tschechischen Raum zu institutionalisieren. Hier sieht die Fachkommission eine gute Möglichkeit für die Kirchen, im zusammenwachsenden Europa gemeinsam die entsprechenden Probleme zu bearbeiten.

Wir empfehlen:
In beiden Kirchen mindestens eine Person mit folgenden Aufgaben zu beauftragen:
* Kontakt mit der anderen Seite zu vermitteln bzw. zu halten und die heimische und grenzüberschreitende Zusammenarbeit in wesentlichen Projekten und Aktivitäten im Zusammenhang mit der Problematik der Zwangsprostitution im deutsch-tschechischen Grenzgebiet zu erleichtern,
* Die Kirchenleitungen über die Entwicklung der Situation und über die Arbeit der kirchlichen, diakonischen und säkularen Träger in diesem Bereich zu informieren,
* Eine Übersicht über die Erfüllung von Verbindlichkeiten zu führen, die die Kirchen im Zusammenhang mit der weiteren Arbeit mit diesem Dokument auf sich nehmen.
* Die Fachkommission plädiert dafür, diese Arbeit dauerhaft fortzuführen und, wenn möglich, zu intensivieren.

Schlusswort

Angesichts des Elends, das Frauen und Kinder im tschechisch-deutschen Grenzgebiet tagtäglich erleiden, tut gemeinsames Handeln dringend not. Das Leid der betroffenen Menschen ruft nach schnellem und nachdrücklichem Handeln. In solchem Handeln wird Gottes Liebe zu seinen Geschöpfen manifest. Seine Liebe gilt vor allem denen, die an Leib und Seele verletzt werden. Deshalb ist es angesichts der Gewalt gegen Frauen, Mädchen und Jungen im Grenzgebiet sowie ihrer sexuellen Ausbeutung unerlässlich, das kirchliche Engagement in diesem Bereich zu fördern und zu verstärken.

Die ausgebeuteten Frauen und Kinder in den Grenzregionen stehen täglich im Kampf um das Überleben. Hoffnungen, dass ihre Träume für ein besseres Leben in Erfüllung gehen könnten, haben sie kaum. Sie benötigen Hilfe jetzt – und sie benötigen Hilfe, die von Nachhaltigkeit geprägt ist. Unsere Kirchen sind herausgefordert, gemeinsam mit den Regierungen und gesellschaftlichen Initiativen alles dafür zu tun, dass diese Hilfe möglich wird – besser heute als morgen!

Die Gemeinschaft unserer Kirche vollzieht sich im Horizont der Gerechtigkeit des Reiches Gottes. Wir leben in der Ökumene von unseren gemeinsamen Visionen einer gerechteren Welt. Solche Hoffnungen inspirieren auch die weltweite Gemeinschaft der Christen. Die Fachkommission betrachtet die hinter ihr liegende Arbeit in diesem Sinne als Beitrag zur Gerechtigkeit. Sie ruft die Kirchen auf, an dieser besonderen Stelle helfend, aufklärend und beratend für eine Kultur der Gegenseitigkeit und Mitmenschlichkeit sowie für gleichberechtigte Beziehungen der Liebe zwischen Frauen und Männern in unseren Gesellschaften einzutreten.

Prag und Hannover im Juni 2007

KLIMA
13

Hoffen auf Gottes Zukunft:

Die christliche Nachfolge im Kontext des Klimawandels

Ein Bericht der gemeinsamen Arbeitsgruppe zum Thema Klimawandel und Theologie, zusammengestellt von der Baptist Union of Great Britain, der Methodist Church und der United Reformed Church

I ANNÄHERUNG AN GOTT IM KONTEXT DES KLIMAWANDELS

Es ist eine theologische Aufgabe, moderne wissenschaftliche Berichte über die Bedrohungen durch den Klimawandel im Zusammenhang mit dem Bekenntnis zum dreieinen Gott als Schöpfer und Erlöser der Welt zu reflektieren. Die wissenschaftlichen Analysen des Klimawandels und die Rolle, die die vom Menschen verursachen Kohlendioxid-Emissionen dabei spielen, sind gut begründet. Aus intellektueller und ethischer Perspektive ist es unverantwortlich, die zwingende Notwendigkeit einer radikalen Einschränkung der Treibhausgas-Emissionen weder anzuerkennen noch sich ihrer anzunehmen, um untragbare Schäden für die menschliche Bevölkerung sowie das massenhafte Aussterben vieler Pflanzen- und Tierarten zu verhindern.

II BEGEGNUNG MIT DEM WORT GOTTES

Liest man die Bibel vor dem Hintergrund dieser existentiellen Fragen, gibt sie uns eine Vision der Hoffnung auf Gottes Treue zur Schöpfung, einen Aufruf,

Liebe und Gerechtigkeit gegenüber unseren menschlichen und nicht-menschlichen Nachbarn walten zu lassen, sowie eine Warnung vor Gottes Gericht über diejenigen, die sich dieser Herausforderung entziehen. Gegenüber den vom Klimawandel am meisten Betroffenen die Ohren zu verschließen, ist demnach nichts anderes, als unseren Anspruch aufzugeben, Jüngerinnen und Jünger Christi zu sein.

III Antworten auf das Wort Gottes

Was in der industrialisierten Welt von Christinnen und Christen verlangt wird, ist Umkehr. Der erste Schritt zur Umkehr des Herzens und des Handelns besteht darin, unsere Mittäterschaft an den sündhaften Strukturen einzugestehen, die das Problem herbeigeführt haben.

IV Der Leib Christi in der Welt

Ein wesentlicher Bestandteil der Nachfolge Christi besteht in der Verpflichtung zu einem Lebensstil, der mit einem vertretbaren Maß an Kohlendioxid-Emission vereinbar ist. Die Kirche muss sich dem Ziel der britischen Regierung verpflichtet fühlen, die Kohlendioxid-Emissionen bis zum Jahr 2050 um mindestens 80% zu reduzieren. Es ist außerdem zwingend erforderlich, angemessene Übergangsziele zu erreichen und Gemeindeglieder zu motivieren, sich diese ebenfalls zu Eigen zu machen. Die Zusammenarbeit mit der Regierung, um einen nationalen und internationalen Wandel zu ermöglichen, ist unerlässlich.

V Aussendung

Wir fordern unsere Kirchen auf, ihre Schuld im Hinblick auf die Ursachen des Klimawandels einzugestehen, Zeichen der Umkehr und der Erfüllung einer sakramentalen Lebensweise zu zeigen sowie eine prophetische Stimme im Leben unserer Gesellschaft zu sein. Das soll auf folgende Weise geschehen:

1. Beten, Predigen, das Bibelstudium, Lehren und Diskutieren soll die Aufmerksamkeit auf das erforderliche Schuldbekenntnis und die Umkehr unter den Kirchen lenken.
2. Durch die Reduzierung der Kohlendioxid-Emissionen im gesamten Bereich der Kirche im Einklang mit dem nationalen Ziel einer mindestens 80%-igen Reduzierung bis 2050. Dies wird erstens eine systematische Überprüfung der Kohlendioxid-Emissionen der Kirche auf nationaler und internationaler Ebene sowie zweitens eine Strategie zur Reduzierung dieser Emissionen gemäß der Zielvorgabe erforderlich machen.

3. Durch Hilfestellungen für Gemeindeglieder, ihren eigenen Kohlendioxid-Ausstoß zu überprüfen und ähnliche Anpassungen ihres Lebensstils vorzunehmen, um ihre Emissionen zu reduzieren.

4. Durch Kampagnen auf nationaler und internationaler Ebene, die für eine Politik zur Stärkung und für erste Schritte hin zu einer mindestens 80%-igen Reduzierung der Treibhausgase bis 2050 werben.

ZU I ANNÄHERUNG AN GOTT IM KONTEXT DES KLIMAWANDELS

Reflexion 1

Bevor Sie den Bericht durcharbeiten, schreiben Sie jede aufkommende Frage bzw. jeden aufkommenden Gedanken über den Klimawandel auf.
• Was haben Sie in den Nachrichten gehört?
• Was haben Sie mit Ihren Freunden diskutiert?
• Glauben Sie allen Informationen, mit denen Sie konfrontiert werden?
• Halten Sie Ihre Fragen bereit, wir werden darauf zurückkommen.

Die christliche Lehre von der Schöpfung
Die Grundlage der christlichen Lehre von der Schöpfung, und darum der Ansatzpunkt der theologischen Reflektion über den Klimawandel, ist der große Zuspruch in Gen 1,31: „Und Gott sah an alles, was er gemacht hatte, und siehe, es war sehr gut." An dieser Aussage erkennt man sowohl, dass der Ursprung und die kontinuierliche Existenz des Universums, unseres Sonnensystems und allen Lebens auf Erden von Gott abhängen, als auch, dass all diese Dinge von ihrem Schöpfer für gut befunden wurden. Der Anfang des Johannes-Evangeliums setzt diese Schöpfertätigkeit gleich mit dem in Jesus von Nazareth inkarnierten Wort Gottes. Es zeigt, dass Gottes Vergebung aller Dinge durch Leben, Tod und Auferstehung Jesu untrennbar mit Gottes Schöpfung verbunden ist (Kol 1,15-20; Eph 1,9-10). Schöpferische und erlösende Tätigkeiten gehören ebenfalls zum Werk des Heiligen Geistes. Es ist der Geist Gottes, der über den Wassern der Urflut (Gen 1,2) schwebt und die seufzende Schöpfung begeistert, die auf Erlösung harrt (Röm 8). Gott, Schöpfer und Erlöser, Vater, Sohn und Heiliger Geist ist die transzendente und immanente Quelle, der Grund und die Rettung der gesamten Schöpfung.[1]

---

1 Während die Arbeitsgruppe, die diesen Bericht ausarbeitet, die Lehren anderer Glaubensrichtungen reflektiert hat, ist es nicht möglich gewesen, diese im Rahmen dieses Berichts so wiederzugeben, dass wir der Besonderheit der verschiedenen Glaubensrichtungen hätten gerecht werden können.

Reflexion 2

Verbringen Sie zehn Minuten damit, einen Gegenstand aus der Natur gründlich zu betrachten: ein Blatt, eine Blume, einen Käfer, einen Stein, eine Schale Wasser.

- Schauen Sie genau hin, beachten Sie die kleinen Details. Sehen, Riechen, Berühren, Hören, Ertasten? Denken Sie über seinen Platz im miteinander verwobenen Netz der Schöpfung nach und wie Gott das Gute darin sieht. Welche Gedanken und Gefühle ruft dies in Ihnen wach?
- Fertigen Sie eine Collage an, in der Sie etwas von Ihren Gedanken und Gefühlen über die Schöpfung zum Ausdruck bringen und verwenden Sie Ihr Objekt darin.

Das wissenschaftliche Verständnis des Klimawandels
In diesem theologischen Zusammenhang nähern wir uns den aktuellen wissenschaftlichen Erkenntnissen der jüngsten sowie zukünftig zu erwartenden Veränderungen des Weltklimas. In der zweiten Hälfte des 20. Jahrhunderts wurde erkannt, dass „weltweit die Konzentration von CO_2, Methan (CH_4) und Distickstoffmonoxid (N_2O) in der Atmosphäre als Folge menschlichen Handelns seit 1750 deutlich angestiegen ist und inzwischen die Werte des vorindustriellen Zeitalters drastisch übersteigt. Dies wurde anhand von Eisbohrkernen bestimmt, die viele tausend Jahre abdecken. Die Kohlenstoffdioxid-Anteile waren im Jahr 2000 ca. 30% höher als im vorindustriellen Zeitalter. Der Weltklimarat (Intergovernmental Panel on Climate Change, IPCC)[2] hat die Aufgabe, Beobachtungen und Klimamodellierungsstudien zusammenzuführen sowie potenzielle Auswirkungen eines zukünftigen Klimawechsels einzuschätzen, die auf menschlichem Verhalten basieren. Nach über 15 Jahren intensiver Forschung kam man im vierten Bericht des IPCC von 2007 zu der Schlussfolgerung, dass sich das Klimasystem eindeutig erwärmt und dass der Großteil der beobachteten Erhöhung der globalen Durchschnittstemperatur seit Mitte des 20. Jahrhunderts höchstwahrscheinlich auf anthropogene (menschengemachte) Treibhausgas-Konzentrationen zurückzuführen ist.[3] Hinsichtlich der Vorhersage zukünftiger Klimaveränderungen präsentierte das IPCC verschiedene Szenarien, in denen es bis zum Ende des 21. Jahrhunderts laut Hochrechnungen bei einer schrittweisen Reduzierung der Treibhausgase nach 2040 zu Temperaturerhöhungen von etwas unter 2°C im Vergleich zum Ende des 20. Jahrhunderts kommt, bei weiterhin steigenden Treibhausgas-Emissionen zu Temperaturerhöhungen bis zu 4°C.[4]

---

2   Im Deutschen eher unter dem Begriff ‚Weltklimarat' bekannt.
3   Vgl. IPCC, Synthesis Report Summary, 5. (Übersetzung)
4   Vgl. IPCC, Synthesis Report Summary, 7–8, Figure SPM-5 and Table SPM-1. (Übersetzung)

Im Zusammenhang mit diesem globalen Temperaturenanstieg rechnet das IPCC außerdem noch mit folgenden Konsequenzen des Klimawandels:

- erhöhte Häufigkeit von Hitzewellen über den meisten Landflächen (sehr wahrscheinlich)
- erhöhtes Vorkommen heftiger Niederschläge über feuchten Gegenden (sehr wahrscheinlich)
- erhöhte Anzahl tropischer Wirbelstürme (wahrscheinlich)
- Abnahme der verfügbaren Wassermenge und Dürreperioden in Halbtrockengebieten (stark angenommen)
- bis 2050 während der Sommermonate eisfreier Nordpol, obwohl jüngsten Entwicklungen zufolge der Rückgang der Eisdecke - zumindest in einigen Gebieten -schneller vonstatten geht, als in den Modell-Vorhersagen vermutet[5]
- Ein allmählicher Anstieg des Meeresspiegels um sieben Meter innerhalb einer Zeitspanne von 1.000 Jahren, obwohl „ein schnellerer Anstieg des Meeresspiegels im Laufe von nur Jahrhunderten nicht ausgeschlossen werden kann", führt zu „wesentlichen Veränderungen der Küstenlinien und Überflutungen von [...] Flussdeltas und tieferliegenden Inseln".[6]

All diese Veränderungen werden erheblichen Einfluss auf die menschliche Bevölkerung und das übergeordnete Ökosystem der Erde haben. Gemäß dem *Stern Review Report* werden „die ärmsten Entwicklungsländer am ehesten und am härtesten vom Klimawandel getroffen werden, obwohl sie wenig zur Verursachung des Problems beigetragen haben".[7]

Für Afrika wird beispielsweise vorausgesagt, dass die landwirtschaftliche Produktion bereits 2020 stark betroffen sein wird, und auch in anderen Regionen wird die Nahrungsmittelproduktion in Mitleidenschaft gezogen werden. Ein Fortschritt in Richtung der Erfüllung der UN Millenium-Entwicklungsziele wird wahrscheinlich behindert werden und bis Mitte des 21. Jahrhunderts wird es wahrscheinlich als Folge des Klimawandels 200 Millionen Flüchtlinge geben.[8] Bei einer globalen Erwärmung von lediglich 1,5°C geht man von einem erhöhten Risiko des Aussterbens von schätzungsweise 30% aller Spezies aus, während bei einer Erwärmung von 3,5°C 40-70% der Arten aussterben könnten.[9]

5   Vgl. IPCC, Synthesis Report Summary, 13, Table SPM-3. (Übersetzung)
6   Vgl. IPCC, Synthesis Report Summary, 13. (Übersetzung)
7   Vgl. Stern Review Report on ‚The Economics of Climate Change' (London: Cabinet Office – H. M. Treasury, 2005), www.hm-treasury.gov.uk/sternreview_index.htm, xxvi. (Übersetzung)
8   Vgl. IPCC, Synthesis Report Summary, 11, Table SPM-2, 18; N. Myers, Environmental Refugees, An Emergent Security Issue, Paper presented at the 13th Economic Forum, Prague, 23–27 May 2005, www.osce.org/documents/eea/2005/05/14488_en.pdf.
9   Vgl. IPCC, Synthesis Report Summary, 13–14.

Während es in der Frühphase der Entwicklung wissenschaftlicher Modelle des Klimawandels einige berechtigte Debatten im Hinblick auf ihre Genauigkeit gab, besteht mittlerweile ein überwältigender wissenschaftlicher Konsens darüber, dass die Analysen des IPCC-Berichts solide und verlässlich sind.[10] Sogar in einem optimistischen Szenario des Berichts, das von internationalen Maßnahmen zur schnellen und erheblichen Einschränkung der Treibhausgas-Emissionen ausgeht, macht der damit einhergehende weltweite Temperaturanstieg von 2°C am Ende des 21. Jahrhunderts viele besiedelte Regionen unbewohnbar und führt zur Auslöschung vieler Spezies der Pflanzen- und Tierwelt. Es ist wichtig hervorzuheben, dass sich trotz der großen Fortschritte, was das Verstehen des Klimawandels angeht, die wissenschaftliche Sichtweise noch weiterentwickelt. Eine neue Studie, die seit der Veröffentlichung des IPCC-Berichts veröffentlicht wurde, deutet darauf hin, dass der Klimawandel sogar noch schneller vonstatten gehen wird, als vom IPCC angenommen.[11] Unabhängig davon sind die Schlussfolgerungen des gegenwärtigen IPCC-Berichts aussagekräftig genug, um zu behaupten, dass es vor dem Hintergrund dieser Analyse moralisch unverantwortlich ist, in unserer gegenwärtigen Situation nicht zu handeln.

Reflexion 3

Welches sind die Bedrohungen, denen sich die Menschheit gegenübergestellt sieht? Sie können eine grobe Skizze der Weltkarte anfertigen und darauf die Bedrohungen markieren, die sie erkannt haben.
Welches sind Ihre ersten Reaktionen?
Was alarmiert oder überrascht Sie am meisten?
Als wie dringend beurteilen Sie diese Bedrohungen?
Wenn Sie die Collage angefertigt haben, dann versuchen Sie, die Bedrohung durch den Klimawandel hierauf darzustellen.

---

10 Siehe zur Einschätzung des Klimawandels aus Sicht des DEFRA (Department for Environment Food and Rural Affairs): (http://www.defra.gov.uk/ENVIRONMENT/climatechange/index.htm), der United Nations Framework Commission on Climate Change (http://unfccc.int/2860.php) sowie des United Nations Environment Programme Global Environment Outlook Report (www.unep.org/geo/geo4/media/), des Stern Review Report bzgl. des Klimawandels (http://www.occ.gov.uk/activities/stern.htm); und des Royal Society Guide bzgl. der Klimawandel-Debatte (http://royal society.org/page.asp?id=6229).
11 Vgl. J. Hansen u.a., Target Atmospheric CO2: Where Should Humanity Aim? in: The Open Atmospheric Science Journal, 2 (2008), 217-231, www.bentham.org/open/toascj/openaccess2.htm.

Zu II Begegnung mit dem Wort Gottes

Theologische Annäherung

Der Rest unseres Berichts befasst sich mit der Frage, welche Konsequenzen sich aus der Zusammenschau theologischer und naturwissenschaftlicher Positionen ergeben, und wie auf der Basis der neuen Erkenntnisse eine theologische Antwort auf den Klimawandel gefunden werden kann. Bei dieser Herangehensweise geht es darum

- uns die gegenwärtige Situation vor Augen zu führen und Fragen zu formulieren, die unser Glaube daraus ableitet
- diese Fragen in einen Dialog mit der Bibel und mit der christlich-theologischen Tradition zu bringen
- danach zu streben, hieraus geeignete und nachhaltige Handlungskonsequenzen abzuleiten.

Unser Bericht versucht auch, unser Verhalten als Christinnen und Christen zu reflektieren und ist dahingehend strukturiert, liturgische Formen vorzustellen. Wir versuchen die Situation der Kirche als Teil einer Welt, die sich mit den Bedrohungen des Klimawandels konfrontiert sieht, mit dem Wort Gottes in der Bibel zusammenzubringen und alle gemeinsam zum Handeln zu bewegen.

Christliche Hoffnung im Zusammenhang mit dem Klimawandel

Wir beginnen unsere theologische Reaktion auf den Klimawandel mit einer Reflexion unserer Situation im Horizont der umfassenden biblischen Geschichte: Gott schafft das Universum, Gott bringt einer vom rechten Weg abgekommenen Welt (z.B. Gen 3, 4, 6) in Christus die Versöhnung, sowie die von Gott versprochene Erlösung in Christus und durch den Heiligen Geist.[12] Diese Verortung der Kirche prägt das theologische Denken über den Klimawandel entscheidend. Zunächst ist es wichtig, dass die Jüngerinnen und Jünger Christi in diesen Tagen hoffen und nicht verzweifeln. Wenn wir Gottes Schöpfung bejahen, Gottes Menschwerdung in Jesus Christus und Gottes Versprechen der Erlösung, dann können wir nicht über die Zukunft verzweifeln, denn wir sind aufgerufen, auf Gott zu vertrauen und auf Gottes Versprechen zu hoffen. Als Geschöpfe Gottes sind wir nicht im Stande, die Vorhaben des allmächtigen Gottes zu vereiteln; Gottes Opfer in Christus war ein endgültig wirksames Geschehen, um die Sünde von Gottes Geschöpfen wegzunehmen und dem Tod nicht das letzte Wort zu gewähren. In der Zeit zwischen der Auferstehung Christi und seiner Wiederkehr sind wir Teil einer Schöpfung, die in den Geburtswehen einer auf uns zukommenden neuen Schöpfung liegt. (Röm 8) Für uns Christinnen und Christen sind dies Zeiten der Prüfung und unsere Treue bedeutet, dass wir an der Hoffnung festhalten, die uns allen angeboten wird (Hebr 6,18). Der Ausgangspunkt

---

12 Siehe Abschnitt ‚Die christliche Lehre von der Schöpfung'.

aller christlichen Reaktionen auf den Klimawandel ist die Hoffnung auf die Verwirklichung der Herrschaft Gottes über eine erneuerte Schöpfung.

Diese Bejahung christlicher Hoffnung angesichts des Klimawandels kann zu zwei Arten von Missverständnissen führen. Erstens waren seit Anbeginn der Auseinandersetzungen mit *Marcion* und anderen Gnostikern der alten Kirche einige Christen in der Versuchung, die Erlösung als Flucht vor den geschaffenen Ordnungen der Schöpfung zu betrachten und nicht als ihre Erneuerung. Diese Endzeitvorstellung führt zu einem geringen Interesse an der Welt, da die irdische Schöpfung unwichtig im Vergleich zu einer höheren geistlichen Realität erscheint, für die einige Menschen bestimmt sind. Die Relevanz für die Klimawandel-Diskussion ist offensichtlich. Ein solcher theologischer Standpunkt würde implizieren, dass alle Bemühungen gegen die globale Erwärmung unwichtig sind. Diese gnostische Sicht der Schöpfung und Erlösung ist seit den Tagen *Justins des Märtyrers* im zweiten Jahrhundert von christlichen Theologen abgelehnt worden. Sie ist unvereinbar mit dem christlichen Verständnis der Inkarnation Gottes in Jesus Christus, worin Gott alles bejaht, was er geschaffen hat, dem Versprechen der leiblichen Auferstehung (1. Kor 15) und dem Glauben, dass Gott alle Dinge neu macht (Apk 21,1-8).[13] Christliche Hoffnung bedeutet Hoffnung auf Gottes Handeln in dieser Welt.

Das zweite mögliche Missverständnis besteht in der Annahme, dass wir im Zusammenhang des Klimawandels nicht handeln müssen, weil Gott das Problem für uns aus der Welt schafft. In seiner Schöpfung hat Gott den Geschöpfen die Freiheit gegeben und die Menschen tragen eine schwere Verantwortung. Alles was sie tun, hat reale und ernste Folgen für andere. Hoffnung auf Gottes Zukunft bedeutet kein naives Vertrauen darauf, dass nichts Böses geschieht. Dies wird bereits in der biblischen Geschichte vom menschlichen Ungehorsam gegenüber Gottes guten Geboten deutlich. Es fängt mit Adam und Eva im Garten Eden sowie dem Brudermord Kains an (Gen 3-4), erstreckt sich in der Fülle von menschlichen Gräueltaten in der Geschichte und bleibt bis zum heutigen Tage aktuell. Die Hoffnung auf Gottes Zukunft ist deshalb keine Alternative zu klugem und ethischem Handeln (Röm 6,1-2). Christliche Hoffnung garantiert, dass sich solches Handeln im Vertrauen auf Gott letztendlich nicht als bedeutungs- und nutzlos erweisen werden, sondern einen Platz in Gottes Zusage finden wird, die Welt zu erlösen. Diese Hoffnung ist deshalb ein Grund für mutige Taten in Übereinstimmung mit dem Willen Gottes und keine Ausrede für Tatenlosigkeit.

---

13 Tom Wright macht diese Aussage in seinem jüngsten Werk: Wright, N. T., Surprised By Hope, London 2007.

Reflexion 4

> Die beiden Arten, christliche Hoffnung falsch zu verstehen, haben dazu geführt, dass manche Christinnen und Christen nur langsam auf die Bedrohung durch den Klimawandel reagieren.
> * Wie ist Ihre Reaktion ihnen gegenüber?
> * Bewerten oder handeln Sie oder Ihre Kirche anders?
> Lesen Sie die oben angegebenen Bibelstellen nach.
> * Was sagen sie Ihnen über die christliche Hoffnung?
> * Was sagen sie Ihnen über die Hoffnung, zu der Gott Sie aufruft?
> Wenn Sie die Collage angefertigt haben, dann fügen Sie ein Zeichen der Hoffnung hinzu.

Die Berufung des Menschen zu lieben und gerecht zu handeln
Die Bibel birgt zahlreiche Ratschläge, wie die Menschheit im Einklang mit Gottes Willen leben sollte. Jesus fasst das jüdische Gesetz im Doppelgebot Gott und seinen Nächsten zu lieben zusammen (Mk 12,29-31). Unsere Liebe zu Gott zeigt sich in unserer Antwort auf den siebten Tag der Schöpfung, an dem wir Gottesdienst feiern und unsere tägliche Arbeit unterbrechen. Als Reaktion auf Gottes Versprechen an alle Lebewesen nach der Flut (Gen 9), kann man die Liebe zu Gott nicht vom zweiten Teil des Doppelgebots trennen: Das Lukas-Evangelium verdeutlicht dies im Gleichnis vom barmherzigen Samariter (Lk 10,25-37). In Matthäus radikaler Identifizierung Christi mit all jenen, die Not leiden, ist diese Liebe gekoppelt an seinem Bild von Gottes Richten jener, die den Hungrigen zu essen gegeben, den Durstigen zu trinken gegeben, den Fremden aufgenommen, die Nackten gekleidet, die Kranken besucht haben und auch zu denen im Gefängnis gekommen sind – und jener, die das nicht taten (Mt 25,31-45). In dieser Darstellung werden jene in Not ausdrücklich mit Christus identifiziert. Die Bedeutung der Nächstenliebe hallt auch in der Antrittspredigt Jesu wider, in der er Jesaja zitiert und verkündet, dass er vom Geist gesalbt worden sei, den Armen das Evangelium zu verkündigen, den Gefangenen zu predigen, dass sie frei werden, den Blinden, dass sie sehen werden und den Zerschlagenen, dass sie frei und ledig sein sollen, zu verkündigen das Gnadenjahr des Herrn (Lk 4,18-19). Die Seligpreisungen verkünden auf ähnliche Weise Gottes Segen für die Armen, die Leidtragenden, die Sanftmütigen, die nach Gerechtigkeit Hungernden und Dürstenden, die Barmherzigen, die Friedfertigen und die, die um der Gerechtigkeit willen verfolgt werden. Lukas folgt dem mit einer Aufzählung der Leiden nach, die jene befallen, die reich und die satt sind, die lachen können und von denen jeder gut redet (Mt 5,3-12; Lk 6,20-26). Es besteht daher kein Zweifel, dass die Jüngerinnen und Jünger Christi sich besonders der Armen und Schutzlosen annehmen sollten.
Das neutestamentliche Gebot der Nächstenliebe, unter besonderer Beachtung der Armen steht in Kontinuität zum jüdischen Gesetz und den prophetischen

Schriften. In der jüdischen Gesetzgebung gab es spezielle Regelungen für Bedürftige, wie die Einführung wirtschaftlicher Strukturen wie z.b. des Erlassjahres, um zu verhindern, dass die Unterschiede zwischen Reich und Arm zu groß werden (Lev 25,8-17). Die Propheten protestierten gegen die Unterdrückung der Armen durch die Reichen. Gott ruft Israel auf, vom Bösen abzulassen, zu lernen, Gutes zu tun, den Unterdrückten zu helfen, den Waisen Recht zu verschaffen und für die Witwen einzutreten (Jes 1,16-17). Amos erklärt, dass Israel seine Häuser und Weinberge verlieren wird, weil es die Armen unterdrückt und ihnen zu hohe Abgaben an Korn abverlangt hat (Am 5,11) und das Deuteronomium bringt das Abweichen von Gottes Gesetz mit landwirtschaftlichen Katastrophen in Verbindung (Dtn 28,38-40). Das von Jeremia prophezeite Urteil hat auch eine ökologische Dimension: Die Berge beben, die Vögel fliegen weg und das fruchtbare Land wird zur Wüste (Jer 4,24-26). Gott spricht durch die Propheten, damit das Volk Gottes zum Leben in Liebe und Gerechtigkeit zurückkehrt: Es sind Aufrufe, den Lebensstil zu ändern, den Fatalismus einer gottlosen Gesellschaft aufzugeben und Israels Zukunft zu transformieren. Die Worte der Propheten erinnern uns daran, dass die Sorge um die Armen und Schwachen nicht nur mit Liebe und Mitleid zu tun hat, sondern mit dem Gesetz Gottes: Sie ist eine Sache der Gerechtigkeit.

Dem Nachbarn/ der Nachbarin zuhören als Herausforderung der Nachfolge
Im Kontext der biblischen Forderung nach Liebe und Gerechtigkeit ist eine Begegnung mit jenen Gemeinden, die durch den Klimawandel gefährdet sind, besonders nahe liegend. Im September 2007 gab die Pazifische Kirchenkonferenz eine Erklärung ihrer Generalversammlung zum Klimawandel heraus. Sie versteht sich selbst als Beschützerin des Pazifischen Ozeans (oder des „Moanas") und „verurteilt die Aktivitäten der Industriestaaten, die unser Moana verschmutzen und entweihen". Sie erklärt „die Dringlichkeit der Bedrohung durch die vom Menschen verursachten Folgen des Klimawandels auf das Leben, die Lebensgrundlage, die Gesellschaften, Kulturen und Ökosysteme der Pazifischen Inseln" und fährt fort:
„[Wir rufen] unsere Schwestern und Brüder in Christus auf der ganzen Welt auf, in Solidarität mit uns zusammenzuarbeiten, um die Folgen des menschengemachten Klimawandels zu reduzieren. Mit diesem Aufruf sprechen wir besonders die Kirchen hoch industrialisierter Nationen an, deren Gesellschaften historisch gesehen für den Großteil der umweltverschmutzenden Emissionen verantwortlich sind. Des Weiteren drängen wir diese Länder dazu, Verantwortung für den ökologischen Schaden, den sie angerichtet haben, zu übernehmen, indem sie für die Kosten der Anpassung an die zu erwartenden Auswirkungen aufkommen."[14]

14 Vgl. Pazifische Kirchenkonferenz, Erklärung der 9. Generalversammlung der PCC (Pacific Church Conference) zum Klimawandel 2007. (Übersetzung).

Das Echo des Zorns der Propheten ist deutlich durch diese Erklärung hörbar. Die Inselbewohner des Pazifik sehen sich infolge der Verbrennung fossiler Rohstoffe durch die Industrienationen einer ernsthaften Bedrohungen ihres Lebens ausgesetzt und wir kommen nicht umhin, dies als Unterdrückung der Armen durch jene Reiche zu betrachten, wie sie von Amos kritisiert wurden. Die Forderungen nach Gerechtigkeit und Liebe für diese Nachbarn sind sogar noch stärker als der Anspruch jenes Mannes, um den sich der barmherzige Samariter kümmerte: Hier werden Nationen im Stich gelassen, die von unserer früheren Fahrlässigkeit getroffen wurden und deren Wunden wir durch unsere gegenwärtige Verantwortungslosigkeit weiterhin vergrößern. *Unsere Ohren vor diesem Aufruf zu verschließen wäre nichts anderes als unseren Anspruch aufzugeben, in der Nachfolge Christi zu stehen.*
Die Stimmen jener Gemeinden zu hören, die bereits vom Klimawandel bedroht werden, ist ein Segen für uns nicht zuletzt im Hinblick auf unsere theologische Antwort. Es ist besonders deshalb wichtig, weil viele andere Menschen ebenfalls bedroht sind aber nicht in der Lage sind, sich Gehör zu verschaffen. Darunter befinden sich Gemeinden im subsaharischen Afrika, die durch die Klimaveränderungen bereits einer vermehrten Anzahl von Hungersnöten und Dürreperioden ausgesetzt waren, ebenso wie jene in Indien, Nord-, Mittel- und Südamerika, sowie in Europa, die Hitzeperioden und Stürme erlebten, die durch die globale Erwärmung intensiviert wurden.[15]
Eine weitere noch viel größere Gruppe von Menschen, wird vom Klimawandel bedroht, ohne die Chance zu haben, sich Gehör zu verschaffen: diejenigen, die noch nicht geboren wurden. So wie wir uns der Verpflichtung zu Liebe und Gerechtigkeit gegenüber unseren gegenwärtigen Nächsten bewusst sein sollten, so müssen wir auch nachfolgende Generationen und ihre Bedürfnisse im Blick haben. In Gottes Bund nach der Sintflut sind alle Generation eingeschlossen, die von jenen in der Arche geretteten Kreaturen abstammen (Gen 9): Wir dürfen nicht den Fehler begehen und denken, dass die heute Lebenden einen Vorrang gegenüber ihren Nachfolgern hätten. Einigen hilft der Gedanke an Kinder und Enkelkinder, um denjenigen ein Gesicht zu verleihen, die die Erde erben werden, die wir hinterlassen (vgl. Mal 3,24). Die Notwendigkeit ist dringend, unsere ethischen Vorstellungen in diese Richtung zu entwickeln, denn die schlimmsten

15 Im Jahr 2005 lenkte Lord Robert May, Präsident der Royal Society, die Aufmerksamkeit auf das Untersuchungsergebnis, demzufolge der ,Klimawandel, der zum großen Teil durch eine Erhöhung der vom Menschen verursachten Treibhausgasemissionen führte, bereits für eine Häufung von Dürreperioden verantwortlich sein könnte und daraus resultierend für eine Erhöhung des Risikos von Hungersnöten' ('Open letter to Margaret Beckett and other G8 energy and environment ministers', http://royalsociety.org/page. asp?id=3834). Siehe auch Andrew Simms und John Magrath, ,Africa - Up in Smoke? 2: The Second Report on Africa and Global Warming from the Working Group on Climate Change and Development, Vol. 2' (Oxford: Oxfam Publishing, 2006).

Folgen unseres Versagens, die Kohlendioxidemissionen jetzt zu reduzieren, betreffen jene, die in hundert Jahren und später leben werden. Christinnen und Christen sollten Wirtschaftsanalysen widerstehen, die das Wohlergehen zukünftiger Generationen niedriger bewerten als das der heute lebenden, und die in der Folge Strategien kritisieren, die unmittelbare Kosten verursachen aber künftigen Generationen zugute kommen.[16]

Reflexion 5

Tiefer liegende Länder wie Bangladesh werden vom Anstieg des Meeresspiegels bedroht.
• Wie würde es sich anfühlen, wenn Ihr gesamter Staat seine Heimat verlassen müsste?
• Was wären Ihre Befürchtungen?
Schreiben Sie einem zukünftigen Enkelkind einen Brief, in dem Sie erklären, wie seine Welt zu dem wurde, was sie ist.

Das Wahrnehmen der Umwelt als ‚Nächsten‘

Im Blick auf die biblischen Geschichten die uns erzählen, wie der Mensch Gottes Willen befolgt, wird unsere Aufmerksamkeit auch auf nichtmenschliche Geschöpfe gelenkt. Die Kreaturen eines jeden Tages des ersten Schöpfungsberichts der Genesis werden als ‚gut‘ (Gen 1) und die gesamte Schöpfung in all ihrer Vielfalt als ‚sehr gut‘ bewertet (Gen 1,31). Nach der Sintflut schließt Gott nicht nur mit Noah und seiner Familie einen Bund, sondern mit jedem Lebewesen, das aus der Arche kam (Gen 9,9-10). Das Gesetz Israels schützt nicht nur Menschen, sondern auch das Vieh, das man am Sabbat nicht zum Arbeiten antreiben darf (Ex 20,10) und dem man beim Dreschen des Korns nicht das Maul zubinden darf (Dtn 25,4). Im Sabbatjahr soll das Land ruhen und dem Vieh und dem Wild sowie den Bediensteten soll es gut gehen (Lev 25,5-7). Als Hiob Gottes Handeln an ihm in Frage stellt, wird er an die Erhabenheit von Gottes umsichtiger Vorhersehung für jede Kreatur erinnert, sowie daran, dass Gott sogar Geschöpfe wie Behemot und Leviatan erschaffen hat, die eine Bedrohung für die Menschheit darstellen (Hi 38-41). Sein Achten auf die Schöpfung jenseits des Menschen kehrt im Neuen Testament wieder: in Jesu Ermahnung der Jünger

---

16 Bezüglich einer theologischen Diskussion dieses Themas siehe: Rachel Muers, Living for the Future: Theological Ethics for Coming Generations, (London: T & T Clark, 2008); bezüglich einer philosophischen und wirtschaftlichen Analyse siehe: John Broome, Counting the Cost of Global Warming (Cambridge: White Horse Press, 1992). Siehe auch Herman Daly and John Cobb, For the Common Good: Redirecting the Economy toward Community, the Environment, and a Sustainable Future' (Boston: Beacon Press, 1989).

im Zusammenhang mit Gottes Fürsorge für die Vögel und Lilien (Mt 6,25-34), in den Briefen an die Kolosser und Epheser, in denen die Verbundenheit aller Dinge in dem einen Christus (Kol 1,15-20; Eph 1,9-10) betont wird und im Römerbrief, der das Warten der gesamte Schöpfung beschreibt, an der Freiheit der Kinder Gottes teilzuhaben (Röm 8,18-23). Diese biblische Vision der Verbundenheit der Geschöpfe Gottes miteinander geht mit modernen wissenschaftlichen Erkenntnissen überein, die sich sowohl auf die genetische Verwandtschaft zwischen Mensch und Tier als auch auf die fundamentale gegenseitige Abhängigkeit allen Lebens auf Erden beziehen.

Die biblische Wertschätzung der gesamten Schöpfung ist in Interpretationen von Gottes Auftrag an den Menschen, sich die „Erde untertan zu machen" und über die Tiere „zu herrschen"(Gen 1,28), oft missverstanden worden. Die Anweisung wurde als Erlaubnis missdeutet, andere Lebewesen willkürlich zu behandeln.[17] Viele biblische Exegeten der Genesis haben sich dahingehend geeinigt, dass die Gottesebenbildlichkeit des Menschen keine besondere gottgleiche Befugnis beinhaltet, sondern vielmehr im Verhältnis zu anderen Geschöpfen eine besondere Verantwortungsrolle definiert.[18] Unsere Herrschaft sollte deshalb ein Abbild der Fürsorge Gottes für die Schöpfung sein und diese widerspiegeln. Diese Art der Fürsorge, die noch präziser in der Anweisung an Adam ausgedrückt wurde, den Garten Eden zu bebauen und zu bewahren (Gen 2,15), ist oft als ‚Haushalterschaft' der Schöpfung beschrieben worden. Das Bild hat seinen Ursprung in der Vorstellung von einer Person, die in eine verantwortliche Stelle eingesetzt wurde, damit sie sich um Besitz, Finanzen und Haushalt eines anderen kümmern kann.[19] Dieses Rollenbild eines Menschen, der sich um den Rest der Schöpfung kümmert, kann uns helfen, unsere Verantwortung für fremdes Leben zu erkennen. Dennoch sollten wir unsere Grenzen kennen. Gott ist präsent und erhält seine Schöpfung von einem Moment zum nächsten. Deshalb sind wir keine Verwalterinnen und Verwalter, die anstelle des abwesenden Grundherrn handeln, sondern Angestellte, die ihre Rolle als Antwort auf die Fürsorge Gottes

17 Die Erlaubnis, Fleisch zu essen, wurde lediglich nach der Sintflut erteilt (Genesis 9.3). Gerhard von Rad ist einer von vielen Exegeten, der die Interpretation der Herrschaft als grenzenlose Erlaubnis ablehnt. Siehe Gerhard von Rad, Genesis (London: SCM, 1972), 60.

18 Siehe beispielsweise: Gordon J. Wenham, Genesis, Word Bible Commentary (Waco: Word, 1994), 30; Victor P. Hamilton, Genesis (Grand Rapids: Eerdmans, 1995), 135; Walter Brueggemann, Genesis (Louisville: John Knox Press, 1982), 32; von Rad, Genesis, 58; sowie eine detaillierte Diskussion in J. Richard Middleton, The Liberating Image: The Imago Dei in Genesis 1 (Grand Rapids, MI: Brazos, 2005), 93–145.

19 Calvins Kommentar zu Gen 2,15 schließt mit „Bei allem Besitz halte sich ein jeder für Gottes Haushalter, dann wird der Sinn zur rechten Sparsamkeit und Treue nicht fehlen." (Johannes Calvin, Auslegung der Genesis, Neukirchen 1956, 33).

für die Schöpfung übernehmen. Diese Verantwortung birgt eine erhebliche Relevanz in Fragen des Umgangs mit dem Klimawandel. Denn die von Menschen verursachte potenzielle Massenausrottung anderer Spezies auf unserem Planeten bedeutet die Nichterfüllung der uns von Gott übertragenen Verantwortung. Die biblischen Texte, die Gottes Fürsorge für nichtmenschliche Geschöpfe bekunden und ihren Schutz verlangen, fordern, dass wir von Liebe und Gerechtigkeit motiviert sein sollen, um auch die vom Klimawandel bedrohte Pflanzen- und Tierwelt zu schützen.

Reflexion 6

Schlagen Sie die Bibeltexte dieses Kapitels nach.
* Auf welche Art tragen die Tiere und die Natur zu Ihrem Leben bei?
* Auf welche Art können Sie Verantwortung ihnen gegenüber zeigen?

Gottes Gericht über uns

Wo Menschen absichtlich ihre Verantwortung vor Gott vernachlässigten, verkünden sowohl das Alte als auch das Neue Testament Gottes Gericht: Jeremia prophezeit, dass die Reichen niemals ihren Reichtum genießen werden und Jesus warnt diejenigen, die sich der Notleidenden nicht annehmen. Die Bibel berichtet immer wieder von einer Welt, die aus den Angeln gehoben wird, wenn Gottes Herrschaft hereinbricht. Wenn wir auf biblische Warnungen vor den Konsequenzen unterlassener Liebe und gerechtem Handelns gegenüber dem Menschen in Not stoßen, fällt es schwer, die Schlussfolgerung zu vermeiden, dass wir durch unser Handeln das Gericht Gottes über uns bringen, indem wir weiterhin Kohlendioxid in Mengen ausstoßen, die unsere Nächsten - gegenwärtig oder zukünftig, menschlich oder nichtmenschlich – bedrohen. Doch sogar hier sollten wir nicht verzweifeln: Dass Gott uns eher richtet als uns zu verlassen, ist ein Zeichen von Gottes Gnade und Liebe zu uns. Bei unserer Begegnung mit dem Wort Gottes sollte uns klar sein, dass wir auf der einen Seite Grund zur Hoffnung auf Gottes Zukunft haben, wenn wir im Einklang mit Gottes Liebe für die gesamte Schöpfung handeln, aber wir auf der anderen Seite auch Grund zur Furcht vor dem Gericht Gottes haben, wenn es uns weiterhin nicht gelingt, auf die dringenden Bedürfnisse unserer Nächsten zu reagieren. Als der reiche Mann nach seinem Tod Abraham bittet, seine Brüder vor ihrem bevorstehenden Schicksal warnen zu können, antwortete Abraham, dass sie bereits Moses und die Propheten hätten –„die sollen sie hören" (Lk 16,19-31). Auch wir können nicht behaupten, nichts gewusst zu haben.

Zu III Antworten auf das Wort Gottes

Bekennen

Im Hören auf das Wort Gottes, haben wir eine Vision der Hoffnung auf die Treue Gottes gegenüber der Schöpfung empfangen, einen Aufruf, unseren Nächsten gegenüber Liebe und Gerechtigkeit walten zu lassen, sowie eine Warnung vor dem Gericht Gottes über alle, die dies nicht tun.

Unsere erste Erwiderung darauf muss ein Bekenntnis der Schuld sein: Das Eingeständnis dessen, was wir falsch gemacht haben, ist der erste und notwendige Schritt hinsichtlich eines Richtungswechsels, den unsere Umkehr erforderlich macht. Wir müssen bekennen, dass wir

- Erbinnen und Erben der Reichtümer der Industrienationen sind, die maßgeblich an der Verursachung des Klimawandels beteiligt gewesen ist, der bereits unsere Nächsten in Gefahr bringt,
- den Früchten dieser Wirtschaft derart verfallen sind, dass es uns sogar schwer fällt, ein Leben zu führen, das zukünftiges Leben auf dem Planeten Erde nicht bedroht und
- um das Gute wissen, das wir tun sollten, um innerhalb eines vertretbaren Rahmens leben zu können, jedoch nicht genug moralische Stärke aufbringen, um uns zu ändern.

Unser Fehlverhalten kann am ehesten als Komplizenschaft an einer Struktursünde verstanden werden, einem gesellschaftlich verankerten und kontinuierlichen Muster, in dem die Reichen und Mächtigen die Armen und Machtlosen ausbeuten, wie sie dies bereits in den Tagen der Propheten taten.

Der südafrikanische Theologe *Ernst Conradie* hat behauptet, dass die Notwendigkeit des Geständnisses ihrer Beteiligung an den Strukturen der Apartheid seitens weißer Südafrikanerinnen und Südafrikaner eine gute Analogie zum Schuldbekenntnis ist, welches im Zusammenhang mit dem Klimawandel notwendig ist.[20] So wie die Mehrheit weißer Südafrikanerinnen und Südafrikaner keine direkte Verantwortung für das Errichten und die Fortführung der Apartheid trugen, wurden sie schuldig, davon profitiert zu haben und nichts zu tun, um sich gegen die Ungerechtigkeit zu stellen. Analog hierzu haben wir nicht die Industrienationen hervorgebracht, die den Klimawandel verursachten, sind aber nun schuldig, von Machtkonstellationen zu profitieren, die die Zukunft der Geschöpfe Gottes bedrohen. In Weiterführung der Arbeit von *Barth* weist *Conradie* darauf hin, dass unser Bekenntnis nur aufgrund unseres Wissens um Gottes Gnade möglich ist: Es ist diese Hoffnung auf die Gnade Gottes, die uns befähigt, unsere Schuld zu bekennen. *Conradie* erkennt jedoch auch, dass für die meisten von uns ein Bekenntnis noch in weiter Ferne liegt, da wir oftmals zu zaghaft sind, uns ein aus der

---

20 Vgl. Ernst Conradie, The Church and Climate Change (Pietermaritzburg: Cluster Publications, 2008).

Vergebung entwickeltes, neues und neugeordnetes Leben praktisch vorzustellen. Wie der reiche Jüngling, der Forderung Jesu nicht nachkam, weil er es nicht ertrug, sich von seinem Reichtum zu trennen und schließlich traurig davonging (Mk 10,17-22), betrachten wir voll Zurückhaltung die Bedingungen für ein Leben im Rahmen eines von der Erde zu verkraftenden Maßes an Kohlendioxid-Emissionen und beschließen, unser jetziges Leben in Schuld dieser Vision vorzuziehen. Hier ist nun die erste Herausforderung, der sich die Kirche gegenübersieht: Gottes Gnade zu empfangen, zu dem Wunsch nach einem Leben in Vergebung zu gelangen und so in der Lage zu sein, jetziges Fehlverhalten zu bekennen.

Reflexion 7

,Unser Fehlverhalten kann am ehesten als Komplizenschaft an einer Struktursünde verstanden werden' und wird oben mit der Beteiligung an den Strukturen der Apartheid oder der historischen Komplizenschaft am Sklavenhandel verglichen.

Entweder: Erstellen Sie eine Liste oder ein ,Mind-Map' und skizzieren Sie auf welche Weise unser Lebensstil (persönlich, beruflich, kirchlich) zu dem hohen Grad an klimaschädlichen Kohlendioxid-Emissionen beiträgt.
- Welche davon vergisst man leicht bzw. welche werden als selbstverständlich gesehen?

Oder: Schneiden Sie aus Katalogen, Magazinen oder Zeitungen Bilder aus und fertigen Sie eine Montage an, welche den Lebensstil darstellt, nach dem wir streben, von dem wir angelockt werden oder in den wir gedankenlos hinein geraten.

Umkehr

Echtes Bekennen der Schuld führt zur Umkehr: Einem Abwenden vom Pfad der Sünde hin zu einem Leben nach dem Willen Gottes. Als Individuen, Kirchen und Nationen müssen wir auf diese Wende hinarbeiten, die die einzige Hoffnung auf einen gesellschaftlichen Wandel darstellt, der verhindert, dass unsere Kohlendioxid-Emissionen katastrophale Folgen haben werden. Die Umkehr ist nicht allein Privatsache, sondern die Umkehr einer Struktursünde muss eine gemeinsame Dimension haben, in der wir als Kirchen kollektiv handeln und unsere Praktiken auf institutionellem und individuellem Niveau umkehren. Darüber hinaus müssen wir Strategien entwickeln, um auch auf der politischen Ebene als Bürgerinnen und Bürger zu einer Wende in der Energiepolitik unseres Landes beizutragen. Wir müssen für drastische Maßnahmen werben, die auf moralischen Pflichten gegenüber unseren Nächsten basieren.[21]

Sogar uns Sündern verspricht Gott Vergebung (Röm 5,6) und die Kirche bietet

21 Wie die Zeichen der Umkehr aussehen könnten, umreißen wir weiter unten in dem Abschnitt ,Der Leib Christi in der Welt'.

im Namen Gottes die Vergebung der Sünden an. Deshalb liegt eine große und freudige Aussicht darin, einst von unserem Gott mit offenen Armen zu Hause willkommen geheißen zu werden (Lk 15,20): Befreit von der Last der Sünde und Verzweiflung, in einem Leben als Gottes befreite Kinder. Es mag der Wunsch nach dieser Erneuerung des Lebens sein, nach einem Leben, das rein gewaschen ist von den Spuren der Sünde (Ps 51), das die stärkste Motivation für eine Veränderung unseres Lebens darstellt, zu der Gott uns aufruft.

Reflexion 8

,Unser Fehlverhalten kann am ehesten als Komplizenschaft an einer Struktursünde verstanden werden' und wird oben mit der Beteiligung an den Strukturen der Apartheid oder der historischen Komplizenschaft am Sklavenhandel verglichen.

Entweder: Zerreißen Sie die zuvor gemachte Liste, bringen Sie jedes Einzelteil vor Gott und bitten ihn einen besseren Weg aufzuzeigen.

Oder: Zerreißen Sie Ihre bisher erstellte Collage und kleben Sie die Einzelteile auf ein neues Blatt Papier, um zu sehen, ob Sie ein anderes Bild mit einer neuen Lebensordnung herstellen können.

Können Sie sich vorstellen, warum die Umkehr im Zusammenhang mit dem Klimawandel individuell **und** gemeinsam erfolgen muss?

Fürbitte

Eine Reaktion der von Gott Erlösten muss die Fürbitte für jene sein, die vom Klimawandel bedroht werden. Vertrauend auf Gottes gute Absichten für die Schöpfung bitten wir Gott

- jene zu beschützen, die durch den Wandel des Klimas gefährdet sind
- jene zukünftigen Generationen zu beschützen, die die Probleme erben werden, die wir verursacht haben, und
- jene Pflanzen- und Tierspezies zu beschützen, deren Lebensräume durch die globale Erwärmung ausgelöscht werden.

Umso detaillierter unsere Gebete werden, umso unangenehmer werden sie jedoch auch. Wir beten dafür, dass

- Nationen den dringenden Handlungsbedarf im Angesicht des Klimawandels erkennen
- Politikerinnen und Politiker den Mut besitzen, Strategien auf den Weg zu bringen, um die notwendigen Ziele zu erreichen,
- Bürgerinnen und Bürger von Nationen – und besonders von Nationen wie der unseren – motiviert genug sind, die kostspieligen Maßnahmen zur Senkung der Kohlendioxid-Emissionen zu unterstützen und danach zu streben, die Auswirkungen auf die bedrohten Menschen, Tiere und Pflanzen zu mildern.

Unsere Fürbitten führen uns somit zu einem Gebet um einen kontinuierlichen Wandel unserer Herzen und unseres Verstandes. Dieser gibt uns die Möglichkeit, am Wandel der Herzen und des Verstandes der anderen teilzuhaben.

Reflexion 9

Blättern Sie eine Auswahl von Zeitungen durch und schneiden Sie Berichte aus, in denen es um die Folgen des Klimawandels besonders in anderen Teilen der Erde geht. Notieren Sie sich ähnliche Berichte, die Sie in den Nachrichten hören. Haben Sie Partnerschaften zu Kirchen in anderen Ländern? Wie mögen diese vom Klimawandel betroffen sein? Verwenden Sie diese Berichte im Mittelpunkt ihrer Fürbitten.

ZU IV DER LEIB CHRISTI IN DER WELT

Vereinigt als Leib Christi

Als Teilhaberinnen und Teilhaber an Jesu Christi Tod und Auferstehung, vergegenwärtigt im Sakrament des Abendmahls, ist die Kirche vereint in ihrem Retter Jesus Christus und wird erhalten, um in Heiligkeit als Leib Christi auf Erden zu leben. Indem wir Jesu Anordnung befolgen, Brot und Wein als seinen Leib und sein Blut in seinem Gedenken zu teilen, werden Korn und Trauben als Bestandteile der Schöpfung zum Zeichen und zum Sakrament von Gottes Präsenz unter uns. Durch die Teilhabe in Christus sind wir in der Lage, ein Leben zu führen, wie wir es sonst nicht könnten. Wir werden von einzelnen Jüngerinnen und Jüngern zu Gliedern seines einen Leibes, die nicht länger auf sich alleingestellt, sondern miteinander in der Gegenwart unseres Herrn verbunden sind. Gemeinsam sind wir ausgerüstet und in der Lage, als Volk Gottes auf Erden zu handeln, über Gottes Werk Zeugnis abzulegen, sowie Gott und unserem Nächsten zu dienen. So wie das einfache Brot und der einfache Wein zum Sakrament von Gottes Anwesenheit unter uns werden, werden auch unseren einfachen Handlungen als Antwort auf Gottes Ruf zu Zeichen der Anwesenheit Gottes auf Erden.

Reflexion 10

Versuchen Sie sich an ein Abendmahl zu erinnern, das Sie in besonderer Weise bewegt hat.
• Was lehrt uns Christus durch das Abendmahl im Hinblick auf einen geistlichen und nachhaltigen Lebensstil?

Ausloten, wo Umkehr nötig ist

Bevor wir ausmachen können, welche Handlungen auf kirchlicher, persönlicher und nationaler Ebene notwendig sind, müssen wir festlegen, wie hoch die erforderliche Reduzierung unserer Kohlendioxid-Emissionen ausfallen muss, um die schlimmsten Folgen des Klimawandels abzuwenden. Entsprechend des vierten Klimaberichts des Weltklimarats muss der Treibhausgasausstoß bis 2050 im Vergleich zum Emissionslevel des Jahres 2000 um schätzungsweise 50 – 85% reduziert werden, um den weltweiten Durchschnittswert des Gleichgewichtstemperatur-Anstiegs zwischen 2 und 2.4°C gegenüber den vorindustriellen Werten aufrechtzuerhalten, was zu einer letztendlichen Stabilisierung der Treibhausgase bei Werten zwischen 445 und 490 Teilen pro Million (ppm) führt.[22] Ebenso wie viele weitere Interpretationen des IPPC-Berichts schätzt auch der kürzlich erschienene erste Bericht des ‚Committee on Climate Change' der britischen Regierung, dass „der globale Gefahrenbereich bei über 2°C beginnt und dass die globale Politik darauf abzielen sollte, den Temperaturanstieg niedriger zu halten."[23] Indem der Bericht jedoch diese Einschätzung abgibt, führt er an, dass „es nicht länger möglich ist, ganz sicher oder sogar nur höchstwahrscheinlich diesen Gefahrenbereich zu vermeiden" und deshalb „Strategien der Anpassung an Temperaturerhöhungen von mindestens 2°C" eingeplant werden sollten, mit dem zusätzlichen Ziel, „die Gefahren der Überschreitung von 4°C auf ein sehr niedriges Niveau (z.B. weniger als 1%) zu reduzieren."[24] Im Lichte dieser Bewertung schlussfolgert das ‚Committee on Climate Change', dass die weltweiten Treibhausgas-Emissionen bis 2050 auf 50% der gegenwärtigen Emissionen reduziert werden müssten. Es ist schwierig, sich eine globale Übereinkunft vorzustellen, die es den Industrieländern erlaubt, im Jahr 2050 Pro-Kopf-Emissionen über dem vertretbaren globalen Durchschnitt zu haben, die zwischen 2.1 und 2.6 Tonnen pro Kopf liegen. Das entspräche einer Senkung des Niveaus um 80%, basierend auf den (Treibhausgas-) Emissionen des Vereinigten Königreichs von 1990.[25] Dem entgegen wurden drei Fünfjahresziele gesteckt, die eine Reduzierung der Emissionen des Vereinigten Königreichs um 42% bis zum Jahr 2020

22 Vgl. IPCC, Synthesis Report Summary, 20, Table SPM.6. (Übersetzung)
23 UK Government Committee on Climate Change, 'Building a Low-Carbon Economy – The UK's Contribution to Tackling Climate Change', December 2008 (London: The Stationery Office, 2008), www.theccc.org.uk/reports/, 20. (Übersetzung)
24 Ebd. Es gibt immer mehr besorgte Stimmen, die beobachteten, dass die Veränderungen des Klimas, wie die Schneeschmelze am nördlichen Polarkreis, schneller vonstatten geht, als die Modelle des IPCC prognostizierten. Dies hat zu Vorschlägen für die Stabilisierung der Treibhausgase bei niedrigeren Konzentrationen geführt, um das Risiko einzudämmen, gefährliche Umkipppunkte unseres globalen Ökosystems zu überschreiten. Zwei bedeutende Netzwerke sind das ‚350 network', www.350.org, und die ‚100 month campaign', www.onehundredmonths.org. (Übersetzung)
25 Vgl. Committee on Climate Change, Building a Low-Carbon Economy, xiv–xv.

vorsehen würde,[26] erreicht durch Energieeffizienz-Maßnahmen sowie technologische Entwicklungen, um die Energieerzeugung und den Transport zu dekarbonisieren.[27]

Die Erfüllung des ambitionierten Ziels einer Reduzierung der Emissionen um 80% wird die ernsthaften Schäden, die der Klimawandel verursacht, nicht abwenden: Eine weltweite Temperaturerhöhung von 2°C wird Gebiete für Menschen unbewohnbar machen, zu Dürreperioden, Nahrungsmittelknappheit und einer großen Anzahl von Umweltflüchtlingen führen, ebenso wie zum mutmaßlichen Aussterben eines Drittels der Spezies auf Erden.[28] Während es besser wäre, mehr als dies zu tun,[29] können wir unmöglich danach streben, weniger zu unternehmen, sogar wenn andere Nationen nicht bereit sind, Ähnliches in Angriff zu nehmen. In Anerkennung des Schadens, den wir bereits angerichtet haben, als Antwort auf unsere Begegnung mit dem Wort Gottes sowie aufgrund der laut oder leise hervorgebrachten Forderungen müssen wir unsere Kohlendioxid-Emissionen auf ein Maß reduzieren, das die Erde ertragen kann. In eine Zukunft der erneuerbaren Energien voran zu gehen ist die Aufgabe derer, die den größten

26 Gemäß des EU-Rahmenwerks entspricht die im Vergleich zu 1990 angestrebte 42%-ige Budgeteinsparung der ‚Verfolgung einer globalen Übereinkunft hinsichtlich einer Emissionssenkung.‘ Bevor eine globale Übereinkunft zustande kommt, macht ein ‚Übergangsbudget‘ eine Reduzierung von 34% bis 2020 erforderlich. (Vgl. a.a.O., xix).

27 Aktuelle Dokumente, die von den Regierungen der EU sowie Australien herausgegeben wurden, empfehlen ebenfalls eine 50%-ige Reduzierung der Emissionen bis 2050. Obwohl sie dies anstreben, sprachen sie sich dennoch kürzlich für weniger ambitionierte Emissionskürzungen bis 2020 aus: Die EU bis zu 30% und Australien 15%. Vgl: European Commission, Combating Climate Change: The EU Leads The Way (Brussels; European Commission Publication,2008), ec.europa. eu/publications/booklets/ move/75/index_en.htm) und Australian Government Department of Climate Change, Carbon Pollution Reduction Scheme: Australia's Low Carbon Future (Canberra: Australian Government, 2008), www.climatechange. gov.au>. Wiederum beziehen sich diese beiden Zahlen auf ‚angestrebte‘ Ziele, die eine globale Übereinkunft zu einer Emissionsreduzierung verfolgen. Zuvor werden ‚Zwischen‘-Ziele von 20% für die EU und 5% für Australien vorgeschlagen. Zu den Diskussionen über eine Durchführbarkeit einer Reduzierung von 50% bis 2050 vgl. auch: Ross Garnaut, The Garnaut Climate Change Review Final Report (Melbourne: Cambridge University Press, 2008), www.garnautreview.org .au>, und K. Anderson/ A. Bows, Reframing the Climate Change Challenge in Light of the Post-2000 Emission Trends, Phil Trans Royal Soc A, vol. 336, no. 1882 (2008), 3863-3882.

28 Siehe den Abschnitt : ‚Die wirtschaftlichen Erkenntnisse des Klimawandels‘ weiter oben.

29 Die ‚Operation Noah campaign‘ (www.operationnoah.org/) schätzt, dass das Vereinigte Königreich bis 2030 eine Reduzierung ihrer Emissionen von wenigstens 80% erreichen muss und unterstützt den in ‚Zero Carbon Britain‘ getätigten Vorschlag des Centre for Alternative Technology nach null Kohlendioxid-Emissionen (Llwyngwern: CAT Publications, 2007), www.zerocarbonbri tain.com/.

Kohlendioxid-Ausstoß zu verantworten haben und zugleich den größten Nutzen aus den relativ günstigen und leicht zugänglichen fossilen Brennstoffen gezogen haben.

Die Umkehr der Kirche ermöglichen

Am Ende dieses Kapitels betrachten wir einige praktische Initiativen auf kirchlicher, individueller, sowie nationaler Ebene, die sowohl Zeichen der Umkehr als auch erste Schritte in Richtung eines Lebens sind, zu dem wir als Gerechtfertigte aufgerufen wurden. Wir haben behauptet, dass das Bekennen der Schuld der erste Schritt zur Umkehr und zu einem veränderten Leben ist, und dass dies nur im Einvernehmen mit der Hoffnung auf eine gute und von Gott gegebene Zukunft möglich ist: Es ist eine Zukunft, in der wir als erlöste Menschen vor Gott leben können. Als Kirchen müssen wir zuerst danach streben, die Veränderung der Herzen durch Gebete, Predigten, durch Bibelstudium und mithilfe von Diskussionen und Reflexionen überhaupt erst zu ermöglichen und die Menschen zu ermutigen, ein gemeinsames Schuldbekenntnis zu vollziehen. Von dem Wandel des Herzens hängt alles andere ab. Das ist es, was die Kirche beitragen kann, sich der erlösenden Mission Gottes anzuschließen. Erst dann wird die Kirche in der Lage sein, Gottes umfassenden Aufruf zur Veränderung des Lebens als Antwort auf die Bedrohung durch den Klimawandel zu hören.[30] Eine entscheidende Voraussetzung dafür ist die Erkenntnis, dass die Verpflichtung zu einem Leben innerhalb eines vertretbareren Rahmens an Kohlendioxid-Emissionen ein zentrales Thema der christlichen Nachfolge unserer Zeit ist. Durch unseren gemeinsamen Gottesdienst und unser gemeinsames Leben verändern wir uns zu einer Gemeinschaft, die zu Veränderungen in der Lage ist.

Reflexion 11

‚Die Verpflichtung zu einem Leben innerhalb eines vertretbaren Rahmens von Kohlendioxid-Emissionen ist ein zentrales Thema der christlichen Nachfolge unserer Zeit.'
- Inwieweit stimmen Sie dem zu?
- Was ist nach Ihrer Erkenntnis ein „vertretbarer Rahmen von Kohlendioxid-Emissionen"?

Wie könnte dies auf realistische Weise in unserem täglichen Leben erreicht werden?

---

30 Wo in diesem Dokument die Rede von ‚Kirchenmitgliedern' ist, soll sich dies auf regelmäßige Teilnehmerinnen und Teilnehmer am Gottesdienst und an anderen Aktivitäten der Kirche beziehen anstatt auf eine enger gefasste Definition des Begriffs im Hinblick auf die Konfession.

Reduzierung der CO₂-Bilanz der Kirche

Als Kirchen müssen wir uns über die CO_2-Bilanz unserer eigenen Aktivitäten klar werden. Zuvor müssen wir zeitnah handeln, um das gegenwärtige Niveau unserer Kohlendioxid-Emissionen herauszufinden und um eine Strategie zu entwickeln, die uns eine Bilanz der Kohlenstoff-Emissionen auf allen kirchlichen Bereichen ermöglicht, so dass Kirchengemeinden vor Ort, regionale Strukturen und nationale kirchliche Institutionen einen Ansatzpunkt für die Reduzierung ihrer Kohlendioxid-Emissionen haben.

Parallel dazu müssen wir die Voraussetzungen dafür schaffen, die kirchlichen Strukturen auf allen Ebenen bei der Reduzierung der Kohlenstoff-Emissionen zu unterstützen. Landeskirchen sollen in ihren lokalen und regionalen Strukturen Unterstützung und Anreize schaffen, damit sich alle dieser Herausforderungen stellen. Wir unterschätzen das Ausmaß dieser Aufgaben nicht, betrachten es jedoch als das Minimum einer adäquaten Reaktion auf die Situation, mit der wir konfrontiert sind. Es ist die einzig moralisch glaubwürdige Basis, um die Kirchenmitglieder sowie die Nation in ihrer Gesamtheit aufzurufen, sich einem ähnlichen Wandel zu unterziehen. Wir erkennen die strukturellen Faktoren innerhalb und außerhalb der Kirchen, die diesen Zielen im Weg stehen. Zugleich erkennen wir die Notwendigkeit, dass die Kirchen mit der Regierung auf lokaler und nationaler Ebene zusammenzuarbeiten, um diese Hindernisse zu überwinden. Kirchenpolitische Strategien müssen in diesem Lichte neu bewertet werden, was auch die Anlage kirchlichen Vermögens einschließt.

Unterstützung der Gemeindeglieder bei der Reduzierung der Emissionen

Parallel zu den Maßnahmen zur CO_2-Reduktion der verfassten Kirche, müssen wir Wege für Gemeindeglieder finden, ihre CO_2-Bilanz zu verbessern. Wieder besteht die erste Aufgabe darin, eine Bestandsaufnahme der aktuellen Kohlenstoff-Emissionen anzuregen und zu erleichtern, gefolgt von der Unterstützung Einzelner und kleiner Gruppen, die sich bereit erklärt haben, ihre CO_2-Bilanz zu verbessern und Strategien zur Umsetzung ihres Ziels zu entwickeln. Die frühchristliche Kirche begann als eine Bewegung kleiner Gruppen von Christinnen und Christen, die füreinander Verantwortung übernommen haben. Wenn wir ein solches Verantwortungsbewusstsein wiederentdecken könnten, ist es möglich, Veränderungen in Gang zu setzen, deren Umsetzung für Einzelne unmöglich sind. Wenn Gemeinden in der Lage wären, die Wirkung eines ganzen Netzes sowohl gemeinsamen, als auch individuellen Einsatzes zur Reduzierung der Kohlendioxid-Emissionen zu erkennen, könnte dies ein bedeutender Anreiz und eine Motivation für weitere Handlungen sein.

Politisches Engagement im Zeichen des nationalen und internationalen Wandels

Gleichzeitig mit dem Wandel innerhalb der verfassten Kirche, müssen wir als

Kirchen darauf vorbereitet sein, uns an der öffentlichen Debatte über den Klimawandel zu beteiligen und nach angemessenen Reaktionen zu suchen. Unsere Kirchen sollten die britische Regierung bei der Entwicklung einer kohärenten Strategie zur Reduzierung der Emissionen auf ein Minimum von 80% bis 2050 unterstützen und der Regierung die Dringlichkeit dieser Aufgabe klarmachen. Unsere Kirchen haben in einem weltweiten Kontext das Vereinigte Königreich zum Handeln aufgerufen.[31] Die Kirchen müssen sich einer prophetischen Sprache bedienen, um die Politik herauszufordern, die sich den Parteiinteressen und den Gegebenheiten des Wahlzyklus verschrieben hat; sie müssen sich auch daran machen, ‚grass-root'-Koalitionen zu bilden, damit die Politikerinnen und Politiker von der Wählerschaft Unterstützung finden, die im Hinblick auf den Klimawandel weise und verantwortliche Langzeitpläne unterbreiten. Die Einschnitte müssen aus der tatsächlichen Reduzierung der Kohlenstoffdioxid-Emissionen des Vereinigten Königreichs resultieren: Während die Unterstützung der ärmeren Staaten in der Entwicklung umweltfreundlicherer Energien entscheidend ist, wäre es unverantwortlich vom Vereinigten Königreich, sich auf diese Weise aus der eigenen Verantwortung herauszukaufen, seine eigenen Kohlenstoff-Emissionen zu reduzieren. Was auf der Liste der politischen Prioritäten weit oben stehen muss, ist die Anwaltschaft für diejenigen armen Länder, die den Bedrohungen seitens des Klimawandels am meisten ausgesetzt sind, ohne ihn verursacht zu haben. Ihnen ist man seine Hilfe nicht nur aus Gründen der Wohltätigkeit schuldig, sondern als Entschädigung und Wiedergutmachung für den Schaden, den die Aktivitäten der Industrienationen bereits angerichtet haben.

Kirchen auf regionaler und lokaler Ebene müssen in ihren Aktionen mit den lokalen Behörden zusammenarbeiten. Auf jeder Ebene werden die gemeinsamen Verpflichtungen unserer Kirchen, ihre eigenen Kohlenstoff-Emissionen anzugehen, ihre Stimme in dieser öffentlichen Debatte bedeutend erhöhen. Erfolgreiche politische Initiativen gehen dann aus gemeinsamen Projekten mit anderen Kirchen, Glaubensgemeinschaften oder nichtreligiösen Gruppen hervor, die ähnliche Ziele verfolgen. Aktionen und Kampagnen sind wichtig, die das Verständnis zwischen solchen möglichen Verbündeten und Netzwerken erhöhen.[32]

---

31 Vgl. Baptist Union of Great Britain, The Methodist Church, the Religious Society of Friends (Quakers) und die United Reformed Church, A response to the draft climate change bill consultation of the Department for Environment, Food and Rural Affairs (DEFRA). (July, 2007), www.jointpublicissues.org.uk/jpit_climatebilldefraresponse_0707.pdf.

32 Wir begrüßen die Kampagne ‚Shrinking the Footprint' der Church of England (www.shrinkingthefootprint.cofe.anglican.org/) und die ‚For Creed and Creation'-Kampagne der ‚London Roman Catholic Church' (www.london.gov.uk/gla/publications/environment/For-CreedandCreation.pdf) als Beispiele interkonfessioneller Aktivitäten zu diesem Thema.

Wachsamkeit gegenüber unverhältnismäßiger
Auswirkungen auf Schutzlose und Arme
Während wir Handlungsoptionen vorschlagen, die die Kirche als Zeichen der
Umkehr realisieren sollte, erkennen wir zugleich an, dass solche Aktivitäten vielen Gemeindegliedern als verwirrend, bedrohlich und unwillkommen erscheinen. Neben dem Einstehen für einen grundsätzlichen Wandel müssen unsere
Kirchen dem gegenüber aufmerksam sein, was die vorgeschlagenen Veränderungen in seelsorgerischer Hinsicht für die Gemeindemitglieder bedeuten. Im
Besondern müssen wir Strategien zur Reduzierung von Kohlenstoff-Emissionen
vermeiden, die unverhältnismäßige Auswirkungen auf die Armen und Schutzlosen haben.

Der Handlungsbedarf im Zusammenhang mit anderen Umweltthemen
Indem wir uns den Konsequenzen des Klimawandels widmen, erkennen wir,
dass dies nur eines von vielen Umweltthemen ist, das der Aufmerksamkeit unserer Kirchen bedarf. Verwandte Themen sind:
- die Bedrohung der Artenvielfalt
- die Abforstung
- die Wasserknappheit
- der Abbau nicht erneuerbarer Ressourcen und
- die Auswirkungen des schnellen Bevölkerungswachstums.
Der Klimawandel ist nur eine Erscheinungsform der Folgen einer weltweit industrialisierten Wirtschaft. Maßnahmen als Reaktion auf den Klimawandel werden die Auswirkungen für die Umwelt mildern, doch sind diese auch bezüglich
der anderen Themen erforderlich.[33] Die Anerkennung komplexer Wechselbe-
ziehungen zwischen Umweltthemen und weiteren Fragen der Gerechtigkeit ist
ebenfalls notwendig: beispielsweise die Abwägung ökonomischer Vorteile des
fairen Handels für arme überseeische Kommunen mit der mit der CO_2–Bilanz
solcher Importe. Die Aufmerksamkeit gegenüber der Herausforderung des Klimawandels sollte nicht auf Kosten anderer Fragen der Gerechtigkeit erfolgen,
die die Armen betreffen.

Reflexion 12

Betrachten Sie die vier Punkte des folgenden Kapitels ‚Aussendung'
- Welche Möglichkeiten gibt es, diese in die Arbeit in Ihrer Gemeinde aufzu-
  nehmen?
- Was könnte Ihr Ansatzpunkt sein?

33 Die ‚Eco-Congregation initiative' (www.ecocongregation.org/) ist ein Beispiel einer
   Herangehensweise der Kirche an Umweltthemen, die eine Reihe von Umweltbelangen
   mit in Betracht zieht.

- Was hält Sie davon ab, das anzugehen, was Sie als Gemeinde gerne realisieren würden?
- Wie kann dies überwunden werden?

ZU V AUSSENDUNG

Ein Aufruf zum Handeln
Wir rufen unsere Kirchen auf, auf die Herausforderung des Klimawandels zu antworten
- als jene, die die Hoffnung auf Gottes unaufhörliche Treue gegenüber der Schöpfung bejahen
- als jene, die den Aufruf vernommen haben, Liebe und Gerechtigkeit gegenüber den gegenwärtigen und zukünftigen, menschlich oder nichtmenschlichen Nächsten walten zu lassen, und
- als jene, die die Warnung vor dem Gericht Gottes über diejenigen erhalten haben, die hören und nicht handeln.

Wir rufen unsere Kirchen auf, ihre Schuld an den Ursachen des Klimawandels zu gestehen, Zeichen der Umkehr und ein Leben der Erlösten zu zeigen und eine prophetische Stimme im Leben unserer Gemeinden zu sein, indem sie:
- innerhalb der Kirchengemeinde zu einem Wandel des Herzens aufrufen,[34]
- auf allen kirchlichen Ebenen dringend die CO_2-Bilanz in Anlehnung an staatliche Ziele reduzieren[35]
- unseren Gemeindemitgliedern ähnliche Veränderungen in Richtung vertretbarer Lebensstile ermöglichen[36] und
- sich auf lokaler und nationaler Regierungsebene politisch engagieren.[37]

Der vor uns liegende Weg
Wir sind uns bewusst, dass die Reaktionen auf die Herausforderungen des Klimawandels, die wir in diesem Bericht fordern, unseren Kirchen eine beachtliche Wegstrecke von dem Punkt aus abverlangen, an dem wir uns gerade befinden. Dies ist eine Reise, die völlig anders ist als jene, die die meisten von uns bisher unternommen haben, und deren Ziel nur von zukünftigen Generationen erreicht und genossen werden wird. Das Ziel entspricht eher einem Versprechen als

---

34 Siehe Abschnitt ‚Ermöglichen der Umkehr in der Kirche'.
35 Siehe Abschnitt ‚Reduzieren des Kohlenstoff-Fußabdrucks der Kirche'.
36 Siehe Abschnitt ‚Unterstützen der Kirchenmitglieder bei der Reduzierung der Emissionen'.
37 Siehe Abschnitt ‚Sich politisch engagieren im Zeichen des nationalen und internationalen Wandels'.

einem erkennbaren Ort und die Route befindet sich noch auf keiner Landkarte. Die Kosten für diese Reise müssen jetzt aufgebracht werden, der Nutzen wird jedoch zu unseren Lebzeiten nicht spürbar sein. Wir leben in einem Zeitalter der Individualität und Unmittelbarkeit, und dies ist keine Reise eines Individuums, sondern die einer Gemeinschaft: des Volkes Gottes und der Bevölkerung dieser Erde. Solch eine Reise verwandelte die Kinder Israels von einer unorganisierten Flüchtlingsgruppe zu einem Volk. Der Anfang ihrer Reise war geprägt von der Aufgabe von ‚Komfort' und der Sicherheit eines gewissen Lebensstils, hin zu einem gefährlicheren und unbequemeren Leben. Doch sie erlangten Freiheit. Der schwierigste Teil solch einer Reise ist der Aufbruch: das Vorangehen, ohne sich umzublicken. Die Israeliten wurden von einem Gott geführt, der die Gerechtigkeit liebt und die Unterdrückung hasst, der sich um die Unterdrückten sorgt und sich gegen die Ausbeutung der Armen stellt: Wir glauben an denselben Gott, der jene liebt, die heute ausgebeutet und unterdrückt werden. Als Antwort auf die Herausforderung des Klimawandels machen auch wir uns zu einer Reise in die Freiheit auf, Gottes Friede ist mit uns. Wir wurden gesandt von unserem Retter und beschreiten unseren Weg in Gesellschaft des Heiligen Geistes (Joh 20,21-22).

Reflexion 13

Kehren Sie zu den Fragen und Gedanken zurück, die Sie zu Beginn unserer Lerneinheit notiert hatten.
• Welche Antworten und Rückmeldungen hat Gott Ihnen gegeben?
• Wenn Sie darüber nachdenken, was Sie durch das Lesen des Berichts und durch die Übungen gelernt haben: Welches Bild, welche Idee oder Einsicht ist dann hervorstechend?
• Mit wem können Sie nächste Woche über das sprechen, was Sie gelernt haben?

Schreiben Sie drei kleine, praktische Schritte auf, die Sie in den folgenden zwei Wochen im Hinblick auf Ihre Verantwortung als Christin oder Christ in einer Zeit des Klimawandels unternehmen werden. Vielleicht wollen Sie Ihre Verpflichtung zu einem kurzen Gebet zusammenfassen, in dem Sie Worte oder Bilder verwenden, über die Sie nachgedacht haben.

14

„Suchet der Stadt Bestes"

Der Widerstand der Synode der Waldenser Kirche gegen das „pacchetto sicurezza" (Sicherheitspaket) der Italienischen Regierung.

Ein Gespräch mit Maria Bonafede im Januar 2010.
Sie ist Moderatorin der Waldenser Kirche.

Frage: *Die italienische Regierung hat im Jahr 2009 unter dem Namen „pacchetto sicurezza" die Gesetze für die in Italien ankommende Migrantinnen und Migranten erheblich verschärft. Welche Bedeutung haben diese Gesetzesänderungen für die Situation der Flüchtlinge in Italien?*

Maria Bonafede: Die neuen gesetzgeberischen Maßnahmen haben in der Tat drei sehr einschneidende Konsequenzen:

1. Sie machen sowohl das Erlangen der persönlichen Aufenthaltserlaubnis viel schwieriger als auch die Familienzusammenführung, was beides vorher schon sehr kompliziert war. Man muss z. B. eine gewisse Summe, 300 Euro nämlich, bezahlen, was für viele schon eine Hürde bedeutet, die den Antrag auf Legalisierung des Aufenthaltes erschwert. Vor der neuen Gesetzgebung beispielsweise war die Familienzusammenführung in der Theorie innerhalb von drei Monaten vorgesehen und dauerte in der Praxis bestenfalls zwölf Monate. Jetzt hat man die vorgesehene Regelzeit auf sechs Monate heraufgesetzt.

2. Es ist viel komplizierter geworden, die Aufenthaltserlaubnis zu erneuern, weswegen aus schon legal in Italien lebenden Personen wieder „Illegale" werden.

3. Die Schiffe, die die italienischen Küsten anfahren wollen, können aufgrund der neuen Maßnahmen zurückgewiesen werden: Wie soll man denn die rechtswidrigen Einwanderer von den politischen Flüchtlingen unterscheiden, wenn die Schiffe an den Küsten nicht landen können?

Frage: *Im August 2009 hat die Synode der Waldenser durch ein solidarisches Fasten und eindeutigen Stellungnahmen ihren Widerstand gegen das neue Sicherheitspaket der italienischen Regierung deutlich gemacht, das sich in besonderer Schärfe gegen Flüchtlinge und Asylsuchende richtet. Welche Rolle spielen die Flüchtlinge in der italienischen Gesellschaft?*

Maria Bonafede: Eine grundlegende „Rolle" wird ja schon anerkannt und ist unbestritten, dass die Immigranten für die Arbeitsbereiche in der Industrie, im Handwerk und in der Landwirtschaft eingesetzt werden, für die keine einheimischen Arbeitskräfte verfügbar sind. Wenn es die Einwanderer nicht gäbe, müssten viele Industriezweige schließen. Darüber hinaus gibt es den großen Bereich der sogenannten „Aufpasser" oder „Kümmerer", also der häuslichen Pflegehilfen für die ältere italienische Bevölkerung, die zahlenmäßig immer mehr zunimmt. Wir sprechen da vor allem von russischen, polnischen und rumänischen Frauen, aber auch von Lateinamerikanerinnen und Afrikanerinnen, die eine Feingefühl erfordernde und unverzichtbare Tätigkeit ausüben. So unverzichtbar, dass die Regierung zwei Monate nach der Verkündung des „Sicherheitspaketes" eine Ausnahmeregelung schaffen musste, um die Fristen für deren reguläre Anmeldung zu verlängern.

Frage: *In einem Bericht über die Synode wird davon gesprochen, dass die Zunahme an Flüchtlingen auch Auswirkungen auf die Waldenser Gemeinden hat. Wie kann man sich das vorstellen?*

Maria Bonafede: Viele Einwanderer – vor allem die aus Afrika, aber auch aus Lateinamerika – sind von Hause aus Protestanten (Presbyterianer, Methodisten, Baptisten), und wenn sie in Italien ankommen, werden sie von Pfingstgemeinden angesprochen, mit denen sie dann den Glauben leben und den Gottesdienst besuchen. Durchschnittlich benötigen sie zwei bis drei Jahre, bis

sie von der Existenz der geschichtlich verwurzelten, traditionsreichen protestantischen Kirchen erfahren; aber wenn sie die dann finden, kommen sie gleich in großer Zahl. Einige Waldenser- und Methodistengemeinden im Nordosten Italiens (Lombardei, Venetien, Friaul) haben sich dank der ausländischen Gläubigen zahlenmäßig verdreifacht oder vervierfacht. Kleine Gemeinden, deren Kindergottesdienste nur noch von wenigen Kindern besucht wurden, hatten plötzlich fünfzig neue Kinder in ihren Reihen. In einigen Fällen waren die alten Kirchengebäude zu klein und man musste neue Räumlichkeiten mieten oder kaufen. Es gibt jetzt auch eine neue interkulturelle Fortbildung – sowohl für die Einheimischen wie für die Einwanderer. Es handelt sich in der Tat um ein Phänomen, das wir als ein Geschenk des Himmels ansehen, andererseits braucht es eine gewaltige Anstrengung interkultureller Mittlerschaft inmitten unseres Gemeindelebens. Wir nennen diese Aufgabe „Zusammen Kirche sein" (essere chiesa insieme).

Frage: *Welche konkreten Auswirkungen hätte das Befolgen des „pacchetto sicurezza" für die Flüchtlingsarbeit der Kirchen und Zusammenleben von Einheimischen und Flüchtlingen in den Gemeinden?*

Maria Bonafede: Als Antwort bringe ich ein Beispiel aus der letzten Zeit: In Florenz hat der Bürgermeister von einem auf den anderen Tag entschieden, eine Roma-Siedlung zu räumen, die schon seit Jahren existierte. Die Waldenser-Gemeinde von Florenz sah sich mit der Notwendigkeit konfrontiert, 75 Roma für sechs Tage in ihrer Kirche aufzunehmen. Unter ihnen waren ein zwei Wochen altes Baby, eine im sechsten Monat schwangere Frau und ein Mann im Rollstuhl. Alle diese Leute befanden sich plötzlich auf der Straße und das bei Temperaturen unter Null Grad. Es musste einfach eine Bleibe für sie gefunden werden. Danach hat die Gemeinde dann Unterstützung in der Ökumene suchen müssen und auch bei freiwilligen Hilfsorganisationen, hat sich in den Zeitungen zu Wort gemeldet, um wenigstens provisorische Lösungen der gastlichen Aufnahme zu finden; am Sonntag konnte man dann zusammen in der Kirche Gottesdienst feiern.

Frage: *Wie waren die Reaktionen der Öffentlichkeit auf Ihr symbolisches Fasten und Ihren Widerstand gegen die Gesetze Berlusconis?*

Maria Bonafede: In Italien ist es immer schwierig, mit protestantischen Stellungnahmen in den Medien wahrgenommen zu werden, aber angesichts der relativ geringen Öffentlichkeit, die es uns gelungen ist zu erzeugen, war die ausgelöste Unterstützung beachtlich.

Frage: *In dem Bericht über die Synode war zu lesen, dass sich neben nationalen und regionalen Politikern auch der Bischof von Pinerolo an diesem Fasten beteiligte. Wie wurde Ihr Protest in der Ökumene aufgenommen? Haben Sie Unterstützung erfahren?*

Maria Bonafede: Auf lokaler Ebene im Piemont, also in den Waldenser-Tälern und der angrenzenden Provinz Pinerolo, hatten wir die Unterstützung des katholischen Bischofs, auf nationaler Ebene gab es keine Reaktion.

Frage *Mit der Aktion zeigt die Waldenser Kirche ihre Solidarität mit den Flüchtlingen und ihren Einsatz für Gerechtigkeit. Wie wichtig ist dieses Eintreten für Gerechtigkeit für das Leben der Kirche? Hat bei Ihren vielfältigen Bemühungen das Bekenntnis von Accra und das damit verbundene weltweite Ringen reformierter Christinnen und Christen für mehr Gerechtigkeit eine Rolle gespielt?*

Maria Bonafede: Der Einsatz für die Gerechtigkeit und das Nachdenken über das Thema „Frieden in Gerechtigkeit" ist stets im Augenmerk unserer Gemeinden gewesen. Da sie selbst schon immer darüber wachen mussten, dass ihre eigenen Rechte gewahrt wurden, entwickelten sie auch allgemein ein besonderes Gespür für das Thema der Minderheiten und ihrer Rechte. Das intensive Nachdenken über das „Bekenntnis von Accra", mit dem wir uns sowohl in den einzelnen Gemeinden als auch in der Synode lange und ausgiebig auseinandergesetzt haben, war sicherlich nützlich und notwendig, auch wenn es von einem Teil der Kirche als so radikal gewertet wurde, dass viele es schließlich für nicht umsetzbar hielten. Die evangelische Jugend in Italien hingegen hat Accra eine große Bedeutung beigemessen.

Frage: *Wie geht die „Suche nach der Stadt Bestes" weiter? Wie haben sich die Gemeinden das Problem der Migration zu Eigen gemacht?*

Maria Bonafede: Mit der konsequenten Weiterführung der Arbeit in unseren Gemeinden für eine pluralistische und international ausgerichtete Kultur der Gastfreundschaft und der Menschenrechte.

Wir danken Thomas E. Fuchs und Sabine Wolters
für die Übersetzung aus dem Italienischen.

LERNEN
15

Gerechtigkeit lernen - Die Welt wird kleiner - denke global

Accra und die Milleniumsziele mit Kindern und Jugendlichen

HANNY VAN DER STELT, NIEDERLANDE

EINLEITUNG

In diesem Abschnitt bieten wir Geschichten und Arbeitsformen an, die man für Kinder bis 12 Jahre und für Jugendliche ab 12 Jahre nutzen kann. Das Material und die Ideen können nach Belieben im Kindergottesdienst, im Jugendkreis, an Gesprächsabenden für die Jugend oder im Konfirmandenunterricht eingesetzt werden.

MARKUS 4, 1 – 9 : DAS GLEICHNIS VOM SÄMANN

Für Kinder unter 12 Jahren

Die Geschichte

Erzählen Sie die Geschichte selbst, z.B. nach einer neuen Übersetzung oder aus einer Kinderbibel.

Die Geschichte gestalten

Das Gleichnis besteht nur aus vier Szenen oder Bildern. Fast wie ein Comic. Zeichnen Sie auf ein Blatt fünf rechteckige Felder, wie in einem Comicheft und kopieren Sie das Blatt für jedes Kind. Lesen Sie die Geschichte zweimal vor. Bitten Sie die Kinder, die vier Szenen oder Bilder der Geschichte in die Felder einzuzeichnen oder hinein zu malen. Besprechen Sie mit den Kindern die Bedeutung des Gleichnisses (siehe Vers 13 – 20). Die Kinder malen danach als letztes ein Bild zu Vers 20.

Beten um Wachstum
Essen, Wasser
Raum, Licht
Zufluchtsort, Liebe
ein lachendes Gesicht.
Gib mir Essen,
gib mir Wasser,
gib mir einen Platz.
Mit Raum und Sonne
gib mir einen Zufluchtsort und
gib mir Liebe
Gib mir
einen roten Luftballon
Gib mir Unterricht
gib mir Leben
gib mir ein Häppchen
aus der Pfanne
Gib mir ein Brüderlein und
ein Kaninchen.
Gib mir ...
dass ich selbst auch geben kann!
Amen

Tipp

Es lohnt, für die Vorbereitung des Kindergottesdienstes oder der Kindergarten-arbeit oder des Unterrichts in der Grundschule die Websites von ‚Brot für die Welt', ‚Brot für alle' und anderen kirchlichen Diensten nach aktuellen Materialien für die Kinderarbeit zu durchsuchen.

MARKUS 4, 1 – 9 : DAS GLEICHNIS VOM SÄMANN

Für Jugendliche über 12 Jahre

Mit dem Bibeltext arbeiten

Jugendliche arbeiten gerne kreativ mit einem Bibeltext. Sie fragen sich: Was bedeutet das für mich heute. Das Gleichnis vom Sämann eignet sich dafür hervorragend.

Vorbereitung

Tippen Sie den Text von Markus 4, 1-9 als normalen Prosa-Text ab (also ohne

Absätze). Lassen Sie die Versangaben weg, aber nummerieren Sie die Zeilen. Am linken Rand Platz lassen für Anmerkungen.

Tippen Sie den Text von Markus 4, 13-20 in der gleichen Form, aber auf einem gesonderten Blatt. Sorgen Sie dafür, dass für jeden Jugendlichen beide Textblätter zur Verfügung stehen.

Verlauf

Geben Sie den Jugendlichen den Text Markus 4, 1-9 mit folgendem Auftrag:

Mache links am Rand folgende Zeichen:
↑ *Eine Aussage über Gott*
↓ *Eine Aussage über Menschen*
→ *Etwas, was man tun soll*
← *Etwas, was man absolut nicht tun soll*
!: *Eine Aussage, über die man nachdenken sollte*
?: *Das verstehe ich nicht*
☺ *Das macht mich froh*
☹ *Das macht mit böse oder traurig*

Die Jugendlichen können sich selbst noch mehr Zeichen ausdenken (Emoticons). Lesen Sie den Text danach gemeinsam und besprechen Sie ihn anhand der Zeichen, die die Jugendlichen an den Rand gemalt haben. Teilen Sie danach den zweiten Text aus und lassen ihn ebenso bearbeiten.

Danach kann man noch einige persönliche Fragen besprechen:
a. In welchem „Acker" dieses vierfachen Ackerfelds erkennst du dich selbst? Was haben die Worte Jesu dir zu sagen?
b. Was bedeutet eigentlich „Fruchtbringen"? Kannst du Beispiele nennen?

Konsequenzen aus dem Bibeltext

„Aber die Sorgen der Welt und der betrügerische Reichtum und die Begierden nach allem anderen dringen ein und ersticken das Wort, und es bleibt ohne Frucht" (V.19).

Vielleicht ist dieser Text unbequem aber zutreffend für die reichen Bewohner der westlichen Welt. Wusstest du, dass 20 Prozent der Weltbevölkerung, zu denen wir gehören, 86 Prozent der Rohstoffe verbrauchen? Bodenschätze und nutzbaren Boden gibt es aber nur in begrenztem Maße. Das ist solange kein Problem, solange wir sie nicht zu schnell verbrauchen und solange wir gut und gerecht damit umgehen. Wenn jede nutzbare Fläche der Erde an alle Menschen zu gleich großen Teilen verteilt würde und wenn wir gleichzeitig der Natur genug Raum zum Überleben geben würden, dann hätte jeder Erdenmensch im Durchschnitt ein Recht auf 1,7 Hektar, das sind etwa drei Fußballfelder. Dies nennt man den „Ehrlichen Erde-Anteil" oder den „globalen Fußabdruck." Aber – wer die Fußabdrücke der verschiedenen Länder vergleicht, erkennt sehr schnell: Die Fußabdrücke der reichen Länder sind viel größer, als die der armen Länder. Wenn jeder Mensch auf der Erde so leben würde wie der durchschnittliche Nordamerikaner, dann bräuchten wir zwei zusätzliche Weltkugeln.

MATTHÄUS 25, 35-41 UND LUKAS 24, 44

Für Jugendliche über 12 Jahren

Information

In Matthäus 25, 35-41 steht: „Ich bin hungrig gewesen, und ihr habt mir zu essen gegeben… Was ihr getan habt einem von diesen meinen geringsten Brüdern, das habt ihr mir getan."
Wie gehen wir mit Nahrungsmitteln um? Wie produzieren wir Nahrung? Wie transportieren wir sie? Und wie essen wir sie? Wie viel werfen wir weg? In Deutschland sterben wir nicht am Hunger, eher sterben wir durch Überfluss! Wusstest du, dass 800 Millionen Menschen auf der Welt unterernährt sind? Nicht, weil nicht genug produziert wird, um die ganze Weltbevölkerung zu ernähren. Die wichtigste Ursache ist die ungleiche Verteilung der Nahrungsmittel.

An die Arbeit
Wann ist man
ein Nachfolger
von Jesus, fragte
das Mädchen von 13.
Wenn du nicht mehr
haben willst als was
nötig ist und wenn du das
was du mehr hast
den Armen gibst,
war meine Antwort.
Dann sind Sie es nicht,
sagte sie prompt.

(Geert Boogaard, „Leven voorgoed", Callenbach)

Lesen Sie mit den Jugendlichen den Informationstext.

Lesen Sie danach das Gedicht von Geert Boogaard.

Verteilen Sie danach den ersten Absatz des Gedichtes (bis: „das Mädchen von 13") auf einem Blatt Papier. Die Jugendlichen sollen selbst das Gedichtweiterschreiben. Das kann mit eigenen Worten geschehen, aber auch mit einer Collage aus Zeitungsartikeln, als Chat mit ‚Emoticons' oder als Graffiti.

ARBEITSFORM JUNK-ART

Kreative Arbeitsform

Programm

Ziel: Jugendliche lernen: „Wiederverwertbare Kunst"
Gruppengröße: für 3 bis 20 Jugendliche
Zeit: fünf Minuten für das erstes Treffen und mindestens 60, eher 90 Minuten für das zweite Treffen
Materialien: Verpackungsmaterial, Müll, gebrauchte Sachen und Bastelmaterialien (Klebstoff, Schere, Wachskreide, Papier), groß gedruckte Bibeltexte

Junk-Art (Müll-Kunst)

Pro Tag wirft jeder Mitteleuropäer ca. ein Kilogramm Abfall und Verpackungsmaterial weg. Man tut schon etwas Gutes für die Erde, füreinander und für sich selbst, wenn man einfach keine Plastiktaschen mehr benutzt und so weit wie möglich auch auf andere Verpackungen verzichtet. Man kann solche Verpackungsmaterialien aber auch auf eine kreative Art und Weise wieder verwenden.

Wusstet ihr, dass man sogar Kunst daraus machen kann, und dass es sich hier um eine eigene Kunstrichtung handelt? Sie protestiert gegen den Müllberg. ‚Junk-Art', so nennt sie sich, gibt es schon fünfzig Jahre. Gestalte ein Kunstwerk aus deinem eigenen Abfall und staune über das Ergebnis.

Je reicher die USA und Europa wurden, umso mehr Abfall produzierten sie. Künstler haben dies mit traurigen Augen gesehen, bis sie auf den Gedanken kamen, aus Abfall Kunst zu machen. „Junk" bedeutet „Müll", so entstand die ‚Junk-Art'. Wunderliche Kreationen entstanden. Arman z.B. hat Plexiglasboxen mit dem Inhalt von Papierkörben gefüllt. Noch „bunter" trieb Spoerri es mit seiner Kunst ‚Eat Art': Seine Kunst bestand aus der Verwendung von Essensresten!

Zur Vorbereitung

Erzählen Sie den Jugendlichen vorab etwas über ‚Junk-Art' (Internetrecherche). Wenige Tage vor der nächsten Zusammenkunft sammeln Sie soviel wie möglich an Abfall, Verpackungsmaterial und gebrauchte Gegenstände aus ihrem eigenen Alltag: Ausgespülte Milchverpackungen, gebrauchte Streichhölzer, leere Tuben und ähnliches.

Verlauf

Alle mitgebrachten Gegenstände kommen auf einen großen Tisch. Jeder und jede wählt maximal drei Gegenstände, die ihn oder sie am meisten ansprechen, um damit etwas zu gestalten.

Bitten Sie die Jugendlichen, sich eine biblische Geschichte zu suchen, zu der sie ihr Kunstwerk gestalten wollen. Man kann die Jugendlichen auch aus Texten auswählen lassen, die sich mit dem Umgang mit der Schöpfung oder mit der eigenen Umgebung befassen, um diese dann in ihrem Kunstwerk zu verarbeiten. *Mögliche Bibeltexte:* z.B. „Macht Euch die Erde untertan" (Gen 1, 28), das Gleichnis vom reichen Jüngling (Mk 10,17-27), Segen und Fluch für die Stadt (Sprüche 11,11), „Kommt her und kauft ohne Geld" (Jesaja 55,1f).

Nach der Wahl der Materialien und des Bibeltextes und vor dem Beginn der kreativen Arbeit erzählt jeder und jede, mit welchem Text er bzw. sie arbeiten möchte.

Besprechung

Die fertigen Kunstwerke werden zu einer Mini-Ausstellung zusammengestellt. Die Jugendlichen stimmen dann ab, über welches Kunstwerk sie sprechen möchten. Dieses Kunstwerk wird so platziert, dass jeder es sehen kann.

Frage: Was siehst du? Andere ergänzen (nicht der Künstler selbst!).

Frage: Auf welche Gedanken bringt dich das Kunstwerk? Und welche Gefühle ruft es in Dir hervor?

Frage zum Schluss: Was erkennst du davon in deinem eigenen Leben wieder?

Wichtig ist, dass zum Schluss der Künstler selbst sein Kunstwerk erklären sollte und auf die Beiträge der anderen reagieren kann. Erfragen Sie nach der Verbindung mit einem (Bibel)Text oder einer (biblischen) Geschichte.

Wenn die Zeit es zulässt, kann man auf diese Weise mehrere Kunstwerke besprechen.

Tipp

Wenn es in der Umgebung ein Museum oder eine Galerie gibt, kann es sich lohnen zu fragen, ob es auch Kunst aus wieder verwendetem Material gibt? Dann kann die Gruppe sich dieses Werk zur Vorbereitung auf die eigene künstlerische Tätigkeit gemeinsam anschauen, um Anstöße und Inspirationen zu erhalten.

Brot-nötig
Leslek Kolakowski
Die Menschen brauchen ein Christentum,
das ihnen hilft, sich zu befreien
aus der Eile des Lebens,
das ihnen die unentrinnbaren Grenzen
des menschlichen Schicksals zeigt
und ermöglicht, sie zu akzeptieren,
ein Christentum,
das ihnen die einfache Wahrheit lehrt,
dass es nicht nur ein Morgen gibt,
sondern auch ein Übermorgen,
und dass der Unterschied zwischen Erfolg
und Misserfolg selten deutlich ist.
(Aus: Vredesnaam, Justitia et Pax, 2003)

GLOBALANCE
16

Globalance

Christliche Perspektiven für eine menschengerechte Globalisierung

SCHWEIZERISCHER EVANGELISCHER KIRCHENBUND

ZUSAMMENFASSUNG[1]

Eine SMS in die Philippinen senden und in wenigen Minuten eine Antwort erhalten, Mangos aus Kamerun essen, die Textilproduktion nach Asien auslagern, innerhalb Stunden eine weltweite Tsunami-Hilfswelle aufbauen, einen Hollywoodfilm in einer Slumbaracke von São Paulo anschauen, eine weitere Megafusion zweier Weltkonzerne registrieren: Globalisierung ist ein Reiz- und Schlagwort, das elektrisiert und polarisiert. Mit ihr verbinden die einen die Hoffnung auf Öffnung, Wachstum, Freiheit, Frieden und internationale Zusammenarbeit. Andere sehen in ihr den wachsenden Graben zwischen Arm und Reich, Ungerechtigkeit, Ausbeutung, Abbau von Arbeitsplätzen und Sozialstaat und die Zentralisierung von Macht in den Händen Weniger. Die einen fordern eine Beschleunigung der Globalisierung und meinen damit vor allem eine möglichst rasche Liberalisierung und Privatisierung weiterer Lebensbereiche, andere fordern eine alternative Globalisierung und meinen insbesondere eine Globalisierung der Gerechtigkeit und der Menschenrechte oder verstärkten Protektionismus.

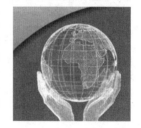

DEFINITIONEN: GLOBALISIERUNG UND GLOBALANCE

Globalisierung bezeichnet die Intensivierung einer komplexen, zeitlich und räumlich entgrenzten Verflechtung von Menschen, Kapital, Waren, Dienstleistungen,

---

1 Das vollständige Positionspapier „Globalance" ist unter http://www.sek-feps.ch/de/ theologie-und-ethik/globalance/globalance.html zu finden.

GloBalance

Institutionen, Staaten, Organisationen, Kulturen, Wissenschaften, Religionsgemeinschaften und Werten. Die Verflechtung erfolgt quantitativ und qualitativ, regional, sektoral, schicht- und geschlechtsspezifisch in unterschiedlicher Intensität und Schnelligkeit. Globalisierungsprozesse durchbrechen und verändern politische Grenzen und reduzieren oftmals die Autonomie von Nationalstaaten. Gleichzeitig führt die Verlagerung von Verantwortung auf die supra- und internationale Ebene zu einer Erhöhung der Entscheidungsmacht multilateraler Institutionen. *Globalance bezeichnet eine Werte-Balance.* Eine Werte-Balance setzt Werte, die als richtig anerkannt werden, aber in Spannung zueinander stehen oder gar entgegengesetzt sind, in eine Beziehung zueinander, zum Beispiel Freiheit und Gerechtigkeit. So ist die Vergrößerung der Freiheit durch Öffnung von Grenzen und Märkten nur lebensdienlich, wenn sie auch mit Gerechtigkeit, insbesondere einem gerechten Zugang möglichst vieler Menschen zu Ressourcen, und folglich mit Lebenschancen verbunden ist. Diese Werte-Balance hat zum Ziel, globale Beziehungen so zu gestalten, dass wirtschaftliche, politische, soziale und religiöse Aspekte mit globalen, regionalen und örtlichen Notwendigkeiten ausbalanciert werden.

DIE ÖKUMENISCHE DEBATTE

Die ökumenische Debatte um wirtschaftliche Globalisierung der letzten sieben Jahre wie die meisten übrigen kirchlichen Positionen zeigen *Gemeinsamkeiten*:

1. Christlicher Glaube hat sich um die Gestaltung des wirtschaftlichen Handelns zu kümmern, denn darin soll sich Gottes Liebe und Gerechtigkeit spiegeln.
2. Menschenwürde, Menschenrechte und Gerechtigkeit weltweit sind immer wieder genannte Referenzwerte, an denen sich wirtschaftliches Handeln zu messen hat.
3. Die gegenwärtige wirtschaftliche Globalisierung bietet Chancen der Wohlstandssteigerung, der Begegnung und Verständigung, führt gleichzeitig aber zu zahlreichen Ungerechtigkeiten, die klar zu benennen und zu überwinden sind.
4. Auch wo Differenzen in den Analysen bestehen, gibt es gemeinsame praktischen Folgerungen, die für Entscheidungsträger in Kirche, Politik und Wirtschaft noch weiter ausgeführt werden müssen.

Daneben gibt es in der kirchlichen Auseinandersetzung um Globalisierung auch *Konflikte und Differenzen*:

1. Nur im RWB (nicht im ÖRK, dem LWB, in der katholischen und orthodoxen Kirche), wird die neoliberale Globalisierung so zugespitzt als Bekenntnisfrage bezeichnet.
2. Die Analyse, wonach Globalisierung nicht nur ein realer Prozess, sondern ein von imperialen Mächten gesteuertes und von der neoliberalen Ideologie

gestütztes Projekt sei, ist in der Wahrnehmung von ÖRK, RWB und LWB breiter Konsens . Höchst kontrovers werden allerdings in der ökumenischen Debatte die Folgerungen diskutiert, die sich hieraus ergeben.

3. Dabei spielt der sozial-ökonomische Kontext der jeweiligen Kirchen eine große Rolle. Viele Kirchen (vor allem in Osteuropa und auf der südlichen Halbkugel) sind in einer extremen Minderheitenposition in ihrer Gesellschaft, fast ohne Macht und gesellschaftliche Einflussnahme. Dieser Schrei der Ohnmächtigen ist zu hören. Anders artikulieren diese Anliegen die Volkskirchen, die sich als Partner der Entscheidungsträger in Politik und Wirtschaft direkt einbringen können.

4. Der Hauptkonflikt zwischen den Kirchen dreht sich um Frage, welches Wirtschaftssystem und welche politische Strategien angebracht sind, um den negativen Folgen der wirschaftlichen Globalisierung zu begegnen.

GLOBALANCE - DIE GLOBALE WERTE-BALANCE

Der Schweizerische Evangelische Kirchenbund glaubt, dass eine globale Werte-Balance notwendig ist, um die Schwachen zu stärken. Eine Wertebalance setzt Werte, die als richtig anerkannt werden, aber in Spannung zueinander stehen oder gar einander entgegengesetzt sind, wieder in eine Beziehung zueinander. Diese Wertebalance gilt es im individuellen, lokalen, nationalen sowie im globalen Handeln zu suchen. Globalance als Wertebalance ist nicht eine Politik der Mitte, des faden Kompromisses, die es allen Recht machen will und niemandem weh tut. Sie hält vielmehr die kreative Spannung zwischen Wertepaaren aus und sucht Lösungen im Dienst der Schwächeren. Sie führt zu einer Globalisierung der Menschenrechte, da diese mit den individuellen, politischen, sozialen, wirtschaftlichen und kulturellen Rechten die gesamte Spannbreite an Werten in ihrer gegenseitigen Abhängigkeit enthalten. Globalance führt zu einer selektiven Gobalisierung, die bei jeder Entscheidung aufgrund der Werte prüft, ob und was globalisiert werden soll oder nicht.

Globalance fordert dazu auf, insbesonders folgende fünf Werte-Paare in eine Wertebalance zu setzen:

- Freiheit und Gerechtigkeit: Es gibt keine Freiheit ohne Gerechtigkeit und keine Gerechtigkeit ohne Freiheit.
- Veränderung und Bewahrung der Schöpfung: Veränderung ist notwendig, um allen Menschen ein Leben in Würde zu ermöglichen aber nur insofern die Integrität der Schöpfung bewahrt bleibt.
- Empowerment und Verantwortung: Das Empowerment der Schwachen ist eine Voraussetzung für Gerechtigkeit. Dennoch ist jegliche Form von Machtausübung untrennbar mit Verantwortung verbunden.

- Partizipation und Solidarität: Eine menschenfreundliche Globalisierung setzt voraus, dass alle Menschen befähigt werden, an gesellschaftlichen Entscheidungsprozessen zu partizipieren und einander solidarisch zu unterstützen.
- Einheit in Vielfalt: Die Einheit des globalen Dorfs ist nur dann nachhaltig, wenn die Schönheit der Vielfalt an Sprachen, Kulturen, wirtschaftlicher und politischer Systeme und Religionen wahrgenommen wird.

KIRCHEN, POLITIK UND WIRTSCHAFT: GLOBALANCE AUS DER PERSPEKTIVE DES GLOBAL GOVERNANCE

Von einer politischen Perspektive auf die Wirtschaft ist eine sozial und ökologisch ausbalancierte Globalisierung notwendig sowie ein belastbares multilaterales System, mit dem die wesentlichen Ziele wie Armutsbekämpfung, völlige Umsetzung der Menschenrechte, ein ausbalanciertes und faires Handelssystem, stabile Finanzmärkte, würdige Arbeit, Umweltschutz, Frieden und Sicherheit, Gendergerechtigkeit und umfassender Zugang zu neuen Technologien. Dass die Millennium Entwicklungsziele erreicht werden, ist für die Stärkung der Schwachen entscheidend, aber:

- In zahlreichen Entwicklungsländern haben sich vielmehr die realen Austauschverhältnisse (terms of trade) durch Handelsliberalisierung verschlechtert. Entwicklungsländer sind aufgrund ihrer wenig diversifizierten Exportproduktion auch zu einem höheren Grad anfällig für externe Schocks und Preisschwankungen bzw. Preisverfall.
- Es ist wahrscheinlich, dass die Verhandlungen der WTO über das Abkommen über die Liberalisierung von Dienstleistungen (GATS) den Druck auf die Entwicklungs- und Schwellenländer erhöhen, den Sektor der öffentlichen Grundversorgung (v.a. mit Wasser) und der sozialen Dienstleistungen (v.a. in Bildung und Gesundheit) zu öffnen.
- Weniger als 5 % der verfügbaren Mittel reichen aus, um den Umsatz des globalen Welthandels und der ausländischen Direktinvestitionen zu finanzieren. Die Liquidität auf den globalen Finanzmärkten ist eine der zentralen Ursachen für Finanzkrisen und ihre schweren sozialen und wirtschaftlichen Auswirkungen. Kirchen z.B. in Argentinien und Indonesien haben mit Appellen darauf hingewiesen, dass die Finanzkrisen bestehende Ungleichheiten verschärften und zudem neue sozio-ökonomische und politische Instabilitäten hervorriefen.
- Angesichts der Ausbeutung natürlicher Ressourcen und der Degradation der Umwelt, stehen uns massive ökologische Konsequenzen wie dem Verlust an biologischer Vielfalt, Waldschäden, Klimaveränderung, Abnahme der Ozonschicht, Bodendegradation und Wasserknappheit bevor.

- Derzeit sind etwa eine Milliarde Frauen und Männer entweder arbeitslos oder unterbeschäftigt oder arbeiten ohne soziale Sicherung. Die Jugendarbeitslosigkeit ist in vielen Regionen überdurchschnittlich hoch. Trotz einiger Erfolge liegt die Frauenerwerbslosigkeit in vielen Ländern deutlich höher als bei Männern. Frauen sind auch weiterhin verstärkt im informellen Bereich tätig und für unbezahlte familiäre Fürsorge- und häusliche Tätigkeiten zuständig.
- Globalisierung wurde wesentlich durch technologische Innovationen wie Transport-, Energie- und Kommunikationstechnologien gefördert und ermöglicht. Doch die Zugangs-, Nutzungs- und Anwendungsmöglichkeiten dieser Technologien, neuerdings insbesondere von Informations- und Kommunikationstechnologien, fallen weltweit sehr untergleich aus.

Diese fehlgeleiteten Entwicklungen kann mit einer globalen Strukturpolitik begegnet werden, wie es im Konzept des Global Governace ausgearbeitet ist. Global Governance hat nicht das Ziel, eine zentrale Weltregierung zu fordern, sondern zielt auf die Stärkung eines multilateralen, dezentral und subsidiär organisierten politischen Systems. Es ist das Ziel, Globalisierung mit institutionellen Reformen und über enge Kooperation der Weltgemeinschaft zu gestalten. Es ist deutlich, dass der gegenwärtige Trend hin zu einer Konzentration wirtschaftlicher Macht in den Händen weniger die wirtschaftliche Gerechtigkeit gefährdet. Daher muss diese Macht gleichmäßig auf die Akteure des Globalisierungsprozesses verteilt werden.

EMPFEHLUNGEN

Das Positionspapier beinhaltet mehr als 50 Empfehlungen für Kirchen, Regierungen und den privaten Sektor. Im Folgenden seien einige Beispiele des Schweizerischen Evangelischen Kirchenbunds genannt:

An die Kirchengemeinden:
- Fragen wirtschaftlicher Globalisierung und Gerechtigkeit in Verkündigung und Bekenntnisteilen der Gottesdienste verstärkt aufzunehmen.
- gemäß des Aktionsplans von Accra „die Geschlechter[gerechtigkeit] bei allen wirtschaftlichen und umweltfreundlichen Maßnahmen der Kirchen in Bereichen wie Führungskräfte, Anstellung, Finanzen oder Erbschaften zu fördern"[2] sowie als inhaltliches Querschnittsthema zu berücksichtigen.

---

2 RWB-Aktionsplan Accra, Pkt. 1.8. Der Hinweis auf Erbschaften bezieht sich nicht auf die Schweiz, sondern vorrangig auf die Situation von Frauen in vielen Entwicklungsländern, sofern sie nicht erbberechtigt sind.

An die Schweizer Regierung:
- die Mittel für öffentliche Entwicklungshilfe (ODA) der Schweiz bis 2015 auf mindestens 0,7% des Bruttonationaleinkommens BNE in Analogie zum EU-Ziel zu erhöhen.
- innovative Instrumente für die Entwicklungsfinanzierung mit ihrer Doppelwirkung von Lenkungs- und Finanzierungsfunktion zu unterstützen und umzusetzen.

An die Privatwirtschaft:
- (gemäß den Empfehlungen des RWB in Accra), „die Anerkennung und Einhaltung der Menschenrechte [zu] fördern, insbesondere der Rechte der Arbeitenden – inbegriffen der Rechte der Migrantinnen und Migranten, und gemäß den Standards des Internationalen Arbeitsamtes", insbesondere als nationale und transnationale Firmen, „ihre Aktivitäten an den Maßstäben wirtschaftlicher Gerechtigkeit und Umweltverträglichkeit zu orientieren."

„Lasst uns nicht hängen!" - Gegen Kinderarmut

Eine Kampagne der Evangelischen Kirche von Westfalen

VORWORT VON PRÄSES ALFRED BUSS

Da kommt ein Kind mit verschmutzter Kleidung und ausgelatschten Schuhen, im Winter in Sommerkleidung; ein anderes ohne Frühstück, ohne Schreib- oder Malblock; immer wird eines krank, wenn ein Ausflug geplant ist, entschuldigt sich, wenn die Gruppe gemeinsam ins Schwimmbad will. Beobachtungen aus

GEGEN KINDERARMUT
Eine Kampagne der Ev. Kirche von Westfalen
www.lasst-uns-nicht-haengen.de

dem Alltag unserer Kindertagesstätten, unserer Schulen, unserer Konfirmandenarbeit, unserer Kinder- und Jugendarbeit. In Zeitungen wird berichtet, dass Kinder anderen Kindern das Frühstücksbrot stehlen. Pfarrer berichten, dass Eltern auf die Taufe oder die Konfirmation verzichten, weil kein Geld für die Feier da ist. In manchen Stadtteilen kommt das sehr selten vor, in anderen aber häufig. Es lässt sich nicht mehr leugnen: Es gibt bei uns in Deutschland wieder arme Kinder, Kinder, denen es am Nötigsten fehlt, Kinder, die am alltäglichen Leben ihrer Gruppen- und Klassenkameraden nicht immer teilhaben können. Wir sehen uns als Evangelische Kirche von Westfalen herausgefordert, die Kinderarmut in einem reichen Land als das zu benennen, was sie ist: ein Skandal. Deshalb führen wir jetzt eine Kampagne gegen Kinderarmut durch. Das Motto lautet: „Lasst uns nicht hängen!"

Denn hängen gelassen fühlen sich etwa Hartz-IV- Empfänger nicht nur, weil sie mit 347 Euro im Monat auskommen müssen. „Armut liegt nicht erst bei materieller Unterversorgung vor, sondern schon dann, wenn Menschen sich nicht mit ihren Fähigkeiten in das von allen geteilte Leben einbringen können", habe ich vor unserer Landessynode 2006 gesagt. Der Kern von Armut ist fehlende Teilhabe, also Ausgrenzung.

„Armut behindert Menschen darin, sich mit ihren Gaben zur eigenen Selbsterhaltung und zum Wohl aller einzusetzen." Es ist ein Teufelskreis — „kein Abschluss, keine Ausbildung, kein Job, kein Geld, keine Perspektive. Dieser Teufelskreis tangiert die Menschenwürde. Auch Kinder aus armen Verhältnissen müssen sich entwickeln, ihre Gaben entfalten und gleichberechtigt am wirtschaftlichen, sozialen und solidarischen Leben teilhaben können."

„Ich bin gekommen, damit sie das Leben und volle Genüge haben sollen", sagt Christus in seiner Rede vom Guten Hirten (Joh 10, 10).

Als seine Kirche verstehen wir diese Verheißung auch als Auftrag. Kinder sollen ihr Leben als wertvoll erfahren und es in allen seinen guten Möglichkeiten ausschöpfen können, sie sollen sich als von Gott gewollt und geliebt wissen und selbstbewusst ihren Alltag gestalten lernen.

Wir wollen nicht nur aufrütteln, sondern wir wollen auch handeln, allein mit den vielen kleinen Möglichkeiten, die jede Gemeinde, jede Einrichtung hat. Wir wollen uns auch mit anderen zusammentun, um Kinderarmut strukturell zu überwinden. Dabei sollen uns zwei Fragen leiten: Was brauchen Kinder, damit sie die Fülle des Lebens — gerechte Teilhabe — erlangen können? Und wie können wir dabei helfen, dass sie genau dies bekommen?

Eine Kampagne kann nur erfolgreich sein, wenn viele Menschen lange und immer wieder mitmachen. Die vorliegende Handreichung will Ihnen, unseren Gemeinden, Kirchenkreisen, Werken, Verbänden und Einrichtungen dafür Hilfestellung geben und zu Fantasie und Kreativität anregen.

HINTERGRÜNDE
Der Auftrag der Kinder

Armut ist in einem reichen Land nicht unbedingt sichtbar. Es ist die Rede von der neuen „verdeckten Armut". Viele Betroffene versuchen nach außen hin Normalität zu wahren. Sie verbergen ihre Situation aus Angst davor, stigmatisiert zu werden. Und doch können wir, auch als Kirche, die Augen vor  den Tatsachen nicht länger verschließen.

Seit den Beschlüssen der Landessynode 1997 zum Perspektivenwechsel in unserer evangelischen Kinder- und Jugendarbeit bemüht sich unsere Kirche, Kinder mit ihrer Sicht der Dinge authentisch zu Wort kommen zu lassen. Eine von vielen Formen ist der landeskirchenweite Kindergipfel im Park von Haus Villigst.

Diese beiden Anliegen kamen zusammen, als das Amt für Jugendarbeit der Evangelischen Kirche von Westfalen und die Partnerinnen und Partner in der „Projektgruppe Kindergipfel 2006" beschlossen, Armut zum Thema des 5. Kindergipfels zu machen.

Die Kinder in den Gemeinden und Verbänden wurden gebeten, die Augen aufzumachen und sich mit ganz unterschiedlichen Methoden mit dem Thema zu beschäftigen. Die in Gruppen erarbeiteten authentischen Ergebnisse der Kinder sind zusammengefasst und gebündelt worden. Daraus ist folgende Kinderresolution entstanden, die während des westfälischen Kindergipfels vom 6. bis 8. Juni 2008 von 500 Kindern unterschrieben wurde:

Lasst uns nicht hängen!
Haben oder nichts haben – das ist hier die Frage.

In unserem Land gibt es reiche und arme Menschen.
Und viele arme Kinder!
Wir Kinder fragen: Warum ist das so?

Arme Kinder haben schlechtere, zu kleine oder abgenutzte Kleidung. Sie werden gehänselt und haben wenige oder gar keine Freunde. Meistens stehen sie abseits.
Wir Kinder fragen: Macht euch das auch traurig?

Arme Familien haben ganz wenig Geld, weil die Eltern keine Arbeit haben oder nicht genug verdienen. Wenn die Eltern arm sind, sind die Kinder auch arm.
Wir Kinder fragen: Habt ihr das schon gemerkt?

Arme Kinder haben wenig zu essen und hungern. Sie haben kein Pausenbrot oder essen ungesunde Sachen. Das macht die Kinder krank.
Wir Kinder fragen: Könnt ihr da nichts machen?

Arme Kinder sind manchmal nicht so gut in der Schule. Sie haben nicht die richtigen Schulsachen und die Eltern können ihnen oft nicht bei den Hausaufgaben helfen?
Wir Kinder fragen: Sollen arme Kinder dumm bleiben?

Arme Kinder sind nicht nur traurig, sondern werden manchmal auch wütend, weil sie sich ausgegrenzt fühlen. Das ist uns schon beim letzten Kindergipfel aufgefallen.
Wir Kinder sagen: Tut etwas gegen die Armut!

Wir haben herausgefunden, was Kinder ganz dringend zum Leben brauchen: Nahrung, Kleidung, ein Zuhause, Eltern, Freunde, Liebe, Geborgenheit, Anerkennung.
Wir Kinder sagen: Nicht alle Kinder in Deutschland haben das alles!

Es gibt so viele arme und traurige Kinder in unserem Land und in der Welt!
Wir Kinder finden, so kann das nicht weitergehen!

Das ist ein Skandal!

Ihr Erwachsenen, macht was und redet nicht nur!

Beschlossen von allen Kindergipfelkindern am 8. Juni 2008 auf dem 5. Kindergipfel[1] in Haus Villigst.

WARUM EINE KAMPAGNE GEGEN KINDERARMUT?
Der gesellschaftliche Hintergrund

2,5 Millionen Kinder leben gegenwärtig in Armut oder sind davon bedroht, so das Deutsche Institut für Wirtschaftsforschung. 825.000 waren es im Jahr 2007 in Nordrhein-Westfalen, sagt der Sozialbericht der Landesregierung.
Die Situation ist allerdings in den einzelnen Städten und Kreisen sehr unterschiedlich: In Gelsenkirchen erhielten 2005 33,5 Prozent aller Kinder Sozialgeld, im Landkreis Coesfeld dagegen nur 7 Prozent. Von gleichen Lebensverhältnissen und gleichen Startchancen — zum Beispiel im Bildungsbereich — kann da nicht die Rede sein, zumal die Anzahl der von Armut Betroffenen zurzeit weiterhin zunimmt: Gehörten im Jahr 2000 18,9 Prozent der Bürgerinnen und Bürger zur armutsgefährdeten Schicht, so waren es 2006 bereits 25,4 Prozent.
Als arm gilt in der Europäischen Union, wer weniger als 60 Prozent des Durchschnittseinkommens der Bevölkerung zur Verfügung hat. Bei uns liegt die Armutsgrenze zurzeit bei 800 Euro.
Hintergrund dieser Definition ist der Versuch zu bestimmen, was ein Mensch mindestens braucht, um angemessen an der Gesellschaft teilhaben zu können.

Diese Armen vor unserer Haustür bezeichnen wir als relativ arm, weil bezogen auf die ganze Welt als absolut arm gilt, wer weniger als einen Dollar pro Tag zur Verfügung hat.

1   Der Kindergipfel ist dokumentiert unter www.kindergipfel.info

Die Kinder in Deutschland sind relativ arm

Aber gerade das ist bitter: Ihre Armut wird oft nicht als solche anerkannt. Dabei sind die Gründe für Armut offensichtlich. Die wichtigsten Ursachen: Erwerbsprobleme wie (Langzeit-)Arbeitslosigkeit, Niedrigeinkommen, Hartz IV-Bezug und soziale Probleme wie Überschuldung, Trennung/Scheidung oder Behinderung/Krankheit. Hiervon sind vor allem Menschen mit Migrationshintergrund, Alleinerziehende und kinderreiche Familien betroffen. Arme Kinder haben immer arme Eltern. Und wenn nichts geschieht, bleiben sie arm.

Relativ arm – das sind Kinder, deren Eltern das Mittagessen in der Kindertagesstätte oder der offenen Ganztagsschule nicht bezahlen können. Kinder, die im Winter mit Sandalen und zu dünnen Jacken in die Schule kommen. Kinder, die verschämt verschweigen, dass sie sich die 200 Euro teure Klassenfahrt nicht leisten können. Nachhilfe auch nicht. Ganz zu schweigen von Kinobesuchen, Klavierunterricht, Reiten oder Ballett. Kinder, deren Eltern so sehr mit dem alltäglichen Kampf und Frust beschäftigt sind, dass sie nichts mehr an Zuwendung übrig haben. Kinder, die von vielen in unserer Gesellschaft üblichen Dingen ausgeschlossen sind. Kinder, die den größten Teil ihrer Freizeit vor dem Fernseher verbringen und viel zu dick sind.

Armut verwehrt diesen Kindern die gerechte Teilhabe an unserer Gesellschaft. Das gilt nicht nur aktuell, sondern aus der Perspektive der Kinder für das ganze Leben: Der Zusammenhang zwischen Armut und Bildungserfolg ist nicht zu leugnen. Er entscheidet jetzt — und in der Zukunft wohl noch mehr — über die gleichberechtigte Teilhabe am wirtschaftlichen, sozialen und solidarischen Leben in der Gesellschaft.

Wenn nichts geschieht, bleiben arme Kinder in einem Teufelskreis gefangen: kein oder nur ein unzureichender Bildungsabschluss, keine Ausbildung, kein Job, kein Geld, keine Perspektive. Und da kann man den Kindern nur Recht geben: Die Erwachsenen in Kirche und Gesellschaft müssen was tun!

Wer armen Kindern praktisch hilft und sich mit ihrer Lage auseinandersetzt, wird irgendwann auch auf die eigenen Ängste vor drohender Armut stoßen. Reicht das eigene Familieneinkommen für eine ausreichende Förderung der eigenen Kinder? Wie sicher ist der eigene Arbeitsplatz? Schützen Alterssicherung und Gesundheitsvorsorge ausreichend vor sozialem Abstieg? Die Mittelschicht bröckelt, mel-

den die Zeitungen. Damit wachsen die Ängste, auch in unseren Gemeinden und auch unter denen, die in Kirche und Diakonie arbeiten.

Diese Angst vor sozialem Abstieg ist inzwischen in unserer Gesellschaft fast allgegenwärtig. Sie hindert daran, wertschätzend auf die betroffenen Kinder zuzugehen, und verhindert so den notwendigen Perspektivenwechsel.

Das Engagement gegen Kinderarmut erfordert es, sich auch mit dieser Angst auseinanderzusetzen. Wo die sozialen Ängste wachsen, wächst auch die Tendenz, sich abzugrenzen und andere auszugrenzen. Es werden „Problemzonen" beschrieben, in denen die Betroffenen unerreichbar werden. Sie werden immer mehr als Verursacher der eigenen Misere gesehen. Es wächst der Eindruck, dass man ja doch nichts machen kann und alles nur ein Tropfen auf den heißen Stein ist.

Engagement gegen Kinderarmut erfordert den Mut, sich mit der eigenen Angst vor Armut auseinanderzusetzen. Dieses gilt auch in unseren Gemeinden. Dieses gilt auch in einem übertragenen Sinne: Die Angst vor der gesellschaftlichen Bedeutungslosigkeit kirchlichen Lebens führt schnell in die Resignation gegenüber gesellschaftspolitischen Herausforderungen.

Demgegenüber erfordert wirksame Hilfe Mut und Risikobereitschaft. Der barmherzige Samariter konnte dem, der unter die Räuber gefallen war, nur helfen, weil er Mut aufbrachte. Er stieg von seinem Reittier und begab sich in die „Risikozone", in der man noch andere Räuber vermuten musste. Solche Risikozonen aufzuspüren, in denen das Engagement den Mut zur Auseinandersetzung mit eigenen Ängsten fordert, ist ein sicherer Kompass für die Entwicklung weiterer wirkungsvoller Projekte gegen Kinderarmut.

Theologische Zugänge

Wenn nun die Evangelische Kirche von Westfalen ihre Gemeinden und Kirchenkreise, Werke, Verbände und Einrichtungen bittet, sich an einer Kampagne gegen Kinderarmut zu beteiligen, dann geht es ihr nicht nur um eine gesellschaftliche oder sozialdiakonische Aufgabe. Sondern sie ist bei ihrer ureigensten Sache des Glaubens.

Alles kirchliche Handeln gründet im Missions- bzw. Taufauftrag Jesu Christi. Eine Kirche, die kleine Kinder tauft und sie damit in die Gemeinschaft der Gläubigen aufnimmt, übernimmt für sie nicht nur Verantwortung bei der religiösen Erziehung und Bildung. Sie ist auch gehalten, allen, gerade aber auch den Armen, Teilhabe in Kirche und Gesellschaft zu ermöglichen. Mit dem Stichwort „Option für die Armen" bezieht sich die Evangelische Kirche von Westfalen auf zentrale biblische Überlieferungen. Im Alten Testament wird die Nähe Gottes zu den Armen immer wieder mit der Urerfahrung Israels, der Befreiung aus Ägypten, begründet. Nicht nur die Zehn Gebote, sondern auch andere soziale Schutzrechte wie Fürsorge für die Armen, für die Witwen und Waisen, für die Fremden werden mit diesem Bezug eingeleitet oder zusammengefasst.

Im Neuen Testament wird Jesus Christus, der Sohn Gottes, im Stall geboren und wächst auf der Flucht auf. Sein Auftreten und seine Verkündigung werden als Erfüllung alttestamentlicher Verheißungen gedeutet (Lk 4, 18-21). Im Gleichnis vom Weltgericht (Mt 25, 31-46) werden die Hungrigen, die Durstigen, die Fremden, die Nackten, die Kranken und Gefangenen unmittelbar mit Christus identifiziert. Paulus deutet den Kreuzestod als Zeichen dafür, dass Gott gerade das vor der Welt Geringe, das Schwache erwählt hat (1. Kor 1, 27f.).

Diese wohl begründete Option für die Armen ist sozialethisch dreifach zu präzisieren:

- Sie spielt nicht Arme gegen Reiche aus. Sie nimmt zwar Wohlhabende in die Verantwortung, zielt allerdings auf die Einbeziehung aller in die wirtschaftlichen und sozialen Prozesse.
- Sie ist keine paternalistische Option. Es geht darum, die Ausgegrenzten so weit wie möglich zu befähigen, ihr Ausgegrenztsein zu überwinden.
- Sie bezieht sich nicht nur auf materielle Armut, sondern insgesamt auf die gerechte Teilhabe aller an allen Gesellschaftsprozessen.

Armut beschädigt die Würde des Menschen im sozialen Zusammenleben. Der demokratische und soziale Rechtsstaat hat aber die Aufgabe, diese Würde zu achten und zu schützen.

Unser Staat ist seinem eigenen Selbstverständnis nach reformierbar. Deshalb hat die Kampagne einen engen Bezug zu der Hauptvorlage[2] „Globalisierung gestalten": Die Evangelische Kirche von Westfalen erinnert mit ihr zum einen den Staat an seine Aufgabe, jedem einzelnen Armen über die materielle Grundsicherung hinaus die Chance zu gewähren, an der Gestaltung der Gesellschaft mitzuwirken. Nur so kann Demokratie gelebt werden. Und gleichzeitig weiß die Evangelische Kirche von Westfalen sich als verantwortlicher Teil dieser Gesellschaft, der bereit ist, mit anderen Partnern der Zivilgesellschaft gestaltend einzugreifen. Unser Glaube bewegt uns, keinen jungen Menschen verloren zu geben.

DIE ZIELE DER KAMPAGNE
Der Beschluss der Landessynode 2007

Anknüpfend an die Denkschrift der Evangelischen Kirche in Deutschland (EKD) zur Armut in Deutschland „Gerechte Teilhabe – Befähigung zu Teilhabe und Solidarität" und die Hauptvorlage „Globalisierung gestalten" unserer eigenen Kirche hat die Landessynode 2007 einmütig Folgendes beschlossen:

---

2   Eine Hauptvorlage ist ein von der Landessynode gesetztes Schwerpunktthema, das über einen längeren Zeitraum innerkirchlich und außerkirchlich zum Dialog anregen soll und zu Positionen führt.

„Die Landessynode bittet die Kirchenleitung, eine Arbeitsgruppe zu berufen, die den Auftrag hat, ein Projekt *Gemeinsam gegen Kinderarmut* nach innen im Blick auf unser kirchliches Handeln und nach außen im Blick auf unsere Mitverantwortung in der Gesellschaft zu entwickeln und die Durchführung des Projektes zu begleiten. Dabei sind von Anfang an Partnerinnen und Partner aus der Gesellschaft sowie aus anderen Kirchen einzubeziehen.

Ziel des Projektes ist,
- im Sinne der UN-Kinderrechte Kinderarmut als Skandal öffentlich zu machen;
- die Ressourcen und Erfahrungen von Gemeinden, diakonischen Einrichtungen, Kirchenkreisen, Ämtern und Werken unserer Landeskirche zu nutzen, um konkrete Projekte zu entwickeln und ortsnah umzusetzen,
- auf allen Ebenen kirchlichen Handelns politisch und gesellschaftlich Kinderarmut zu thematisieren, um diese strukturell zu bekämpfen und zu verhindern;
- eine Kampagne gegen Kinderarmut in unserem Land anzustoßen und sich daran zu beteiligen.

Das Projekt sollte in Zusammenhang mit der Hauptvorlage *Globalisierung gestalten* entwickelt werden."

DIE HERAUSFORDERUNGEN
Für die Politik

Kinderarmut ist ein Skandal – und muss letztlich strukturell bekämpft werden. Welche konkreten politischen Forderungen sich daraus ergeben, ist strittig. Die meisten grundsätzlichen Empfehlungen lassen sich in einer Botschaft zusammenfassen: Die finanzielle Situation von Familien mit Kindern muss verbessert werden. Wie dies am besten geschieht, ob mit einer Erhöhung des Kindergeldes, einer Grundsicherung oder noch ganz anders, ist ebenfalls strittig. Bei vielen Gegnern solcher Lösungen schwingt auch die Sorge mit, dass das Geld gar nicht bei den Kindern ankommt, sondern von den Eltern für andere Zwecke gebraucht wird. Deshalb fordern andere: Es muss mehr Geld in das System von Erziehung, Bildung sowie Kinder- und Jugendhilfe fließen. Nur so lässt sich gewährleisten, dass die Kinder wirklich erreicht werden. Diese politische Kontroverse darf aber wirksame Hilfe nicht weiter blockieren.

Die von der Kirchenleitung eingesetzte Steuerungsgruppe hat sich deshalb für einen anderen Zugang entschieden. Perspektivenwechsel heißt, von den Grundbedürfnissen der Kinder her zu denken. Essen, Wohnung, Kleidung, Gesundheitsvorsorge und Bildung müssen für alle Kinder in ausreichender Weise gewährleistet sein.

Wir gehen davon aus, dass alle Kinder das Recht haben auf
- eine warme Mahlzeit täglich;
- einen kostenfreien Platz in der Kindertagesstätte und im Offenen Ganztag;
- kostenfreie Lehr- und Lernmittel;
- kostenfreien Zugang zu Computern und ins Internet in der öffentlichen Erziehung, Bildung und Betreuung;
- kostenfreie Teilnahme an Schulfahrten;
- kostenfreien Zugang zu öffentlichen Kultur- und Freizeitangeboten.

All diese Rechte könnten gewährt werden, wenn ein Sozialpass flächendeckend eingeführt wird für Kinder aus Familien, die ALG II, Sozialgeld und/oder Wohngeld erhalten. Dieser Pass muss auf der Ebene des Landes organisiert werden, da die Kommunen – gerade die mit dem höchsten Anteil Betroffener sind selbst arm – dazu nicht flächendeckend in der Lage sind.

Für die Kirche

Die Forderungen der Kampagne richten sich aber nicht nur an den Staat, sondern auch an die eigene Kirche. Um den Übergang bis zur Realisierung der Forderungen an den Staat zu organisieren und betroffenen Kindern schon jetzt wirksam zu helfen, muss das Potenzial der Zivilgesellschaft gehoben und organisiert werden. Dazu sollte in jeder Gemeinde (Kommune) und in jedem Kirchenkreis ein Runder Tisch „Gegen Kinderarmut" zur besseren Vernetzung und zur Öffnung in die Gesellschaft eingerichtet werden.

Direkt auf die Gemeinden und Kirchenkreise bezogen sind die Forderungen nach
- einer Selbstverpflichtung, für jede Freizeit für Kinder und Jugendliche 20 Prozent Freiplätze zur Verfügung zu stellen;
- einer kostenfreien Konfirmandenarbeit;
- der Einbindung kommunaler Partner in die Kampagne.

Evangelische Schulen sollen in der öffentlichen Erziehung, Bildung und Betreuung ein gutes Beispiel sein.

Die praktischen Ziele

Die Kampagne „Lasst uns nicht hängen!" gegen Kinderarmut ist eine Mitmach-Kampagne, deren Erfolg abhängt von der Beteiligung der Kirchengemeinden, Kirchenkreise, Verbände, Werke und Einrichtungen der Evangelischen Kirche von Westfalen. Konkret geht es in dieser Kampagne darum:
- Gemeinden zu ermutigen, Armut in ihrer Mitte zu integrieren;
- gemeinsame Modelle/Aktionsformen des Protestes zu entwickeln;
- Partizipationsmöglichkeiten für Kinder zum Thema Armut zu organisieren.

AKTIONSVORSCHLÄGE
Damit man im ganzen Land drüber spricht

Es ist eine Sache, mal schnell über etwas zu informieren. Eine andere ist es, dafür zu sorgen, dass die eigenen Botschaften in aller Munde sind. Das Anliegen unserer Kampagne ist es, dass man überall im Land über die Notwendigkeit spricht, in Sachen Kinderarmut wirklich etwas zu tun. Es gilt, die Botschaften der Kinder auf anschauliche, kommunikative Weise ins Gespräch zu bringen und die Verantwortlichen aufzurütteln.

So ganz traditionell geht es nicht immer. So ein klassischer Infotisch lässt ja die meisten Menschen einen Haken schlagen. Nur Insider werden erreicht. Und so ein Plakat am Straßenrand … schauen wir da wirklich hin?

Das allein ist schon Grund genug, auf etwas pfiffigere Weise die Bürgerinnen und Bürger und damit auch die Medien zu erreichen. Hier einige Beispiele:

Zahlen sichtbar machen

Hier wird zum Beispeil für jedes Kind in Armut eine weiße Scheibe auf die Straße gelegt. In der Mitte liegt ein Erklärungstext: *„Es gibt sooooo viele Kinder in Armut und alle reden davon, Kinder wären unsere Zukunft. Wir sagen deshalb, dass man da wirklich mal was anpacken muss."* Hier liegt für jedes (zehnte) Kind ein weißer Punkt.

Wir lassen uns doch nicht ausgrenzen

Im Mittelpunkt der Aktion steht eine große Schranke mitten auf dem Marktplatz. Die weitere „Grenze" wird rechts und links mit rotem Klebeband angedeutet.

Auf die rechte Seite der entstandenen Linie (Grenze) legt man etwa zehn Textflächen (etwa DIN-A0) mit Texten von Kindern, denen es gut geht – zum Beispiel:

„Ich kann es mir leisten, zwei- oder dreimal im Monat mit meinen Freunden ins Kino zu gehen oder etwas für die Klassenfahrt zu kaufen."

„Ich finde es super, ab und zu die schicken Markensachen zum Anziehen zu bekommen."

Auf der linken Seite liegen große Texte von Kindern, die in Armut leben – zum Beispiel:

„Irgendwie muss ich noch eine Ausrede finden, warum ich nicht mit zur Klassenfahrt kann. Mama schafft das finanziell nicht."

„Ich würde so gerne zu Anton und Susi zur Geburtstagsfete gehen, aber da muss man etwas mitbringen. Und das liegt bei uns nicht drin, sagt Papa."

Dazu wird ein Infowürfel aufgebaut, auf dem Informationen zum Thema liegen.

Aktion „Verstecken nützt nix!"

Durch die Fußgängerzone laufen riesige Kartons, auf denen diagonal geschrieben steht: *„Verstecken nützt nix!"*

Darunter steht zum Beispiel, dass es nicht hilft, nur für eine kinderfreundliche Gesellschaft zu sein und zugleich über Kinderarmut hinwegzusehen. Dass wir nicht über die Bedeutung von Bildung für unser aller Zukunft reden können, wenn sich manche Familie das nicht leisten kann. Oder wenn wir über die Bedeutung gesunder Ernährung für Kinder reden und zugleich eine wachsende Kinderarmut tolerieren. In den Kartons sind Aktive, die mit ihnen zum Beispiel zu dritt durch die Fußgängerzone laufen.